T0389591

Lire l'*Histoire générale des Antilles* de J.-B. Du Tertre

Francopolyphonies

Collection dirigée par / Series edited by

Kathleen Gyssels
Christa Stevens

VOLUME 31

The titles published in this series are listed at *brill.com/fpph*

Lire l'*Histoire générale des Antilles* de J.-B. Du Tertre

Exotisme et établissement français aux Îles (1625-1671)

par

Christina Kullberg

BRILL
RODOPI

LEIDEN | BOSTON

This is an open access title distributed under the terms of the CC BY-NC-ND 4.0 license, which permits any non-commercial use, distribution, and reproduction in any medium, provided no alterations are made and the original author(s) and source are credited. Further information and the complete license text can be found at https://creativecommons.org/licenses/by-nc-nd/4.0/

The terms of the CC license apply only to the original material. The use of material from other sources (indicated by a reference) such as diagrams, illustrations, photos and text samples may require further permission from the respective copyright holder.

Illustration de couverture : « Chasse du cochon », gravure faite par Sébastien Leclerc dans *Histoire générale des Antilles habitées par les François* de Jean-Baptiste Du Tertre, tome II, Paris, 1667. Source : gallica.bnrf.fr / Bibliothèque Nationale de France, domaine public.

Library of Congress Cataloging-in-Publication Data

Names: Kullberg, Christina, 1973- author.
Title: Lire l'histoire générale des Antilles de J.-B. Du Tertre : exotisme et établissement français aux îles (1625-1671) / Christina Kullberg.
Description: Leiden ; Boston : Brill-Rodopi, 2020. | Series: Francopolyphonies, 1574-2032 ; volume 31 | Includes bibliographical references and index.
Identifiers: LCCN 2020036029 (print) | LCCN 2020036030 (ebook) | ISBN 9789004434547 (hardback) | ISBN 9789004434967 (ebook)
Subjects: LCSH: Du Tertre, Jean Baptiste, 1610-1687. Histoire générale des Antilles habitées par les Français. | West Indies, French—History. | Natural history—West Indies. | Indians of the West Indies.
Classification: LCC F2151.D943 K85 2020 (print) | LCC F2151.D943 (ebook) | DDC 972.9—dc23
LC record available at https://lccn.loc.gov/2020036029
LC ebook record available at https://lccn.loc.gov/2020036030

Typeface for the Latin, Greek, and Cyrillic scripts: "Brill". See and download: brill.com/brill-typeface.

ISSN 1574-2032
ISBN 978-90-04-43454-7 (hardback)
ISBN 978-90-04-43496-7 (e-book)

Copyright 2021 by Christina Kullberg. Published by Koninklijke Brill NV, Leiden, The Netherlands. Koninklijke Brill NV incorporates the imprints Brill, Brill Hes & De Graaf, Brill Nijhoff, Brill Rodopi, Brill Sense, Hotei Publishing, mentis Verlag, Verlag Ferdinand Schöningh and Wilhelm Fink Verlag. Koninklijke Brill NV reserves the right to protect this publication against unauthorized use. Requests for re-use and/or translations must be addressed to Koninklijke Brill NV via brill.com or copyright.com.

This book is printed on acid-free paper and produced in a sustainable manner.

Table des matières

Remerciements

Je tiens d'abord à remercier tous ceux et toutes celles qui ont lu, commenté ou discuté mon projet pendant ces longues années de préparation. D'abord, Philippe Barr. Toujours. Ensuite, par ordre alphabétique, Véronique Boily, Anne Duprat, Stefano Fogelberg-Rota, Stefan Helgesson, Peter Hulme, Laure Marcellesi, Mårten Snickare, Jan Stolpe et Fredrik Thomasson. Merci aussi aux lecteurs anonymes du manuscrit de ce livre dont les commentaires m'ont porté conseil et m'ont fait redécouvrir le texte. Les bibliothécaires de la Bibliothèque Mazarine m'ont assistée dans ma recherche et je leur en remercie. Merci à Christa Stevens et l'équipe de Brill pour leur aide avec la publication. J'aimerais également signaler que certains passages du chapitre 10 ont été retravaillés de mon article « La Citation de l'autre : discours direct et alterité dans les relations de voyage des missionnaires aux Antilles au XVIIe siècle », apparu dans Loxias Colloque, mis en ligne le 25 mars 2018, URL : http://revel.unice.fr/symposia/actel/index.html?id=1054; merci à Odile Gannier et Véronique Magri qui ont dirigé la publication. Ce livre a été finalisé dans le cadre d'un autre projet de recherche mis en place par la Fondation suédoise des sciences humaines et sociales, Riksbankens jubileumsfond ; je suis profondément reconnaissante de ce soutien indispensable à la complétion de cet ouvrage. L'étude a également été soutenue par C. Wahlunds Stiftelse et Stiftelsen Olle Engkvist Byggmästare ; qu'ils trouvent ici l'expression de ma reconnaissance. La fondation Hilda Kumlin, ainsi que Vitterhetsakademien, ont rendu possibles plusieurs voyages de recherche sans lesquels je n'aurais pas pu terminer ce travail et je leur remercie de cette aide. Toute ma gratitude aussi envers le Département de langues modernes de l'Université d'Uppsala pour son soutien financier de la publication Open Access, mais surtout pour le soutien collégial.

Illustrations

Introduction

1 « *Visite des Sauvages aux François* »

À gauche, au premier plan, quelques Amérindiens à l'ombre d'arbres tropicaux, autour d'un feu où se prépare un repas. L'un d'entre eux se repose dans un hamac tandis que les autres s'apprêtent à mettre du bois sur le feu. À l'arrière-plan, sur la mer, des Français approchent dans deux chaloupes. Sur la plage, on aperçoit des hommes et des femmes déjà arrivés, ouvrant les bras à un groupe d'Amérindiens qui viennent à leur rencontre en apportant des fruits. L'eau qui les entoure est calme : à l'horizon se dressent des collines et un rocher, suggérant d'autres îles au large. L'image donne à voir un échange amical entre les deux peuples, tout en mettant en valeur l'inscription désormais acquise des Français dans cet ordre naturel. Une impression confirmée par le titre de la gravure – *Visite des Sauvages aux François* –, qui semble d'abord contredire ce qui est représenté visuellement. Offrant au spectateur l'image de « bons Sauvages » faisant corps avec la nature et à qui sont attribués des éléments exotiques relatifs à la région – la nudité, le hamac, le canari, les plumes, les flèches –, l'illustration donne effectivement l'impression que ce sont les Amérindiens qui habitent cette terre, tandis que le titre précise qu'elle appartient bien aux Français, lesquels contrôlent ce monde, qui ne leur résiste pas ; les Autochtones n'y apparaissent plus que comme des visiteurs.

Cette illustration, œuvre du graveur Sébastien Leclerc, est tirée de l'une des relations de voyage les plus importantes de l'établissement français aux Antilles : l'*Histoire générale des Antilles habitées par les François* du missionnaire dominicain Jean-Baptiste Du Tertre, publiée en deux éditions ; la première chez Langlois à Paris en 1654, et la deuxième, augmentée, chez Jolly, toujours à Paris, de 1667 à 1671[1]. Sans avoir jamais mis le pied dans les Îles, mais guidé par le texte du missionnaire-auteur Du Tertre qui, lui, connaît bien la

1 Jean-Baptiste Du Tertre, *Histoire générale des Isles de Saint-Christophe, de la Guadeloupe, de la Martinique et autres dans l'Amerique, où l'on verra l'establissement des Colonies Françoises, dans ces Isles ; les guerres Civiles et Estrangeres, & tout ce qui se passe dans les voyages & retours des Indes. Comme aussi plusieurs belles particularitez des Antisles de l'Amerique : Une description générale de l'Isle de la Guadeloupe : de tous ses Mineraux, de ses Pierreries, de ses Rivieres, Fontaines et Estangs et de toutes ses Plantes. De plus, la description de tous les Animaux de la Mer, de l'Air, et de la Terre : & un Traité fort ample des Mœurs des Sauvages du pays, de l'Estat de la Colonie Françoise et des Esclaves, tant Mores que Sauvages*, Paris, Jacques et Emmanuel Langlois, 1654 ; *Histoire générale des Antilles habitées par les François, divisée en deux tomes, et enrichie de cartes et de figures*, Paris, Thomas Jolly, 1667-1671. Les références qui suivent sont en lien avec ces deux éditions. Le manuscrit qui est à l'origine de ces deux ouvrages s'intitule

© CHRISTINA KULLBERG, 2021 | DOI:10.1163/9789004434967_002
This is an open access chapter distributed under the terms of the CC BY-NC-ND 4.0 license.

ILLUSTRATION 1 *Visite des Sauvages aux François*, Sébastien Leclerc
SOURCE GALLICA.BNRF.FR / BIBLIOTHÈQUE NATIONALE DE FRANCE, DOMAINE PUBLIC

région, l'illustrateur capte une scène paradigmatique de l'acception commune de l'exotisme tropical français du Nouveau Monde que l'on retrouve, encore aujourd'hui, dans les publicités touristiques : un espace naturel dédié au plaisir et au profit.

L'histoire naturelle et morale qu'offre Du Tertre des Antilles est la plus complète représentation de l'établissement français. Non seulement les informations que l'on y trouve restent-elles la source la plus importante pour comprendre cette période, mais, qui plus est, l'écriture du missionnaire frappe par sa variété stylistique et par sa capacité à capter diverses facettes du monde du début de la colonisation des Îles. Et pourtant, aucune étude profonde ne lui a été consacrée jusqu'ici. Cela est d'autant plus étonnant que l'ouvrage de Du Tertre se prête à une double analyse, à la fois de la figuration de l'étranger dans un contexte colonial particulier du XVIIe siècle, et de l'héritage que celle-ci a laissé derrière elle. Le présent livre cherche à remédier à cette absence d'analyse critique des écrits issus des premiers tâtonnements impérialistes français et des ramifications contemporaines de ces textes, en proposant une lecture à la fois historique et théorique de Du Tertre. Plus précisément, nous essaierons de lire son œuvre à travers le prisme d'une théorisation du concept de l'exotisme afin de comprendre comment un missionnaire dans un contexte colonial du XVIIe siècle cherche à représenter l'étranger.

C'est parce que les rapports entre hommes et cultures sont toujours déterminés par l'imaginaire de la rencontre avec l'autre – celle que l'on retrouve notamment dans les relations de voyage depuis la Renaissance – qu'il faut veiller à ne pas attribuer le traitement qu'en propose Leclerc ici à l'expression d'un ethnocentrisme qui se limiterait à son époque. Ceux qui ont été directement affectés par les répercussions historiques de ces rencontres, en réalité violentes, on le sait, rappellent précisément que la domination du regard de l'autre sur soi perdure et que ses effets sont destructeurs. De fait, depuis l'émergence d'une littérature et d'une pensée des Antilles tout au long du XXe siècle, les écrivains de la région ne manquent pas d'explorer la portée esthétique et politique des premiers écrits sur les Îles et y reviennent sans cesse pour comprendre le processus historique et culturel qui a formé la société créole contemporaine. Tout en procédant à une remise en question du programme impérialiste qui sous-tend ces relations de voyage, ainsi qu'à une mise à distance critique de l'impression d'émerveillement et d'étonnement face à la verdure foisonnante des zones torrides exprimée par les voyageurs, certains penseurs émettent l'hypothèse que cet imaginaire constituerait le fondement de la littérature

---

Histoire de la Guadeloupe, BnF, ms. NAF 9319. Les ouvrages de Du Tertre seront désormais cités dans le texte.

antillaise. C'est le cas de Gordon K. Lewis : « Cette sensation d'émerveillement stupéfiant, c'est la toute première note de l'histoire de la littérature caribéenne, et elle se prolonge jusqu'au dix-neuvième siècle, comme le montre suffisamment le récit de chacun des voyageurs les uns après les autres[2]. » Du côté français cette fois, le Martiniquais Édouard Glissant réinterroge ces premiers textes pour démontrer à quel point ils gouvernent non seulement les descriptions de la région, mais la mentalité même des Antillais : « Du mythe persistant des "Isles" paradisiaques à la fausse semblance des Départements d'outre-mer, il semblait que le destin des Antilles de langue française fût de se trouver toujours en porte à faux sur *leur* réalité[3]. » À partir de la représentation coloniale idéalisant ces Îles, Glissant articule son propre discours antillais pour en renverser les données, dénoncer la fausseté des concepts employés et rompre avec l'image exoticisante des Antilles comme monde malléable et docile au regard. L'émerveillement suscité par une nature nouvelle peuplée d'hommes « sauvages » formerait ainsi le noyau d'un exotisme qui paraît, du moins sous la plume de nos penseurs contemporains, presque identique à lui-même depuis le tout début de l'établissement jusqu'à nos jours[4].

Or, quelques pages de l'*Histoire générale des Antilles* suffisent pour donner une idée de la vie antillaise au XVIIe siècle bien différente de celle suggérée par l'illustration de Leclerc ou par les écrivains de notre époque. Entre 1640 et 1658, Du Tertre fait plusieurs allers-retours entre le Nouveau et l'Ancien Monde, et le récit de ses séjours dans les Îles et de l'histoire de l'établissement des Français contient bien d'autres choses que des perroquets, des colibris, des arbres toujours verdoyants et des échanges amicaux. Souvent, son récit laisse entrevoir une nature hostile et des hommes luttant contre les éléments

2 Gordon Lewis, *Main Currents in Caribbean Thought: The Historical Evolution of Caribbean Society 1492-1900*, Baltimore, Johns Hopkins University Press, 1983, « This sense of utter wonder, indeed, is the very first note struck in the history of Caribbean literature, and it lasted well into the nineteenth century, as the account of each traveler, one following the other, sufficiently shows », p. 32. Notre traduction.

3 Édouard Glissant, *Le Discours antillais*, Paris, Gallimard, 1997 [1981], p. 21. À la suite de Glissant, Jean Bernabé, Patrick Chamoiseau et Raphaël Confiant parlent d'un auto-exotisme chez les auteurs antillais : « Ils virent de leur être ce qu'en voyait la France à travers ses prêtres-voyageurs, ses chroniqueurs, ses peintres ou poètes de passage ou par ses grands touristes », *Éloge de la Créolité*, Paris, Gallimard, 1989, p. 15.

4 Voir Régis Antoine, « The Caribbean in Metropolitan French Writing », trad. J. Michael Dash, *A History of Literature in the Caribbean*, vol. 1, James A. Arnold et J. Michael Dash (dir.), Philadelphie et Amsterdam, John Benjamins Publishing Company, 1994, p. 350-351 ; et *id.*, *Les Écrivains français et les Antilles : Des premiers Pères blancs aux surréalistes noirs*, Paris, G.P. Maisonneuve & Larose, 1978.

naturels et contre d'autres nations, européennes aussi bien qu'autochtones. Du Tertre décrit les ravages des ouragans et raconte en détail comment le mauvais choix d'un site pour l'établissement peut mener à la mort de colonies entières ; ou bien comment les esclaves fugitifs soutenus par les Amérindiens peuvent attaquer une colonie et aller « jusqu'à ce point de cruauté que d'ouvrir le ventre à plusieurs femmes grosses en arracher les enfants & leur casser la tête contre les rochers ». (1667, tome I : 468) N'oublions pas non plus les descriptions de la barbarie de certains capitaines et gouverneurs français vis-à-vis des habitants, que le missionnaire n'hésite pas à inclure dans son récit. Il raconte par exemple comment un colon, nommé Jean Duret, fut tué par le capitaine Grenon, « qui luy fit couper la teste avec le couteau d'un nommé des Forges, qui l'apporta à M. de Poincy ; & après qu'on luy eut coupé le nés & les oreilles, on en joüa à la boule [...] ». (1667, tome I : 306-307) Certes, l'espace naturel et ses habitants séduisent, mais, pour reprendre l'expression de Frank Lestringant, « sur le nouvel Éden plane, ailes déployées, l'ange de l'Apocalypse[5] ». Mais surtout, entre les images stéréotypées, voire fantasmagoriques, s'étale la description des rencontres quotidiennes entre le missionnaire et les habitants des Îles, français autant qu'autochtones et africains, qui n'appartiennent ni au registre de l'horreur ni au registre du plaisir.

Le fait que le monde étranger soit tantôt évoqué comme *locus amœnus* et tantôt comme *locus horribilis* est loin d'être unique. Le mouvement pendulaire entre ces deux tendances est en effet assez caractéristique de l'exploration des contrées lointaines depuis la Renaissance. Inséparables l'un de l'autre, ces *loci* présentent chacun, avec les scènes de la vie quotidienne, des aspects de la figuration de l'étranger. Ainsi peut-on constater que Du Tertre, comme tout voyageur du XVIIe siècle, recourt à une forme d'exotisme – malgré l'anachronisme relatif du terme –, mais à un exotisme complexe, composé à la fois d'idéalisation, d'horreur et de réalisme. De nos jours, pourtant, seule l'une des dimensions de cet exotisme existe toujours dans l'imaginaire collectif : celle des Antilles comme *locus amœnus*. C'est à la lumière de cette réduction du concept à une seule expression que nous nous proposons ici d'interroger l'exotisme français dans un contexte antillais du XVIIe siècle. Car si ce terme au sens large renvoie à la représentation de l'ailleurs, il devient difficile de le

5 Frank Lestringant, « L'Exotisme en France à la Renaissance : de Rabelais à Léry », *Littérature et exotisme XVIe-XVIIIe siècles*, Dominique de Courcelles (dir.), Paris, École nationale des Chartes, 1997, p. 15. L'historien Philip Boucher parle en effet des « tropiques du mécontentement » ; *France and the American Tropics to 1700: The Tropics of Discontent?* Baltimore, Johns Hopkins University Press, 2007.

restreindre à la seule description des curiosités sauvages ou d'une nature foisonnante. Non seulement l'évocation du *locus horribilis* vient-elle contredire cette idée, mais même les exemples rapidement parcourus jusqu'ici suggèrent qu'une relation de voyage comme celle de Du Tertre s'articule à travers des modalités variées, impliquant le même aussi bien que l'autre. Tout au long de l'*Histoire générale des Antilles*, l'exotisme émerge dans des passages descriptifs aussi bien que narratifs, oscillant entre terreur et douceur ; il concourt à la visée instructive de la relation, à la propagande politique ou évangélique, à l'héroïsation du narrateur-voyageur, ainsi qu'à la narration de l'histoire de la colonisation et des interactions avec l'espace et les peuples impliqués.

Pour repenser la question de l'exotisme dans le contexte du début de la colonisation française des Îles, nous avons donc choisi de centrer la présente étude sur l'*Histoire générale des Antilles*, plutôt que de parcourir l'ensemble des textes dont on dispose sur les Antilles de l'époque. Bien évidemment, Du Tertre se rapporte à ces textes, ce qui nous oblige dans la première partie à en faire la description et à lire son histoire à l'aune de cette « bibliothèque antillaise ». On se rendra rapidement compte que parmi ces ouvrages, celui de Du Tertre se prête particulièrement bien à notre problématique. En effet, si nous connaissons aujourd'hui son livre, c'est moins par le succès qu'il a connu auprès de ses contemporains que par celui de son ouvrage auprès d'auteurs postérieurs bien ancrés dans un discours exotique moderne. Jean-Jacques Rousseau y cherche des éléments factuels pour soutenir la construction de l'homme naturel dans son *Discours sur l'origine et les fondements de l'inégalité parmi les hommes*. Il est également probable que Bernardin de Saint-Pierre ait lu Du Tertre tôt dans sa vie, puisque c'est à la Martinique que l'a mené son premier voyage, à 12 ans, sur le vaisseau de son oncle[6]. Il y reviendra plus tard dans ses études sur la nature. Enfin, René de Chateaubriand voit dans le missionnaire dominicain du Grand Siècle le « Bernardin de Saint-Pierre » des Îles : « on croit lire un morceau de Plutarque, traduit par Amyot », s'enthousiasme l'auteur du *Génie du christianisme*, soulignant que l'écriture de Du Tertre est aussi touchante en ce qui a trait à la peinture des sentiments des esclaves et des Autochtones qu'elle se montre précise lorsqu'il s'agit de décrire un animal ou une plante[7]. De surcroît, selon Chateaubriand, « les douceurs et délices de la contemplation solitaire » qu'exprime Du Tertre rompraient d'avec les préconceptions de

6 Voir Alain Guyot, *Analogie et récit de voyage : Voir, mesurer, interpréter le monde*, Paris, Classiques Garnier, 2012, p. 115.

7 René de Chateaubriand, *Le Génie du christianisme*, Paris, Gallimard Pléiade, IVe partie, livre IV, chap. VII, p. 999-1001.

l'histoire littéraire. Son style et ses tableaux de la nature antillaise et de ses habitants seraient en effet la preuve que la poésie descriptive, quoiqu'ignorée, « s'était maintenue pure » même à l'âge classique[8]. Chateaubriand peut ainsi faire le pont entre le siècle de Louis XIV et l'époque romantique par l'entremise de ce dominicain qui « joint un génie tendre et rêveur » à une « imagination vive[9] ». Chez un missionnaire qui ne cherchait pas à faire de la littérature, Chateaubriand découvre les fondements de la poésie descriptive, cette union de « l'empirisme philosophique et [de] l'observation scientifique avec le "sentiment de la nature"[10] », qui deviendra capitale pour l'expression de son propre exotisme.

Récemment, on a vu poindre en France un nouvel intérêt de la part des historiens de la période de l'établissement aux Îles[11]. Toutefois, du point de vue littéraire, le silence règne toujours sur les récits de voyage aux Antilles au XVIIe siècle ; la plupart des chercheurs se focalisant soit sur des textes de première rencontre remontant à la Renaissance, à l'image des journaux rédigés en espagnol de Colomb ou des premières relations françaises de l'Amérique méridionale (celles du cosmographe André Thevet et celle du missionnaire protestant Jean de Léry), soit sur les textes de la période suivant la consolidation des colonies, marquant l'essor de l'économie de la plantation et de la traite des esclaves, à partir de la fin du XVIIe siècle jusqu'aux explorations d'Humboldt. Ni Tzvetan Todorov dans *La Conquête de l'Amérique* ni Michel de Certeau dans *L'Écriture de l'histoire* ne consacrent une seule page à ces missionnaires français du XVIIe siècle. Il en va de même pour l'ethnologue Francis Affergan, qui touche à peine au sujet alors qu'il se propose de faire l'histoire de l'exotisme[12]. Et cela malgré le fait que le livre de Du Tertre constitue la référence centrale en ce qui concerne la connaissance de la zone torride américaine tout au long du XVIIIe siècle, à côté de la relation de R. P. Jean-Baptiste Labat et de

8 *Ibid.* p. 725-726.

9 *Ibid.*

10 Nous empruntons cette définition à Christof Schöch, *La Description double dans le roman des Lumières (1760-1800)*, Paris, Classiques Garnier, 2012, p. 78.

11 Nous pensons aux travaux menés par Bernard Grunberg, Benoît Roux et Josiane Grunberg, notamment aux éditions critiques des écrits sur les Antilles au XVIIe siècle qui sont sorties ou qui sont en cours chez L'Harmattan.

12 Francis Affergan, *Exotisme et altérité : Essai sur les fondements d'une critique de l'anthropologie*, Paris, P.U.F., 1987 ; Michel de Certeau, *L'Écriture de l'histoire*, Paris, Bibliothèque des histoires, 1978 ; Tzvetan Todorov, *La Conquête de l'Amérique : La question de l'autre*, Paris, Seuil, 1982.

l'histoire naturelle de R. P. Charles Plumier[13]. En outre, depuis le XVIIIe siècle, l'*Histoire générale des Antilles* est surtout lue pour ses descriptions de plantes et d'oiseaux tropicaux. À notre époque, on tend encore à approcher Du Tertre à travers le prisme du savoir naturaliste plutôt qu'à travers celui qui sert à lire les relations de l'époque des grandes découvertes et des explorations, ce qui explique que l'on s'attache à y relever les éléments qui ont trait à une « anthropologie du sauvage ».

Comment comprendre cette réception contemporaine du texte, qui semble ignorer les écrits de l'établissement français ou bien oblitérer les dimensions coloniales de leur circonstance historique et les aspects esthétiques de leur style ? Peut-être lisons-nous encore les écrits des missionnaires de l'œil sceptique des philosophes des Lumières ? Peut-être notre époque est-elle toujours éprise de l'idée du Nouveau Monde et oublie-t-elle par conséquent ceux qui viennent après le moment mythique du premier contact ? Refusant les mauvaises copies qui ne font que répéter une rencontre avec un nouveau déjà raconté, le lecteur contemporain chercherait un témoignage sur l'*événement* de la découverte. On s'attacherait donc plutôt à comprendre nos rapports à une altérité radicale et à interroger le contact direct entre les cultures. Or, dans un livre comme celui de Du Tertre, ce moment du premier face-à-face est déjà passé ; sa représentation, quant à elle, est toujours médiatisée. Ne tient-on pas là précisément un des arguments les plus importants pour une nouvelle étude de l'exotisme dans le contexte qui nous concerne ici ? Contrairement à ce qu'engage l'étude de la notion d'altérité, une analyse de ce concept montrera justement l'importance de comprendre la rencontre avec l'autre en termes de figurations de l'étranger qui se déploient entre l'expérience vécue et sa représentation. C'est précisément ce qu'avait compris Chateaubriand quand il mettait l'accent sur la *poésie* descriptive de Du Tertre.

L'analyse que nous entreprendrons ici s'oriente non pas vers l'Autre en tant que tel, mais vers la médiatisation de la rencontre, qui se développe comme une sorte de poétique qui reste à définir. Et si le présent livre ne propose pas une théorie générale de l'exotisme au XVIIe siècle, la focalisation sur un auteur écrivant depuis une région archipélagique qui est en train d'être colonisée par les Français permet d'explorer l'articulation particulière d'un exotisme spécifique en relation avec le contexte duquel il émerge. Parallèlement, à l'interpellation qui est au cœur de cette étude se joint un questionnement plus général : comment un voyageur comme Du Tertre peut-il traduire l'étranger et

13 Jean-Baptiste Labat, *Nouveau voyage aux Isles de l'Amérique*, Paris, C. Cavalier, 1722 ; R. P. Charles Plumier, *Description des plantes en Amérique, avec leurs figures*, Paris, Imp. Royale, 1693.

l'interaction avec cet étranger afin de les rendre accessibles au lecteur qui ne les connaît pas ? Quelles médiations entrent en jeu et comment sont-elles déployées dans l'écriture ?

2 Théoriser l'exotisme

Le mot *exotique* n'apparaît pas une seule fois dans l'*Histoire générale des Antilles*. Il existe pourtant depuis 1552, quand il est utilisé pour la première fois dans le *Quart livre* de Rabelais à propos de marchandises « exotiques et peregrines » venant d'une île fictive liée à la fois à l'Amérique et à l'Antiquité. Dérivé du grec *exôtikos*, le premier sens du mot a peu d'ambiguïté : il désigne ce qui vient du dehors, ce qui est étranger. Toutefois, l'acception naturaliste du terme (une plante appartenant naturellement à un autre monde) se heurte vite à un sens culturel qui complique la signification première en l'associant à des curiosités, à des merveilles ainsi qu'au commerce et à la description des mœurs[14]. La complexité sémantique du terme apparaît donc dès l'origine du concept, en raison de cette articulation à la fois historique et géographique, esthétique et commerciale[15]. Toutefois, ce mot, né de la fiction, ne semble pas avoir sa place dans un discours véridictoire comme celui de la relation de voyage. D'autant plus qu'il n'entre dans le vocabulaire courant et n'acquiert son acception moderne que vers la fin du XVIIIe siècle, comme l'a montré Vincenette Maigne[16]. Certes, les mots venus d'ailleurs et ramenés en France avec les grandes explorations tiennent de plus en plus de place dans le vocabulaire érudit et littéraire, mais c'est souvent au prix d'une assimilation aux normes du français. Et pourtant, la littérature de voyage, en pleine évolution au XVIIe siècle, fait preuve d'un souci d'exotisme qu'elle partage avec les genres littéraires, notamment le roman et le théâtre. En dépit des apparences, il y a dans ce siècle sceptique à tout ce qui ne se conforme pas à la norme un certain intérêt pour l'étranger, visible dans plusieurs domaines de la culture générale, à tel point que l'on a pu parler à ce propos d'une « culture du voyage[17] ».

Exotisme et *exotique* sont passés aujourd'hui dans le vocabulaire courant. Ils y souffrent cependant à la fois d'un surinvestissement théorique et d'un

---

14 Vincenette Maigne, « Exotisme : Évolution en diachronie du mot et de son champ sémantique », *Exotisme et création : Actes du Colloque International (Lyon 1983)*, Roland Antonioli (dir.), Lyon, Hermès éditeur, 1985, p. 10.

15 Anaïs Fléchet, « L'exotisme comme objet d'histoire », *Hypothèses*, vol. 1 n° 11, 2008, p. 15-26.

16 Vincenette Maigne, « Exotisme », p. 9-16.

17 Nous nous référons ici à l'ouvrage collectif *La Culture du voyage : Pratiques et discours de la Renaissance à l'aube du XXe siècle*, Gilles Bertrand (dir.), Paris, L'Harmattan, 2004.

manque de définition sémantique, particulièrement dans le contexte d'une critique des discours coloniaux. Surtout, on tend à oublier que les utilisations actuelles du terme se fondent en effet sur une conceptualisation qui date de l'époque romantique et qui participe d'une esthétique et d'une idéologie politique auxquelles un voyageur du XVIIe siècle est étranger. Il n'en reste pas moins que cette lecture contemporaine affecte notre approche de l'*Histoire générale des Antilles*. Gilbert Chinard, pionnier de la recherche sur l'inspiration américaine dans la littérature française aux XVIe et XVIIe siècles, étudie ainsi la généalogie de l'exotisme en partant de la conception romantico-réaliste du mot, puis en remontant dans l'histoire : « À la curiosité presque craintive du moyen âge succédera un sentiment d'admiration et presque d'envie qui, après une évolution de près de deux siècles, deviendra l'exotisme moderne[18]. » Il suggère entre autres que c'est Du Tertre qui a le plus contribué à « fixer les traits de l'homme de la nature tel qu'il sera décrit par Jean-Jacques, et les grandes lignes du paysage idyllique dans lequel il se meut[19]. » Étroitement lié au discours sur l'Amérindien, cet exotisme américain porte le germe de l'anthropologie naissante[20]. D'autres chercheurs soulignent plutôt l'émerveillement qui teinte les descriptions d'une nature inconnue du public européen comme un trait définitoire[21]. Et lorsque le « sauvage » apparaît à l'intérieur d'un contexte philosophique ou théologique, ce qui a trait à la société autochtone tend à se transformer en une figure destinée à critiquer la société européenne[22]. Dans

18 Gilbert Chinard, *L'Exotisme américain dans la littérature française au XVIe siècle*, Paris, 1911, p. xvi.

19 *Id.*, *L'Amérique et le rêve exotique dans la littérature française au XVIIe et au XVIIIe siècle*, Paris, Hachette, 1913, p. 39.

20 Voir Claude Blanckert (dir.), *Naissance de l'ethnologie ?* Paris, Cerf, 1985 ; et Christian Marouby, *Utopie et primitivisme : Anthropologie à l'âge classique*, Paris, Seuil, 1990.

21 Voir Anthony Padgen, *European Encounters with the New World: From Renaissance to Romanticism*, New Haven, Yale University Press, 1993, p. 5. Pour d'autres études du regard européen sur l'Amérique et sur les Autochtones, voir Percy Adams G., *Travelers and Travel Liars 1660-1880*, Dover, Dover Edition, 1980 ; Philip Boucher, *Cannibal Encounters: Europeans and Island Caribs 1492-1763*, Baltimore, Johns Hopkins University Press, 2009 ; Charles-André Julien, *Les Français en Amérique au XVIIe siècle*, Paris, SEDES, 1957 ; Frank Lestringant, *Le Cannibale : Grandeur et décadence*, Paris, Perrin, 1994 ; *id.*, « La Flèche du Patagon ou la preuve des lointains : sur un chapitre d'André Thevet », *Voyager à la Renaissance*, Jean Céard et Jean-Claude Margolin (dir.), Paris, Éditions Maisonneuve et Larose, 1987.

22 Pour l'importance de l'Amérique et le développement de la philosophie et de la théologie, voir Geoffrey Atkinson, *Les Relations de voyage au XVIIe siècle et l'évolution des idées : Contribution à l'étude de la formation de l'esprit du XVIIIe siècle*, Paris, Honoré Champion, 1924 et Pierre Fournier, *Les Voyageurs naturalistes du clergé français avant la Révolution*, Paris, Le Chevalier, 1932.

ces discours, qu'il s'agisse des hommes ou de la nature, l'exotisme américain semble se réduire à la thématique du « sauvage ». Néanmoins, ces conceptions sont loin de couvrir tous les aspects de la figuration de l'étranger, comme le propose un texte du type de celui de Du Tertre. Le « sauvage » est bien présent dans son histoire, mais le décrire n'est pas l'objectif premier de cet ouvrage, qui veut offrir l'histoire naturelle et morale d'une région soumise aux défis de la colonisation. Comment dès lors théoriser l'exotisme de sorte qu'il soit pertinent pour analyser cet ouvrage dans toute sa complexité ?

3 Discours colonial et effet textuel

La théorisation récente de l'exotisme apparaît tributaire de deux démarches principales. L'une prend son point de départ dans le texte et privilégie l'acception première du concept (désignant ce qui vient du dehors), tandis que l'autre, plutôt négative à l'égard du concept, fonde son analyse dans la structure de pouvoir qui sous-tend la rencontre avec l'étranger. Puisque nous avons ici affaire à un texte éminemment colonial, chacun de ces deux champs est pertinent pour l'analyse. Il faudrait cependant les nuancer, ou plutôt les combiner et y ajouter d'autres dimensions qui sont aussi importantes, pour ne pas dire davantage, dans le contexte antillais du XVIIe siècle.

En fait, la plupart des critiques dirigées contre ce concept – notamment dans le cadre des théories postcoloniales – s'intéressent aux implications politiques et à la manière dont l'exotisme est produit[23]. Il ne découle plus d'un objet, mais est désormais constitué dans le regard du voyageur-narrateur et du lecteur, ce qui change toute la donne de l'interprétation du terme. Cette théorie présuppose désormais l'établissement d'une hiérarchie qui transmet une représentation basée sur une séparation nette entre cultures dominantes et dominées. Le regard exoticisant confine l'étranger à la différence absolue, dissimilitude sur laquelle le voyageur (et par extension le lecteur) peut projeter ses désirs. C'est ainsi que Homi K. Bhabha s'en prend au concept : selon lui, il s'agit d'une stratégie de représentation qui isole l'autre, se sert de bribes pour représenter la totalité d'une culture étrangère et exclut tout dialogue ou mélange entre cultures[24]. Il ne serait qu'un maquillage textuel, un instrument uti-

---

23 Jean-Marc Moura, *L'Europe littéraire et l'ailleurs*, Paris, Presses universitaires de France, 1998, p. 10.

24 Homi K. Bhabha, *The Location of Culture*, London, Routledge, 1994. « […] this strategy of containment where the Other text is forever the exegetical horizon of difference, never the active agent of articulation. The Other is cited, quoted, framed, illuminated, encased in the shot/reverse-shot strategy of serial enlightenment », p. 31. Dans cette optique,

lisé par l'observateur ou l'écrivain, et il ne fonctionnerait plus comme signifiant référant à un signifié. C'est-à-dire que, au lieu de renvoyer à un phénomène réel, l'exotisme n'aboutirait qu'à une production fictionnelle à part entière. Ainsi, Peter Mason en arrive-t-il à parler du « vide » ou de la « béatitude » de l'exotisme[25]. « L'exotisme détient une structure spéculaire, transmettant rien que l'écho vide de lui-même », écrit-il, suggérant que l'altérité échappe inévitablement à sa représentation[26]. Au lieu de nous rapprocher des contrées lointaines, il nous en donnerait une autre version, une image fictionnelle qui n'aurait plus rien à voir avec l'objet qu'il prétend vouloir capter.

Cette dimension esthétique concourt à une domination d'ordre discursif. Le regard exoticisant produit du savoir et se fortifie grâce à l'accumulation de connaissances systématiques de l'Amérique. On voit ainsi son lien de parenté avec l'un des concepts fondateurs de la critique postcoloniale : l'orientalisme. Les arts, les lettres et les sciences contribuent à la formation d'un discours colonial étroitement lié à la politique menée par l'État. Or, à la différence de l'orientalisme tel qu'Edward Saïd le définissait en 1978 renvoyant aussi à un corps de doctrines et de pratiques de domination, l'exotisme serait pourtant le résultat d'une « dé-contextualisation », indifférente à la réalité dont il tire son inspiration[27]. Les différents concepts reposent néanmoins tous deux sur l'idée que le point de vue occidental maîtriserait désormais la représentation de l'étranger, reproduisant la domination bien réelle des territoires colonisés. En ce sens, ce concept recouvre une dimension-clé dans une œuvre comme l'*Histoire générale des Antilles* : écrire l'histoire de la présence française et soutenir l'effort d'établissement. C'est cette dimension coloniale que la pensée francophone (et postcoloniale) récuse tout en s'en servant comme hypotexte

l'exotisme est aussi à la base de ce que l'on appelle le multiculturalisme, dans la mesure où l'on ne se penche vers l'autre que pour confirmer l'idéal de la diversité culturelle : « Cultural diversity is also the representation of a radical rhetoric of the separation of totalized cultures that live unsullied by the intertextuality of their historical locations, safe in the Utopianism of a mythic memory of a unique collective identity », p. 34. S'appuyant sur les théories de Gayatri Chakravorty Spivak, Mary Louise Pratt a aussi démontré comment la littérature de voyage *produisit* « "le reste du monde" pour un lectorat européen » (« *the rest of the world » for European readerships*) et créa un « sujet domestiqué » de l'impérialisme européen (*domestic subject of Euroimperialism*). *Imperial Eyes: Travel Writing and Transculturation*, London, Routledge, 1992, p. 4-5.

25 Peter Mason, *Infelicities: Representations of the Exotic*, Baltimore, Johns Hopkins University Press, 1998. « […] while the Other has a voice of its own (though everyone is not prepared to listen to it), the Exotic is dumb […] », p. 6.

26 Peter Mason, « On Producing the (American) Exotic », *Anthropos*, Bd. 91, H. 1/3, 1996. « The exotic has a specular structure, conveying nothing but the empty echo of itself », p. 145.

27 Peter Mason, *Infelicities*, p. 3.

dans ses tentatives de réexplorer l'histoire et l'identité antillaises. Posé comme pôle négatif de la représentation de l'autre, l'exotisme acquiert en effet une signification cruciale dans l'articulation du discours postcolonial et se transforme en un concept opératoire, puisqu'il permet de problématiser la relation entre politique et esthétique. Il sous-tend le rapport de pouvoir imbriqué dans la littérature en même temps qu'il résume en quelque sorte la manière dont on négocie la différence culturelle. On comprend donc pourquoi l'exotisme demeure important pour penser les relations transculturelles, notamment en littérature.

À côté de cette interprétation, on trouve une critique plus fidèle à l'acception originelle du terme. L'idée est ici d'analyser comment l'effet textuel de l'exotisme émerge dans les voyages et dans la littérature sous forme de curiosités à voir et à décrire : l'insertion de mots en langues autochtones dans la phrase française relève par exemple de cette conception, que l'on pourrait appeler déictique dans la mesure où elle désigne une réalité lointaine[28]. L'exotisme introduirait alors un fort coefficient de dépaysement dans un texte qui, en même temps, cherche à transmettre l'étranger au lecteur. Cette approche envisage également le concept comme une sorte de production textuelle de la différence, mais elle le définit comme un problème de représentation. On peut par exemple s'imaginer des situations dans lesquelles les lexiques des langues européennes ne suffisent pas pour désigner la réalité que le voyageur veut décrire, d'où la nécessité d'utiliser une diversité de procédés pour faire la suture entre ici et là-bas. Et, même si le voyageur arrive à décrire l'espace étranger avec précision, dans la mesure où il veut aussi séduire son public, l'idée de présenter un monde nouveau laisse la voie ouverte à des exagérations de toutes sortes[29]. Suivant cette perspective, c'est une logique interne au récit de voyage cherchant à traduire l'ailleurs qui explique que l'objet représenté devienne plutôt fantasmagorique que réaliste. En restant proche du texte et en examinant les procédés de l'insertion (langagière et matérielle) de l'étranger pour ce qui est du pendant réaliste du voyage, ce type d'approche textuelle parvient à cerner comment les textes produisent un discours sur l'autre.

Il est intéressant de noter que malgré leurs différences fondamentales, la lecture postcoloniale (qui ne voit dans l'exotisme qu'une projection du regard du voyageur-narrateur), tout comme l'analyse textuelle (qui explore la

---

28 Sophie Linon-Chipon, « L'exotique dans les techniques d'écriture de deux récits de voyages authentiques dans les Indes orientales : *Relation d'un voyage des Indes orientales*, Delon (1685) et *Les Voyages aux isles Dauphine et Mascareine*, Dubois (1674) », *L'Exotisme*, Alain Buisine, Norbert Dodille et Claude Duchet (dir.), Paris, Didier-Érudition, 1988, p. 89-99.

29 Alain Guyot, *Analogie et récit de voyage*, p. 29-30.

production interne de l'exotisme), s'intéressent toutes deux majoritairement à la description et moins aux séquences narratives de la relation de voyage. Certes, pour l'une, l'exotisme est le résultat de stratégies stylistiques tandis que, pour l'autre, il s'agit d'une production de la perspective narrative. Mais qu'il soit un « effet de réel » ou un fantasme produit par le regard colonial, il n'en demeure pas moins que ces approches tendent d'abord à l'envisager à partir de l'*objet décrit*, isolé de la trame du texte, pour ensuite en tirer des conclusions sur l'effet qu'il a sur le lecteur. S'établit ainsi un parallèle entre exotisme et description, modalité discursive souvent associée aux référents statiques, non humains ou déshumanisés.

Le problème est que l'accent mis sur la description, que ce soit dans un but idéologique ou dans une logique imposée par le texte, risque à son tour de réduire la complexité des représentations et des politiques coloniales impliquées dans la notion d'exotisme. Ni ce dernier ni le colonialisme ne prennent une seule forme partout et pendant toute une époque ; ils changent avec le temps et s'annoncent différemment en fonction de l'espace-temps dans lequel ils s'inscrivent. Ces diverses opérations dans un voyage authentique du XVIIe siècle passent par une variation de modes de récit : « L'histoire naturelle à l'âge classique ne correspond pas à la pure et simple découverte d'un nouvel objet de curiosité, elle recouvre une série d'opérations complexes, qui introduisent dans un ensemble de représentations la possibilité d'un ordre constant[30]. » Ce propos souvent cité de Michel Foucault cerne bien la multitude de formes d'expression que doit prendre l'exotisme dans un vaste projet d'histoire naturelle et morale comme celui de Du Tertre, dans lequel les parties de la description naturaliste se construisent sur des séquences narratives et où les parties racontant l'histoire de l'établissement ne sont pas exemptes de descriptions. L'exotisme requiert différentes fonctions et expressions suivant sa position dans la trame narrative : il peut survenir comme objet isolé dans une séquence phraséologique, émerger d'un échange dialogique ou encore apparaître dans une séquence narrative plus longue. Il faut prendre en compte toutes ces articulations pour en formuler une théorie constructive.

4 Penser l'exotisme antillais au XVIIe siècle

Afin de rendre compte de la pertinence du concept d'exotisme à l'égard de l'histoire naturelle et morale antillaise de Du Tertre, nous proposons de parler du voyage authentique du XVIIe siècle comme d'un genre exotique à part entière

30 Michel Foucault, *Les Mots et les choses : Une archéologie des sciences humaines*, Paris, Gallimard, 1966, p. 171.

dans la mesure où cette littérature, plus que d'autres, s'engage à raconter l'ailleurs et à rendre compte des rapports avec l'étranger[31]. Cette détermination, sans doute trop générale, peut paraître périlleuse : ne risque-t-on pas de faire de l'exotisme un fourre-tout conceptuel ? Le choix se justifie non seulement parce que cette notion est aujourd'hui déjà employée pour décrire les textes viatiques du XVIIe siècle, mais également parce qu'elle inscrit d'emblée la rencontre avec l'étranger dans un régime de représentation comprenant à la fois les hommes et la nature. À la base de cette perception de la relation de voyage se trouve la prémisse posée par Friedrich Wolfzettel : le discours du voyageur est à définir comme le compte-rendu d'une expérience de la rencontre avec l'étranger[32] ; c'est une littérature de contact réel, mais la transition du vu et du vécu vers l'écriture implique une figuration de l'étranger. C'est donc sur ce passage que se concentreront les analyses qui vont suivre.

L'exotisme repose en effet sur une stratégie paradoxale de rapprochement et de séparation qui a sa place au XVIIe siècle. Davantage que d'autres écrits, le voyage se construit sur un décalage à la fois spatial et temporel. Pour présenter l'étranger au public – et c'est là une de nos hypothèses –, le voyageur est invité à l'inscrire dans la trame du texte afin d'atténuer le choc que produit son apparition. La démarche qui sera la nôtre s'apparente à celle qu'utilise Andreas Motsch lorsqu'il retrace l'apparition d'un discours ethnographique chez Lafitau, en procédant d'une lecture archéologique qui dépasse l'inventaire des figures ou, pour la question qui nous concerne ici, le répertoire des thématiques, et cherche plutôt à comprendre les figurations de l'étranger, les stratégies qu'elles entraînent et la poétique qui en découle[33]. L'exotisme est pour ainsi dire omniprésent et devient un concept voyageur, ne serait-ce qu'à l'intérieur d'un seul texte où il requiert à la fois une fonction déictique et une fonction fantasmatique. À ce propos, renvoyons à Jean-Michel Racault, qui a démontré comment la littérature viatique emploie des « instances médiatrices » qu'il définit comme « mise en œuvre de certains schèmes de l'imaginaire, choix d'un certain scénario narratif, utilisation de certains personnages fonctionnels, recours à certaines modalités discursives[34] ». L'étranger n'émerge que filtré dans le texte et s'inscrit dans une série de représentations (« schèmes

31 Francis Affergan, par exemple, soulève la « grande question d'exotisme », à savoir « comment écrire l'ailleurs ». *Exotisme et altérité*, p. 104.

32 Friedrich Wolfzettel, *Le Discours du voyageur : Pour une histoire littéraire du récit de voyage en France du Moyen âge au XVIIIe siècle*, Paris, Presses universitaires de France, 1996, p. 5.

33 Andreas Motsch, *Lafitau et l'émergence du discours ethnographique*, Paris, Presses de l'université Paris-Sorbonne, 2001, p. 3-4.

34 Jean-Michel Racault, « Instances médiatrices et production de l'altérité dans le récit exotique aux 17e et 18e siècles », *L'Exotisme*, Alain Buisine, Norbert Dodille et Claude Duchet (dir.), p. 34.

de l'imaginaire ») que l'écrivain-voyageur reprend et réarticule. L'analyse de Racault permet justement de saisir l'exotisme comme parcourant l'ensemble de la captation de l'étranger, et non comme lié à une thématique précise (le sauvage) ou à une modalité spécifique (la description). Il faudrait en élaborer un aperçu à partir des différents facteurs qui déterminent la rencontre étudiée, en tenant compte de la tendance paradoxale de vouloir saisir l'étranger en tant que tel, tout en le contrôlant et en l'assimilant à des normes. L'exotisme n'aurait donc de sens qu'*en situation*. Plus précisément ici, deux situations régissent son expression : le contexte narratif, c'est-à-dire la séquence textuelle en question, et le contexte entourant le livre.

L'élément qui influence surtout la manière dont l'étranger est figuré dans les relations de l'établissement français aux Antilles est le fait que les Îles ont déjà été explorées et représentées par les textes espagnols de la toute première période suivant la « découverte ». Les Amérindiens aussi ont été présentés par de nombreux voyageurs – et par de nombreux écrivains qui ne les ont jamais vus en réalité. La relation de Du Tertre se fonde sur ces « Autheurs », tout en dégageant un autre discours français sur les tropiques, un discours bien localisé aux Antilles et impliqué dans le projet de l'établissement.

Du point de vue de l'histoire littéraire, il convient de situer Du Tertre dans l'évolution de l'exotisme tel que Frank Lestringant la reconstitue pour la Renaissance. Du Tertre en développe sa version à partir de la mise en fragments d'un lointain décevant et illusoire chez Rabelais et de l'aventure d'un Léry, pour qui le monde se transforme en miroir inquiétant à travers lequel l'exotique « accuse pour finir l'irréductible et scandaleuse étrangeté du familier[35] ». Dans l'*Histoire générale des Antilles*, l'*exotica* n'est plus une banalité déguisée, comme chez Rabelais, ou comme chez Léry, une extension de l'expérience personnelle[36]. Il y a peu d'intimité chez Du Tertre, et son but n'est pas de raconter ses propres aventures. Chez lui, l'exotisme se mêle plutôt au contexte et à la structure de l'histoire : l'organisation non chronologique de l'écriture et la posture narrative d'un missionnaire écrivant sous mandat n'encouragent pas le repli sur soi, lequel n'apparaît donc qu'occasionnellement. Par contre, Du Tertre trace le chemin d'un exotisme intimement lié au projet colonial. C'est sur ce point qu'il apporte paradoxalement du nouveau : les missionnaires dominicains envoyés aux Antilles sont les premiers à raconter ce que Glissant appellera avec cynisme, quatre siècles plus tard, la fondation d'une

35 Frank Lestringant, « L'Exotisme en France à la Renaissance : de Rabelais à Léry », p. 10 et 12.

36 *Ibid.*

« colonisation réussie »[37]. Dans ce contexte particulier, la relation de voyage ne s'intéresse pas seulement au monde et aux objets étranges, mais aussi, et pour des raisons esthétiques et politiques diverses, à l'interaction avec cet univers qu'elle décrit. Pour saisir ce mouvement interactionnel, il faut aussi poursuivre l'analyse au-delà de l'objet exotique et interroger les comportements humains. La diversité de l'espace étranger ne peut plus être présentée en fragments, mais doit être inscrite dans le grand récit colonial de l'état et de l'Église.

Ainsi, nous suggérons ici que la relation de voyage de Du Tertre introduit une troisième étape de l'exotisme, liée à la prise de possession d'une terre déjà connue et dont les curiosités ont perdu leur effet de surprise. Dans ce contexte, la notion cerne un procédé poétique de rencontre et d'engagement avec l'étranger, non pas seulement comme altérité, mais également comme un espace à l'intérieur duquel les Français tentent de s'inscrire afin de le posséder. La reconfiguration de l'exotisme que nous proposerons dans les chapitres analytiques qui vont suivre ne présente donc pas une manière de dépolitiser ce dernier. Bien au contraire : étudier la façon dont il opère au lieu de l'envisager comme une catégorie préétablie que l'on impose aux textes, c'est mettre en valeur ses enjeux à la fois politiques et esthétiques. L'hypothèse qui guidera ce travail est que le voyageur part nécessairement d'un certain exotisme pour dire l'étranger et que cela impose des limites à son discours, limites avec lesquelles il se trouve obligé de négocier. Dans la situation qui marque l'écriture dutertrienne, l'autre et l'ailleurs ne correspondent pas nécessairement à ce que Todorov définit, en s'appuyant sur Mikhaïl Bakhtine, comme des « extopies », affirmant l'extériorité de l'autre pour mieux se reconnaître[38]. Il semble bien en revanche que Du Tertre exprime une forme de relativisme culturel tout en restant fortement imprégné par l'universalisme caractéristique de son époque.

On verra tout au long de l'analyse que l'autre est un concept changeant, ce qui invite à le repenser non plus à partir de rapports binaires, mais d'une dialectique multiple suggérée par la trame du texte. L'*Histoire générale des Antilles* est un livre transculturel et transatlantique, qui doit être compris à la fois comme antillais et français, profondément ancré dans l'expérience vécue sur place en même temps qu'il est marqué par les codes d'écriture de son temps et les circonstances politiques relatives à l'établissement. Pourrait-on, donc, envisager un exotisme du voyage antillais propre à ce début de la colonisation française des Îles et qui s'étale sur un fond historique complexe ? Quel héritage Du Tertre laisserait-il derrière lui ?

---

37 Édouard Glissant, *Le Discours antillais*, p. 20.

38 Tzvetan Todorov, *Nous et les Autres : La réflexion française sur la diversité humaine*, Paris, Seuil, 1989. Voir aussi à ce sujet Francis Affergan, *Exotisme et altérité*, p. 105.

C'est sur ces interrogations que repose la présente tentative de repenser les figurations de l'étranger en les comprenant comme la mise en récit complexe et variée d'un espace archipélagique colonisé. Afin d'y répondre, il faudra d'abord restituer le cadre contextuel de la rédaction de l'œuvre, en commençant par décrire l'homme et son œuvre, dans l'objectif de situer Du Tertre lui-même dans le travail de la mission, puis cerner la place que celui-ci occupe dans son monde et, finalement, dans l'évolution de ce genre « métoyen » qu'est la relation de voyage au milieu du XVIIe siècle, selon l'expression de François Bertaud[39]. Dans les parties analytiques qui suivent la description historique, nous explorerons la façon dont l'écriture dutertrienne recourt à deux types d'instances médiatrices. D'abord, nous analyserons comment le missionnaire s'empare des éléments d'un exotisme souvent associé aux Antilles, ceux de l'imaginaire paradisiaque né des représentations antérieures d'une nature exubérante et du « sauvage ». De fait, les références au paradis surgissent partout dans l'ouvrage – depuis les introductions jusqu'aux descriptions des Autochtones, en passant par les illustrations et les scènes censées représenter la vie coloniale – et interviennent dans la construction d'un espace dont le relateur tente de saisir l'étrangeté tout en le domestiquant. Nous interrogerons ensuite, dans la troisième partie, la manière dont l'auteur emprunte aux modes discursifs relevant du drame. Du Tertre semble mettre en scène les hommes impliqués dans l'établissement, y compris le voyageur-narrateur, ce qui lui permet de présenter les actants de l'histoire coloniale comme des corps interagissant entre eux et avec l'espace naturel. À travers ces instances médiatrices, on verra s'épanouir un exotisme colonial qui n'a pas seulement pour but la réduction de l'autre, mais qui cherche à dire une communauté à venir, née des interactions violentes entre l'espace et les hommes.

39 François Bertaud, *Journal du voyage en Espagne*, Paris, Denis Thierry, 1699, p. iv.

PARTIE 1

Hérodote des Îles

∵

CHAPITRE 1

Du Tertre – vie, œuvre et mission

Jacques Du Tertre naît à Calais en 1610. Fils de médecin, il reçoit une bonne éducation et à l'âge de 23 ans, poussé par l'aventure, il joint la marine des Pays-Bas. Avec les Néerlandais, il participe entre autres à une grande expédition au Groenland. Puis, fatigué de la vie en mer, il prend service à terre, toujours dans l'armée néerlandaise, et se distingue notamment au siège de Maastricht en 1632[1]. Deux ans plus tard, Jacques Du Tertre change de carrière et joint l'ordre des Frères Prêcheurs de la congrégation de Saint-Louis. Il entre dans les ordres sous l'égide du père Jean-Baptiste Carré, prend un autre prénom et intègre le Noviciat général à Paris.

En 1640, Jean-Baptiste Du Tertre se trouve de nouveau sur un vaisseau, cette fois envoyé en mission aux Antilles. André Chevillard, un autre Frère Prêcheur qui partira dans les Îles quelques années plus tard, décrit ainsi la compagnie avec laquelle voyage notre missionnaire : « le R. P. de la Marre tres-celebre Docteur de Sorbone, & un des plus fameux Predicateurs de France […] Pere Iean de S. Paul Bordelois […] Pere Michel & quelques Freres Convers : entre lesquels estoient le bon & zelé F. Nicolas de Sainctar […] F. Iacques le Gendre, & F. Estienne de l'Assomption[2] ». À en croire la notice que les dominicains lui consacrent après sa mort, Du Tertre aurait été un homme « pieux et considéré, prudent, sachant traiter les affaires » ; qualités essentielles pour la mission, qui implique des négociations constantes avec les autorités religieuses et séculaires en France, ainsi qu'avec les autorités locales[3]. Or, l'argument principal de Carré au moment de choisir Du Tertre était sans doute son expérience marine. Sa vie militaire rattrape ainsi sa vie religieuse, peut-être contre son propre gré, car l'image qu'il donne de la mer est loin d'être positive. « Ie ne me flate point, ie sçay un peu ce que c'est que de la mer : mais il est constant, qu'humainement parlant, nous ne devions pas demeurer un moment sur l'eau », constate-t-il après avoir décrit tous les maux de mer possibles (1654, tome I : 90). Et pourtant, tout au long de la première période de l'établissement et de la colonisation des Îles, c'est toujours Du Tertre qui est envoyé pour transmettre des

---

1 Anonyme, *Le Père du Tertre, son œuvre et sa vie*, ANOM, BIB SOM d/Br/1844, p. 10.

2 André Chevillard, *Les Desseins de son Éminence de Richelieu pour l'Amérique*, Basse-Terre, Société d'histoire de la Guadeloupe, 1973 [Rennes 1659], p. 44.

3 Ninon Maillard, *Droit, réforme et organisation nationale d'un ordre religieux en France : Le cas de l'Ordre des Frères Prêcheurs (1629-1660)*. Thèse de doctorat, soutenue à Toulouse, 2005, p. 679.

© CHRISTINA KULLBERG, 2021 | DOI:10.1163/9789004434967_003
This is an open access chapter distributed under the terms of the CC BY-NC-ND 4.0 license.

messages entre les missions et les autorités en France. Entre 1640 et 1658, il fait cinq allers-retours entre les îles Sous-le-Vent et Paris. Or, son dernier voyage sera différent. Cette fois, il ne se déplace pas en tant que missionnaire ; il est envoyé du comte Cérillac pour sonder le terrain de l'île de la Grenade que ce dernier avait l'intention d'acheter (1667, tome I : 504). À son retour définitif des Îles, il est affilié à la province de Saint-Louis à Paris, mais en 1666 – soit l'année avant la parution de la deuxième édition de son *Histoire* des Antilles – il est envoyé au couvent des Frères Prêcheurs de Toul, en Meurthe-et-Moselle. En 1683, on le rappelle au Noviciat général à Paris, où il meurt quatre ans plus tard.

Les séjours de Du Tertre couvrent toute la période des premiers établissements jusqu'à la consolidation de la colonisation des Antilles françaises dans les années 1660. Le missionnaire a été le témoin oculaire de plusieurs des événements qu'il raconte ; s'il ne les a pas lui-même vécus, il tire ses informations de plusieurs sources dites fiables, orales aussi bien qu'écrites. De surcroît, servant principalement en Guadeloupe, il voyage dans toute la région et visite notamment d'autres îles où sont impliqués les Français : Saint-Christophe, Saint-Martin, la Martinique, la Dominique et Sainte-Lucie. La comparaison avec Hérodote que nous propose le critique littéraire Régis Antoine trouve ici tout son sens : aucun autre voyageur ne propose une perspective aussi complète sur les Îles, ce qui en fait la référence principale des historiens de la première colonisation[4].

1 Du manuscrit aux éditions

Le premier texte de la plume de Du Tertre qui ait été conservé est un manuscrit autographe daté de 1648 et intitulé *Histoire des isles de la Guadelouppe, Martinique, St Christophle, la Dominique et autres isles circonvoisines en l'Amerique, et des sauvages en icelles ... en l'an 1648*[5]. Ce manuscrit reste inconnu jusqu'en 1844, quand Augustin Cochin, dans son *Abolition de l'esclavage*, fait référence à un « manuscrit curieux » acheté à la vente d'une grande collection de livres. Ailleurs dans son ouvrage, Cochin renvoie à l'édition de 1654 de l'*Histoire générale des Antilles*, mais sans faire de rapport entre celle-ci et le manuscrit trouvé. Au contraire, il l'attribue à un autre dominicain sur lequel nous reviendrons à plusieurs occasions dans cette étude, le père Raymond Breton[6].

4 Régis Antoine, *Les Écrivains français et les Antilles*, p. 30.
5 Du Tertre est aussi l'auteur d'un ouvrage religieux, *La Vie de Sainte Austreberte*, 1659.
6 Augustin Cochin, *L'Abolition de l'esclavage : Résultats de l'abolition de l'esclavage*, Paris, Lecoffre, 1861, p. 4.

L'absence de lien entre le manuscrit et le livre de Du Tertre s'explique quand on considère la signature mystérieuse de la préface au manuscrit : « Verdier, missionnaire, a écrit cette histoire de la Guadeloupe en 1648. » (NP) On n'a pas pu identifier ce Verdier, et peut-être s'agit-il, comme le suggère Benoît Roux, d'un nom d'emprunt[7]. Quoi qu'il en soit, les spécialistes s'entendent aujourd'hui pour dire que le manuscrit est de Du Tertre. L'avis au lecteur de l'édition de 1667 confirme d'ailleurs ce constat : Du Tertre y fait référence à un manuscrit incomplet qui circule à Paris vers la fin des années 1640. On le retrouve aujourd'hui en trois exemplaires. Deux d'entre eux se trouvent aux Fonds Marcel-Châtillon de la Bibliothèque Mazarine, dont un est dédié à Raymond Breton. L'autre se trouve à la Bibliothèque Nationale, mais à celui-ci manquent le premier cahier ainsi que les deux derniers chapitres. Le manuscrit complet compte 781 pages et contient 26 dessins de la main de Du Tertre, représentant surtout des plantes, mais on y trouve aussi une illustration d'un four pour préparer le sucre et une autre représentant le « feu des Sauvages ». L'auteur divise la relation en cinq parties ; la première est constituée d'un « narré sucsint » (1648 : 7) de l'aller et du retour aux Indes ainsi que de ce qui s'est déroulé à la Guadeloupe depuis 1626 et jusqu'à l'an 1643. La deuxième offre une description des tempéraments de la zone torride, de la situation de la Guadeloupe, du « flux et reflux de la mer », et une description de la terre. La troisième est un traité des plantes, suivi par un traité des animaux, qui constitue la quatrième partie. Finalement, la cinquième partie décrit « la façon de faire avec les Sauvages ». (1648 : 11)

L'auteur garde les grandes lignes de cette organisation lorsqu'il retravaille le manuscrit en livre. Dans le premier tome des deux versions publiées, il se présente d'abord comme chroniqueur de l'histoire française des Îles pour, ensuite, dans le deuxième tome, adopter la posture d'un historien naturel et moral, offrant une description de la région et de ses peuples, tout comme dans le manuscrit. Il semble donc que Du Tertre avait en vue une publication dès la rédaction du manuscrit et que celui-ci n'était pas seulement destiné aux bibliothèques des seigneurs impliqués dans la Compagnie des Isles. Cela dit, les éditions imprimées ont subi des remaniements significatifs depuis la version manuscrite. Il y ajoute des dédicaces et des préfaces, contribuant à placer l'ouvrage dans un contexte de construction de savoir et de réception auquel nous reviendrons plus loin. On peut noter que le style des éditions imprimées est souvent plus vif, et là encore, on note des changements de la première à la

7 Benoît Roux, « Le Pasteur Charles de Rochefort et l'*Histoire naturelle et morale des îles Antilles de l'Amérique* », *Les Indiens des Petites Antilles : Des Premiers peuplements aux débuts de la colonisation européenne*, Bernard Grunberg (dir.), Paris, L'Harmattan, 2011, p. 214. L'auteur anonyme de *Du Tertre et sa vie* est le premier à avoir identifié le manuscrit.

deuxième édition, indiquant que Du Tertre suit de près l'évolution de l'histoire contemporaine des Antilles ainsi que les publications qui paraissent à ce sujet, notamment dans les années 1650. Surtout, aux versions publiées sont intégrées des illustrations faites par un graveur professionnel et des documents relatifs à l'histoire qu'elles racontent.

L'édition de 1654, intitulée *Histoire générale des Isles de Saint-Christophe, de la Guadeloupe, de la Martinique et autres dans l'Amérique*, est sortie chez Langlois et dédiée à Achilles II de Harlay[8]. À part quelques changements mineurs, cette édition maintient la structure du manuscrit, à l'exception près du début – au lieu de commencer avec ses propres voyages, il prend comme point de départ l'histoire de l'établissement depuis 1625 jusqu'à 1645 – et de la dernière partie. Celle-ci comprend maintenant deux chapitres supplémentaires qui manquent au manuscrit, l'un portant sur les habitants français et l'autre sur les esclaves. Le chapitre relatif à la description des Amérindiens est toutefois beaucoup plus long que les deux autres. Les illustrations, faites par Du Tertre lui-même, n'ont pas été reprises dans les livres imprimés. Par contre, l'*Histoire générale des Isles de Saint-Christophe, de la Guadeloupe, de la Martinique et autres dans l'Amérique* contient des cartes de Saint-Christophe, de la Martinique et de la Guadeloupe. De plus, le lecteur trouve en annexe une concession du Roy qui explique comment les Îles sont tombées entre les mains des Chevaliers de Malte, ainsi qu'une traduction « de nos mystères en langue Sauvage », c'est-à-dire le catéchisme, que Du Tertre avait reçue du R. P. Raymond Breton afin de donner au lecteur, et plus particulièrement aux futurs voyageurs, une idée de la langue autochtone.

La version que Du Tertre publie chez Thomas Jolly en 1667, *Histoire générale des Antilles habitées par les François*, est un livre plus long et plus richement illustré. Le premier volume s'ouvre sur les armes de la famille de Harlay et est toujours dédié à Achilles II de Harlay, alors que le deuxième volume paraît sous la protection de son fils, Achilles III de Harlay. Il comprend 12 estampes en taille-douce, des vignettes et un frontispice, qui se trouvent tous dans le deuxième tome. Cette édition est sans aucun doute la plus complète, non seulement parce qu'elle traite une période plus longue, mais surtout parce qu'elle est la plus élaborée. En même temps que la deuxième édition se présente comme un document historique plus solide s'appuyant sur des références qui sont intégrées au récit, elle est aussi plus littéraire, empruntant des tournures rhétoriques au théâtre, au genre épique et au roman. C'est donc

8 Dans certains livres de cette édition, l'épitre est addressée à Claude Sanguin. Harlay semble pourtant en être le mandataire principal : il est mentionné dans le récit même et on sait qu'il avait le manuscrit du livre dans sa bibliothèque.

l'édition de 1667 qui constitue l'objet principal de notre analyse. On y retrouve des estampes de Sébastien Leclerc, incluant un portrait des habitants autochtones, deux illustrations des forts français, six planches de *naturalia* (poissons, insectes, lézards, fruits et plantes) et six illustrations de la vie quotidienne (préparation du manioc, du sucre et du pétun, chasse aux tortues, chasse aux cochons sauvages et visite des Autochtones). Ces illustrations complètent la lecture des longues parties descriptives – et, comme le note Gilles Boucher de La Richarderie, contribuent à renforcer le succès de l'œuvre[9]. L'ouvrage est aussi complété par plusieurs documents – concessions, lettres patentes, lettres de cachet, Commission du Roy, délibérations de la Compagnie, lettres et extraits d'autres relations – rendant encore plus crédible la teneur du contenu. La valeur de l'ouvrage a donc considérablement augmenté et, déjà, la couverture annonce une publication en deux volumes, alors qu'un troisième sortira en 1671, incluant deux tomes supplémentaires. Du Tertre raconte ici la construction et la conservation des colonies françaises durant les années 1650 dans l'objectif explicite de servir d'exemple aux futurs gouverneurs qui, en le lisant, apprendront de l'histoire et éviteront de répéter les erreurs de ceux qui leur ont précédé.

Dans cette édition, l'histoire des Îles occupe un volume entier, soit près de 600 pages. L'augmentation s'explique bien sûr par le fait que cette édition relate une période plus longue – de 1625 jusqu'à 1664 –, mais aussi par le fait que le missionnaire accumule les documents relatifs aux événements importants, suggérant une orientation vers la politique coloniale au détriment de l'histoire de la mission, qui est plus patente dans l'édition de 1654. Cela va jusqu'à perturber l'organisation globale de la relation : l'ampleur du premier tome force l'auteur à déplacer le récit de ses propres voyages dans un deuxième volume, ce dont Du Tertre s'excuse dans l'avis au lecteur. Outre ces voyages, on retrouve dans le deuxième volume la même structure de l'histoire naturelle et morale que dans le manuscrit et dans la première édition – traités des airs, des mers, des plantes, des animaux et des hommes, autant Autochtones qu'esclaves et habitants français, exactement comme dans la première édition, mais avec force détails. De plus, les chapitres sur les habitants et les esclaves sont désormais à peu près de la longueur de celui sur les Autochtones, et la traduction du catéchisme en langue locale a été supprimée. La partie topographique a été augmentée et offre un aperçu de toutes les Antilles, y compris des îles qui ne sont pas possédées par les Français. L'auteur tend à étoffer les descriptions, non seulement en vue d'être plus précis, mais également afin de les peindre

9 Gilles Boucher de La Richarderie, *Bibliothèque universelle des voyages*, Paris, Treuttel et Würtz, 1808, t. VI : 167.

plus vivement. Le nombre d'adjectifs augmente, et l'auteur insère des commentaires plus longs, souvent à l'aune des écrits d'autres voyageurs. Il peut s'agir de portraits d'individus auxquels il ajoute plus d'information, d'anecdotes donnant de l'ampleur à un passage ou encore des parties introductives brossant par exemple un tableau général de l'état d'une île.

Plus ou moins ouvertement, Du Tertre plaide dans chacune des éditions pour un renforcement du soutien financier pour les colonies, suggérant que l'impérialisme français correspond à un projet fragile à la première moitié du XVIIe siècle[10]. Chacune des versions prend soin de dater la naissance des Antilles françaises à 1625, moment où Pierre Belain d'Esnambuc et Urbain du Roissey débarquent à Saint-Christophe, où se sont déjà établis les Anglais et une colonie de Français. L'année suivante, Richelieu crée la Compagnie de Saint-Christophe dans l'intention d'unir intérêts commerciaux et évangéliques, et le roi accorde le pouvoir à D'Esnambuc et à du Roissey

> [...] d'aller peupler, privativement à tous autres, lesdites isles de Saint-Christophe et de la Barbade et autres circonvoisines ; icelles fortifier, y mener et conduire nombre de prêtres et de religieux pour instruire les Indiens et habitants d'icelles et tous autres en la religion catholique, apostolique et romaine y celebrer le service divin et administrer les sacrements ; y faire cultiver les terres et faire travailler à toute sorte de mines et de métaux[11].

Le premier établissement ne rapporte pas beaucoup, et la Compagnie de Saint-Christophe fait vite faillite[12]. Elle sera cependant rétablie par Richelieu en 1635 sous le nom de la Compagnie des Isles de l'Amérique. Entre 1620 et 1640, Anglais, Français et Amérindiens parviennent partiellement à se partager en

---

10 Le but de la propagande était d'inciter au peuplement des Îles. Voir Liliane Chauleau, *La Société à la Martinique au XVIIe siècle (1635-1713)*, Caen, Recherches sur l'histoire des Antilles, 1966, p. 98-99. Selon elle, la deuxième édition de Du Tertre est « plus nuancée dans ses jugements, répondant plus volontiers à ce dessein de publicité », note 1, p. 99. Une grande partie de la promotion des Îles apparut dans *La Gazette de France*, ainsi que le montrent Gabriel Debien et Joseph Le Beer, citant un article de 1638 intitulé « Exploits et logement des Français dans l'Isle de Guadeloupe » qui se termine sur l'espoir « que plusieurs François voyans une terre si fertile et qui n'a besoin que d'habitans en scauraient bien faire leur profit ». *Propagande et recrutement pour les Iles au XVIIe siècle*, Notes d'histoire coloniale, vol. XXXIV, 1954, p. 20.

11 Cité dans Réal Ouellet (dir.), *La Colonisation des Antilles : Textes français du XVIIe siècle, tomes I-II*, Paris, Hermann, 2014, p. 11.

12 Voir Eric Roulet, *La Compagnie des Îles de l'Amérique 1635-1651*, Rennes, Presses universitaires de Rennes, 2017.

paix le contrôle de certaines îles comme Saint-Christophe, mais ces périodes d'entente ne sont jamais longues. Du Tertre rapporte plusieurs massacres des Amérindiens à Saint-Christophe et plus tard en Guadeloupe et en Martinique. Les guerres se succèdent, les colonies sont ravagées par la famine et les maladies, les Îles passent d'une autorité à l'autre ; enfin, le prix du tabac n'est pas stable. La véritable colonisation ne commence qu'à partir de l'année de l'arrivée de Du Tertre, en 1640. Il ne fait alors plus aucun doute que les Français vont rester sur les Îles et, à partir de ce moment, il s'établit une véritable culture coloniale, partiellement indépendante des autorités en France. Toutefois, la présence française reste précaire jusqu'au 31 mars 1660, jour de signature du traité signé par la France et l'Angleterre avec les Amérindiens, assurant la séparation entre les nations et ne reconnaissant la souveraineté des Autochtones que sur deux îles, la Dominique et Saint-Vincent.

Tout ce processus chaotique d'établissement est reflété dans l'ouvrage de Du Tertre. Sur l'une des cartes insérées de l'édition de 1654, on voit par exemple que la Martinique est divisée entre les Français, qui avaient pris possession de la partie ouest de l'Île, et les Amérindiens, ces derniers occupant la zone à l'est.

ILLUSTRATION 2 *L'Isle de la Martinique*
SOURCE GALLICA.BNRF.FR / BIBLIOTHÈQUE NATIONALE DE FRANCE, DOMAINE PUBLIC

La raison pour laquelle l'établissement se caractérise par une certaine liberté vis-à-vis des autorités en France est que la guerre de Trente Ans et la Fronde suscitent des préoccupations plus pressantes que celles du contrôle des colonies[13]. Cette liberté partielle due aux événements de l'Europe mène aussi à l'instabilité ; personne ne sait plus qui détient l'autorité. Pendant cette période où les liens entre les Îles et la métropole s'affaiblissent, Philippe Lonvilliers de Poincy de l'ordre de Malte, qui fut nommé lieutenant général de Saint-Christophe en 1638, profite de la situation et commence aussitôt à exercer un pouvoir absolu sur les colonies, jusqu'à sa mort en 1660. Sous sa gouvernance, la Compagnie des Isles de l'Amérique se ruine et on voit se développer entre 1649 et 1660 ce que l'historien Philip Boucher appelle « l'ère des propriétaires »[14] – l'époque où la Compagnie vend les Îles aux seigneurs propriétaires (de Poincy se charge de Saint-Christophe ; Charles Houël prend la Guadeloupe et les îles adjacentes ; Du Parquet achète la Martinique, la Grenade et les Grenadines) et où la culture des plantations prend forme. Le règne de de Poincy est sévère et incertain, mais son autorité ne se fait pas seulement au détriment des habitants des Îles. Par exemple, de Poincy fait en sorte que ses sujets soient exempts d'impôts, lesquels faisaient tant souffrir les pauvres en France. En même temps, il les contrôle d'une main de fer. Du Tertre est très ambivalent vis-à-vis de de Poincy dans son ouvrage et rapporte dans l'édition de 1667 des scènes de torture et des exécutions aléatoires qui se seraient déroulées sous son autorité. Du Tertre doute aussi de sa fidélité envers l'Église catholique, en suggérant que ce chevalier de Malte n'hésitait pas à comploter avec les protestants. En outre, de Poincy refuse de reconnaître l'autorité de Patrocles de Thoisy, envoyé par la reine régente et la Compagnie en 1645. C'est alors que les conflits s'accumulent, risquant d'entraîner les colonies dans une guerre civile.

Voyant pointer la menace d'une guerre civile aux Îles, et sous l'influence de Jean-Baptiste Colbert, Louis XIV change l'orientation de la politique coloniale de la France ; c'est la fin de l'ère des propriétaires et de la longue période d'établissement[15]. Nommé intendant de la Marine par Louis XIV en 1661, Colbert avait déjà créé de grandes compagnies à monopole pour soutenir l'expansion impériale de la France. En 1664, il établit la Compagnie des Indes occidentales et édicte le régime exclusif, lequel impose aux colons de n'avoir de commerce qu'avec la France. À cette époque, le roi envoie Alexandre de

13 Philip Boucher, *France and the American Tropics to 1700*, p. 67.

14 *Ibid.*, chapitre 4. Voir aussi Frédéric Régent, *Les Maîtres de la Guadeloupe : Propriétaires d'esclaves 1635-1848*, Paris, Tallandier, 2019.

15 Jacques Dampierre, *Essai sur les sources de l'histoire des Antilles françaises, 1492-1664*, Paris, A. Picard, 1904, p. xiii.

Prouville de Tracy pour résister aux Anglais et en finir avec la dominance néerlandaise dans la région. L'année suivante, des séditions de colons se produisent à la Martinique, et l'ordre de Malte vend Saint-Christophe à la Compagnie. Finalement, pour affirmer définitivement son emprise sur les colonies, Colbert fait en sorte que l'administration de celles-ci passe des Affaires étrangères à la Marine, en 1669. L'administration des Îles est maintenant directement liée à la Couronne et se transforme en une « machine coloniale », pour emprunter l'expression de François Regourd et James E. McClellan III[16].

Les modifications qui interviennent dans la politique coloniale à partir de 1660 rendent la sortie inattendue d'un troisième volume, comprenant les tomes trois et quatre, particulièrement signifiante. Dans ce volume, qui n'était donc pas prévu lorsque Du Tertre rédigeait son ouvrage en 1667, Harlay n'apparaît plus comme dédicataire de l'ouvrage, désormais placé sous la protection de Jérôme Bignon, avocat général et maître de la bibliothèque du roi. L'*Histoire générale des Antilles* a par ailleurs légèrement changé de cadre générique lorsqu'elle est publiée en 1671. Au lieu de la présenter comme une relation de voyage ou une histoire naturelle et morale, le missionnaire affirme dans l'avis au lecteur qu'il s'agit d'un traité d'histoire contemporaine, essentiellement appuyé sur des correspondances, des témoignages et des registres. Du Tertre passe donc – en apparence – d'une relation constituée essentiellement sur le témoignage oculaire à un travail exclusivement documentaire. Dans sa pratique, cependant, il se base bien sur son expérience de voyageur et sur les entretiens qu'il a eus avec les témoins des événements qu'il relate dans son livre. Son enquête, ethnographique avant la lettre, s'appuie sur les témoignages qu'il a recueillis au Havre, à Dieppe et à La Rochelle de la bouche des capitaines de navires.

Le volume est divisé en quatre traités. Le premier aborde l'entreprise de M. de la Barre en Cayenne. Le second traité décrit l'établissement de la Compagnie royale des Indes occidentales et l'arrivée de de Tracy aux Îles, et contient une description plus longue de la colonisation de Saint-Domingue et de l'île de la Tortue, ce qui permet à son auteur d'intégrer un portrait des boucaniers et des histoires relatives aux flibustiers. Le troisième s'ouvre sur le récit des actions de de Tracy, raconte la mise en place des offices par la Compagnie et la prise

16 James E. McClellan III et François Regourd, *The Colonial Machine: French Science and Overseas Expansion in the Old Regime*, Turnhout, Brepols, 2011. Regourd définit ainsi la notion de machine coloniale : « l'ensemble du dispositif gouvernemental et administratif qui, particulièrement depuis Colbert, est impliqué dans les affaires coloniales d'Ancien Régime » dans son article, « Capitale savante, capitale coloniale : sciences et savoirs coloniaux à Paris aux XVIIe et XVIIIe siècles », *Revue d'histoire moderne et contemporaine*, vol. 2 n° 55-2, 2008, p. 135, note 39.

des îles qui étaient contrôlées par les Chevaliers de Malte. Enfin, le quatrième traité est consacré aux soulèvements des habitants contre la Compagnie et à la façon dont de Tracy y met fin ; il se termine sur des considérations relatives à l'état de l'Église aux Antilles.

L'enjeu politique du travail de Du Tertre ressort clairement dans ces dernières parties, qui se distinguent à cet égard des deux premiers volumes. Le sous-titre le confirme : « Du changement des Proprietaires des Ant-Isles. De l'Establissement de la Compagnie Royale des Indes Occidentales et son gouvernement jusqu'à la guerre avec les Anglois. » Le livre prend en effet les apparences d'une commission de Colbert. C'est sous son ordre que la Compagnie royale des Indes occidentales fut établie en 1664 contre le gré des colons qui, pour s'opposer à celle-ci, faisaient de la contrebande avec les Néerlandais[17]. Dans sa préface, Du Tertre met la chute de la Compagnie des îles de l'Amérique sur le compte de la mauvaise conduite des hommes à qui les seigneurs impliqués dans la Compagnie se sont fiés, c'est-à-dire, indirectement, les colons et les gouverneurs. (1671 : 3) C'est leur comportement qui aurait dressé les habitants contre les compagnies. Le but de ces deux tomes supplémentaires, dit-il, est de montrer « le déplorable estat de l'Isle de la Guadeloupe, causé par la division de ses Gouverneurs, & de ses Proprietaires : celuy de la Martinique, qui estoit gouvernée par des Tuteurs, qui avoient plus de soin de leurs propres interests, que de celuy de leurs pupils & du bonheur de cette Isle … » (1671 : 3) Il s'attaque à la tutelle de de Poincy et des Chevaliers de Malte et ne semble défendre que le commandeur de Sales de Saint-Christophe, avant de constater « qu'elles [les Îles] auroient toutes infailliblement peri dans cette derniere guerre, si elles n'avoient changé de main ». (1671 : 4) La guerre à laquelle il fait référence est celle contre les Anglais qui mène à la perte de Saint-Christophe, d'Antigua et de Montserrat aux Anglais dans la paix de Breda en 1667. Il est donc profondément fidèle au roi et à la politique coloniale de Colbert, grâce à qui « les affaires y ont tellement changé de face, par l'union qu'il a fait de leur direction à celle de cinq grosses fermes en France, que le commerce n'y peut jamais estre plus asseuré, ny en meilleure posture ». (1671 : 5)

Tout au long de sa carrière, Du Tertre ne s'est jamais départi de sa loyauté vis-à-vis de la monarchie, en ce qui concerne les questions coloniales. Il se montre cependant ici ouvertement critique contre les autorités des Îles (gouverneurs, colons et seigneurs des compagnies). Le changement d'attitude est significatif en ce qu'il reflète la centralisation de la politique coloniale. Il se peut aussi que Colbert soit lui-même intervenu au niveau de la rédaction, ce

---

17 Philip Boucher, *France and the American Tropics to 1700*, p. 83.

que suggère l'auteur anonyme de *La Vie du Père Du Tertre*[18] ; il faut rappeler que Du Tertre écrit ces derniers volumes à partir de Toul, où on l'avait envoyé pour avoir contesté son supérieur. On peut imaginer que l'éloge de la politique de Colbert est une manière de se lier aux puissants qui depuis Paris pourraient lui éviter l'exil ; une stratégie qui se révélera peu payante : il ne sera renvoyé à la capitale qu'en 1683.

2 Les dominicains aux Îles

Quand Richelieu fonde en 1635 la Compagnie des Isles de l'Amérique, il y établit du même coup l'ordre des dominicains par l'envoi en mission de Pierre Pélican (supérieur), de Raymond Breton, de Nicholas Bruchet de Saint-Dominique et de Pierre Griffon de la Croix, lesquels débarqueront en Guadeloupe. Les Frères Prêcheurs sont donc présents dès le commencement de la colonisation française, ce qui place Du Tertre dans une position privilégiée pour raconter l'aspect chaotique et difficile de l'établissement aux Îles.

L'idée de mission est présente dans la doctrine chrétienne, on le sait, depuis que le Christ enjoint à ses disciples de répandre la Bonne Nouvelle à toutes les nations, mais elle acquiert son sens moderne en français à l'époque de la campagne française pour la colonisation des Amériques. Désormais, le mot « mission » implique des significations aussi bien juridiques que théologiques[19]. Par sa présence même, le missionnaire est l'émanation d'une hiérarchie. Il descend de l'autorité suprême et va à la rencontre des infidèles – ou plutôt descend au niveau des infidèles – pour assurer l'application d'une loi. Dans son étude magistrale *Croire et faire croire : Les Missions françaises au XVII*ᵉ *siècle*, Dominique Deslandres rapproche la mission coloniale de celle qui s'effectue en France à la même époque : ces missions, externes aussi bien qu'internes, reflètent selon Deslandres le désir de la Couronne de redonner son unité au royaume après les déchirements des guerres de religion[20]. Alors que les missions travaillent

---

18 Anonyme, *La vie du Père Du Tertre*, « Comme il avait à y raconter des faits en quelque sorte contemporains, il n'est pas surprenant que de hautes personnalités qu'il ne nomme pas, probablement Colbert lui-même, lui aient fait supprimer à l'impression des passages qui paraissaient trop sincères pour ne pas déplaire aux puissants du jour », p. 16.

19 Marcel-Antoine Henry, Entrée « Mission », *Encyclopaedia universalis France*, Paris, 1985, p. 353.

20 Dominique Deslandres, *Croire et faire croire : Les Missions françaises au XVII*ᵉ *siècle*, Paris, Fayard 2003. En France aussi bien que dans les colonies, écrit Deslandres ailleurs, « une même logique était à l'œuvre : celle de l'intégration sociale de populations très diverses fondées sur l'adhésion à un message religieux », « Indes intérieures et Indes lointaines :

à l'unité de la nation, l'Église étend quant à elle sa gloire en implantant la foi chrétienne dans des contrées lointaines. Elle s'engage ainsi dans une politique double, visant à la fois à l'unification et à l'expansion, dans le but de reconstruire la France et de fortifier la foi catholique.

La représentation de l'étranger, chez Du Tertre comme chez d'autres missionnaires, est intimement déterminée par cette fonction. Aux yeux des missionnaires, les paysans français sont considérés comme des sauvages, aussi incultes sinon davantage que les Amérindiens. Empruntons une citation du contexte canadien pour illustrer ce propos : « Je compare volontiers nos sauvages avec quelques villageois, pource que les uns et les autres sont ordinairement sans instruction », écrit le jésuite Paul Le Jeune dans sa *Relation de la Nouvelle France* de 1634[21]. Les Amérindiens ont sur les paysans français cet avantage de pratiquer ce que les missionnaires voient comme une sorte de religion naturelle, et qui suscite parfois leur intérêt. Du Tertre suit sur ce point l'une de ses références majeures, le dominicain espagnol Bartolomé de Las Casas[22], présentant les Amérindiens comme naturellement enclins à embrasser la foi catholique, leur façon de vivre les prédisposant davantage à suivre un régime strict et à supporter la souffrance, même sans la promesse d'un paradis après la mort. (1667, tome II : 413) Il en va de même pour les esclaves africains qui, à en croire Du Tertre, sont plus faciles à convertir que les Autochtones. Ils sont directement touchés par Dieu et, une fois convertis, précise Du Tertre, « pratiquent les vertus, & en exercent les œuvres », et affirme aussi, « avec verité, qu'ils y vivent plus Chrestiennement dans leur condition, que beaucoup de François ». (1667, tome II : 502) L'étranger se présente donc chez Du Tertre comme étant apte à se rapprocher des pratiques culturelles françaises, et ce n'est pas nécessairement dans son rapport à l'autre que la mission externe se distingue de l'interne. La différence est plutôt d'ordres spatial et politique : aux Amériques les missionnaires participent, qu'ils le veuillent ou non, à la conquête de territoires et à l'esclavage. Intégrer la religion dans l'espace étranger permet de faire littéralement traverser l'Atlantique à la France et de la transplanter aux Antilles – geste métonymique qui affirme de manière frappante le lien ambigu entre mission et colonisation[23].

---

le modèle français d'intégration socio-religieuse au XVIIe siècle », *La France-Amérique (XVIe-XVIIIe siècles)*, Frank Lestringant (dir.), Paris, Honoré Champion, 1998, p. 369.

21 Cité par Dominique Deslandres, *Croire et faire croire*, p. 306.

22 La *Relacion* de Las Casas fut traduite en français sous le titre *Histoire admirable des horribles insolences et cruautez et tyrranies exercées par les Espagnols ès Indes Occidentales*, par Jacques de Miggrode, Paris, Gabriel Cartier, 1582.

23 Georges Goyau, *Missions et missionnaires*, Paris, Librairie Bloud & Gay, 1931, p. 68-69.

Les missionnaires dominicains établis aux Antilles sont tous plus ou moins liés au Noviciat général et choisis pour la mission par le père Jean-Baptiste Carré[24]. Le Noviciat général est à cette époque un lieu où l'observance religieuse prime sur l'érudition et le savoir. Mais la première génération des missionnaires apporte aussi un autre héritage : le père Raymond Breton, qui sera la référence la plus importante pour Du Tertre, et Nicolas de la Marre, parti en mission en même temps que ce dernier, ont tous les deux fait leurs études à la Sorbonne, où ils ont également enseigné[25]. La notice consacrée au père Breton par le R. P. Feüillet, lui aussi missionnaire et qui le connut pendant son séjour aux Îles, laisse entendre que le développement du savoir était au cœur de l'expérience missionnaire aux Antilles. C'est grâce à l'arrivée de Du Tertre et des autres missionnaires en 1640 que Breton peut finalement abandonner les fonctions de prêtre qu'il remplit auprès des habitants français en Guadeloupe pour se consacrer à son objectif principal, l'évangélisation des Amérindiens[26]. Breton reste 12 ans auprès des Autochtones à la Dominique, et c'est surtout son travail sur le vernaculaire « Caraïbe » qui deviendra essentiel à tous ceux qui écriront sur les Îles[27]. Selon lui, ces hommes s'identifient comme des *Callínagos*, mais les missionnaires utilisent surtout la dénomination générique « Sauvages », sans doute pour ne pas brouiller un public qui s'intéressait peu

---

24 Ninon Maillard, *Droit, réforme et organisation nationale d'un ordre religieux en France*, p. 693. Pour une liste complète de tous les dominicains à la Guadeloupe et à la Martinique entre 1535 et 1660, voir Bernard Grunberg, Benoît Roux et Josiane Grunberg (dir.), *Missionnaires dominicains* vol. 1, Paris, L'Harmattan, 2016.

25 Sylvain Auroux et Fransisco Queixalos, « La première description linguistique des Antilles françaises : le Père Raymond Breton (1609-1679) », *Naissance de l'ethnologie ?*, p. 109. Sur la formation du savoir des Frères Prêcheurs, voir Roger French et Andrew Cunningham, *Before Science: The Invention of the Friars' Natural Philosophy*, London & New York, Routledge, 1996, notamment le chapitre 8.

26 Voir Benoît Roux, « Le prêtre et le Callínago : les missions françaises auprès des Amérindiens des Petites Antilles au XVIIe siècle », *Le Contrôle de la vie religieuse en Amérique*, Bernard Grunberg (dir.), Paris, L'Harmattan, 2008, p. 98. Voir aussi Louis Fournier, *Le V.P. Raymond Breton de l'ordre des Frères Prêcheurs, profès du couvent de Beaune, missionnaire aux Antilles : 1609-1679*, Dijon, Bulletin d'histoire et d'archéologie religieuse du diocèse de Dijon, juillet-août, 1895, p. 19.

27 Raymond Breton, *Relations de l'île de la Guadeloupe*, Basse-Terre, Éditions de la société d'histoire de la Guadeloupe, 1978. Pour un compte-rendu de son séjour aux Antilles et de son travail auprès des Amérindiens, voir l'introduction à l'édition de son dictionnaire présentée et annotée par le CELIA et le GEREC, Sybille de Pury, « Le Père Breton par lui-même », *Dictionnaire caraïbe-français*, Paris, Karthala, 1999 [1665]. Raymond Breton, *Grammaire Caraïbe*, Auxerre, Gilles Bouquet, 1667 ; *Petit catechisme ou Sommaire des trois premieres parties de la doctrine chrestienne*, Auxerre, Gilles Bouquet, 1664.

aux spécificités de ces hommes[28]. Du Tertre paraît pourtant sensible à la différence entre les peuples, parlant à l'occasion de « nos Caraïbes », ou des Galibis, des Callínagos, des Tainos, des Arawaks, mais il utilise aussi le terme péjoratif « cannibales ».

La conversion des Autochtones représente seulement un des objectifs de la mission antillaise. Il est tout aussi important de veiller sur l'ordre et le respect des traditions chrétiennes à l'intérieur de la communauté française. Les fonctions des missionnaires vont ainsi alterner suivant l'évolution des colonies. Au début de l'établissement, l'Église coopère étroitement avec la Couronne et les compagnies. Cela explique en partie la prédominance de l'ordre des Frères Prêcheurs aux Antilles, contrairement à d'autres régions colonisées et non colonisées, notamment la Nouvelle-France, où s'engagent surtout des jésuites. En fait, les premiers prêtres aux Antilles sont des séculiers, suivis aussitôt par les capucins, mais ce sont les dominicains qui s'imposent dans les Îles[29]. Selon la version officielle – et on reviendra là-dessus dans la troisième partie –, le choix des Frères Prêcheurs repose sur le martyre subi par six dominicains espagnols aux mains des Callínagos[30]. En réalité, le succès relatif de la mission dominicaine aux Îles est le résultat d'une entreprise politique plus que d'un choix spirituel. Selon Boucher, Richelieu, moins motivé par son ardeur évangélique à vouloir sauver les âmes des Amérindiens que par la politique, envoie des missionnaires aux Îles avec les compagnies dans l'intention de se lier au pape qui, lui aussi, craint une Espagne trop forte[31]. Avec le Vatican de son côté, Richelieu peut ensuite faire taire les dévots catholiques français qui critiquent son soutien aux pays protestants contre l'Espagne dans la guerre de Trente Ans. La raison pour laquelle il choisit les dominicains est qu'il fut personnellement investi dans le développement de l'ordre au Faubourg Saint-Jacques, mais il

28 Il est, comme le souligne Peter Hulme et Neil Whitehead, impossible de savoir aujourd'hui comment les Autochtones s'identifiaient eux-mêmes. Hulme et Whitehead choisissent, dans l'introduction de l'anthologie *Wild Majesty: Encounters with Caribs from Columbus to the Present Day*, Oxford, Calderon Press, 1992, la dénomination « Carib » non pas parce qu'elle serait correcte, mais parce qu'elle est ouverte à l'identité de ces différents groupes. Ces dernières décennies, l'archéologie caribéenne a pu mieux tracer les cultures autochtones, leurs établissements, mouvements et échanges ; voir Corinne L. Hofman et Anne van Duijvenbode (dir.), *Communities in Contact: Essays in Archaeology, Ethnohistory and Ethnography of the Amerindian Circum-Caribbean*, Leiden, Sidestone Press, 2011.

29 Georges Goyau, *Missions et missionnaires*, p. 80.

30 *Ibid.*, p. 82.

31 Philip Boucher, *France and the American Tropics to 1700*, p. 68. Du Tertre évoque la dégradation morale des prêtres séculiers ; voir l'*Histoire générale des Antilles*, tome 1, 1667 : 71-72.

semble que le Père Carré aurait préféré garder ses missionnaires à Paris[32]. Quoi qu'il en soit, Richelieu demande donc au pape l'autorisation de mettre tous les missionnaires aux Antilles directement sous la tutelle ou la « conduitte, juridiction et autorité » du supérieur du Noviciat général de Paris et que « tous les biens, possessions, maisons qu'ils auront seront censés, unis et incorporés audict Noviciat »[33]. Désirant des « personnes dont la croyance soit aussy irréprochable que les mœurs, et la piété aussy signalée que le courage », Richelieu préférait les Frères Prêcheurs pour « la réforme de leur ordre » et « à cause de la bonne odeur de leur sainteté et austérité de vie »[34].

La structure centralisée de l'ordre dominicain, qui concentre toute l'autorité dans les mains du prieur, le père Carré, bien que peu favorable au travail concret de la mission, permet en théorie à ses supérieurs de mieux surveiller cette dernière. Ce contrôle s'avère cependant difficile à maintenir en raison de la distance entre Paris et les Îles. De même que l'administration coloniale souffre du décalage temporel entre l'exécution d'un décret et sa réalisation dans les Îles, le Noviciat ne parvient pas à gérer toutes les affaires de la mission en l'absence d'un contact direct avec les missionnaires – un voyage transatlantique prenant plusieurs mois. De ce fait, la surveillance effective de la mission revient plutôt aux autorités politiques laïques[35].

Cela dit, il n'est pas insignifiant que l'ordre centralisé et hiérarchique de la mission dominicaine vienne appuyer l'autorité du roi sur les Antilles. Parfois, le Noviciat s'allie avec les autorités séculaires contre ses missionnaires. Lorsque Breton critique sévèrement la guerre menée par les Français contre les Autochtones, le père Carré le presse de revenir en France, prétextant qu'il aurait besoin de repos[36]. En réalité, ce sont les gouverneurs qui veulent éloigner Breton des Îles, puisque la mission empêche l'expansion territoriale ; Du Tertre insère par exemple une lettre dans laquelle de Poincy s'oppose au projet de partir en mission à la Dominique. (1667, tome I : 200) Malgré ces tensions entre le Noviciat, les gouverneurs et les missionnaires, Breton, Du Tertre et les autres sont indispensables à la gestion des colonies et jouent un rôle essentiel à l'établissement dans la mesure où leur présence parmi les Autochtones facilite les rapports entre les Français et les Amérindiens. La structure fondamentale de

32 Eric Roulet, *La Compagnie des Îles de l'Amérique*, p. 100. Pour le scepticisme de Carré, voir p. 102 et 419.

33 Cité par Dominique Deslandres, *Croire et faire croire*, p. 691.

34 *Ibid.*, p. 690. Benoît Roux affirme cependant que Louis XIII préférerait les capucins aux dominicains. Cf., « Le prêtre et le Callínago », p. 83.

35 Ninon Maillard, *Droit, réforme et organisation nationale d'un ordre religieux en France*, p. 691.

36 Louis Fournier, *Le V.P. Raymond Breton*, p. 15-16.

la mission n'est donc jamais remise en cause, et la critique des missionnaires contre le Noviciat ne concerne pas l'organisation même de la mission ni son affiliation politique[37]. Par l'entremise des Frères Prêcheurs, le pouvoir royal cherche un moyen d'étendre son emprise sur les compagnies des Indes, avec lesquelles la mission communique directement. Et cela surtout pendant les années 1640 et 1660, lorsque les rapports avec la métropole sont fragiles. Aussi, le prieur du Noviciat négocie-t-il toujours directement avec les compagnies si la mission a besoin de soutien[38].

La stratégie employée par la mission pour garder son mandat peut en effet expliquer le caractère politique des relations d'un missionnaire comme Du Tertre. Doris Garraway note à juste titre :

> Il est remarquable que Du Tertre arrive à réconcilier un récit d'abus colonial français et d'échec missionnaire avec une prise de position procoloniale et promissionaire en présentant l'histoire comme un conte moral dans lequel les colons français sont mis à l'épreuve, jugés et punis par la divinité qu'ils servent[39].

Les réflexions de Garraway ne portent en fait que sur l'édition de 1654, qui raconte l'établissement et la première colonisation avant l'expulsion des Amérindiens. Dans ce contexte, l'auteur met effectivement l'accent sur le travail évangélique de l'ordre des Prêcheurs et sur la condamnation morale de la mauvaise gouvernance. Les gouverneurs, qui dirigent mal leurs colonies et maltraitent les Amérindiens et les engagés, sont ainsi montrés comme punis pour avoir manqué au respect qu'ils doivent aux témoignages de la création divine. Cette dimension morale, certes toujours inspirée des thèses de Las Casas, s'explique pourtant aussi par le contexte de la publication. L'année qui précède la sortie du livre, Breton se rend à Paris pour quémander la protection du roi contre les gouverneurs qui s'emparaient des terres des missionnaires[40]. La rhétorique moraliste de Du Tertre s'inscrit dans la même stratégie : la survie de la

37 Ninon Maillard, *Droit, réforme et organisation nationale d'un ordre religieux en France*, p. 705.

38 *Ibid.*, p. 691.

39 Doris Garraway, *The Libertine Colony: Creolization in the Early French Caribbean*, Durham NC, Duke University Press, 2005, « What is fascinating is that Du Tertre managed to reconcile a story of French colonial abuses and missionary failure with a procolonial, promissionary stance by telling history like a morality tale in which the French colonists are challenged, judged and disciplined by the deity whom they serve », p. 52. Notre traduction.

40 Louis Fournier, *Le V.P. Raymond Breton*, p. 19.

mission en dépend. Ces efforts aboutissent, puisqu'en 1662, le roi remet aux missionnaires la terre que les gouverneurs leur avaient ôtée. Mais des circonstances externes expliquent aussi pourquoi les droits de la mission sont mis en avant dans l'édition de 1654. Sans doute à cause des tensions entre pouvoir spirituel et pouvoir temporel, entre la dépendance de l'Église vis-à-vis des puissances politiques et les velléités d'intervention des religieux dans la politique locale des régions auxquelles ils sont affectés, les missionnaires sont, à partir de 1659, interdits de toute activité politique[41]. Aussi voit-on la dimension moralisante s'atténuer dans la deuxième édition, où l'histoire de la mission est moins centrale. De plus, on a vu que Du Tertre s'exprime dans le dernier volume en tant que porte-parole du pouvoir royal contre les compagnies et les gouverneurs qui rivalisent pour la domination des Îles.

En effet, l'évangélisation en soi s'avère un échec. Breton avoue n'avoir converti que quatre personnes lors de son séjour à la Dominique[42]. L'écart entre les habitants français et les Amérindiens s'accroît à partir de 1660, lorsque ces derniers sont expulsés de la Martinique, de la Guadeloupe et de Saint-Christophe, et habitent désormais à la Dominique et à Saint-Vincent. Dès lors, les Autochtones ne représentent plus une véritable menace pour les colonies, et les missionnaires n'ont plus à négocier entre Français et Amérindiens. En revanche, il leur est dévolu un rôle plus conservateur : ils veillent sur l'ordre des colonies, instruisent les habitants et s'occupent de la conversion des esclaves. Effectivement, comme on le verra, dans les rares passages où Du Tertre évoque son rôle de missionnaire, il le fait essentiellement à propos de l'aide qu'il apporte aux habitants de la colonie. Lui et les autres missionnaires érigent des croix, établissent des paroisses, disent la messe, portent soin aux malades et protègent les habitants contre des supérieurs abusifs – toutes opérations qui soutiennent l'établissement de la colonie. Cela explique en partie le choix de proposer une histoire des mœurs des habitants et de la nature des Antilles ; une histoire de leur mission spirituelle fidèle à la réalité sera bien pauvre[43]. Si le récit de mission dominicain dépasse en ampleur les relations jésuites dans le contexte antillais, c'est entre autres parce qu'un auteur comme Du Tertre fait le choix de ne pas uniquement parler de mission, mais d'explorer la géographie et de faire l'inventaire de la *naturalia*, tout en s'engageant ouvertement dans le projet colonial.

---

41 Philip Boucher, *France and the American Tropics to 1700*, p. 141.

42 Sylvain Auroux et Fransisco Queixalos, « La première description linguistique », p. 112.

43 C'est aussi la thèse de Benoît Roux dans « Le prêtre et le Callínago », p. 81-82 et p. 101.

3 Du Tertre et la bibliothèque antillaise

Tous les textes imprimés de la première période coloniale française aux Antilles sont écrits par des missionnaires, à une exception près : *Histoire et voyages des Indes occidentales*, rédigé par l'engagé Guillaume Coppier et publié à Lyon chez Jean Huguetan en 1645[44]. Les débuts difficiles de l'établissement français sont alors à la fois bien et mal documentés[45]. Contrairement aux Anglais et aux Néerlandais qui n'avaient pas d'ambition évangélique, les colons français sont accompagnés par des missionnaires dès 1633, d'Esnambuc amenant avec lui le capucin Hyacinthe de Caen qui, deux ans plus tard, sera accompagné de missionnaires dominicains qui décrivent les pays et leurs habitants et documentent aussi la campagne française aux Amériques[46]. Or, comme la France entre dans la guerre de Trente Ans la même année, Richelieu, pour éviter d'aggraver le conflit avec les Espagnols, interdit la publication de récits portant sur l'établissement. Ce n'est qu'après la disparition de Richelieu et avec la signature du traité de Westphalie en 1648 que la plupart des relations des débuts des Antilles françaises sont publiées[47]. Vu dans l'ensemble de la production viatique du siècle, le voyage aux Amériques représente un phénomène marginal, l'Orient attirant davantage l'attention du public français[48].

44 Guillaume Coppier, *Histoire et voyages des Indes occidentales*, Lyon, Jean Huguetan, 1645. Il existe un corpus intéressant de textes inédits qui ont été découverts, mais qui sont moins pertinents pour comprendre le contexte textuel de la relation de Du Tertre. Voir les deux volumes édités par Réal Ouellet, *La Colonisation des Antilles*. Parmi les relations importantes non publiées, mentionnons celle du père Pacifique de Provins, qui passe plus de six ans aux Îles, *Relation des Iles de Saint-Christophe, Gardelouppe et la Martinique* ; un texte rare portant sur le sort des femmes, écrit par Madame Léonor de La Fayolle, *Relation de ce qui s'est passé à l'arrivée des filles de Saint-Joseph en l'Amérique* 1643 et 1644 ; et un manuscrit écrit par un flibustier inconnu, « l'Anonyme de Carpentras », édité par Jean-Pierre Moreau sous le titre *Un flibustier français dans la mer des Antilles 1618-1620*, Paris, Seghers, 1990.

45 Pour une excellente chronologie de la colonisation des Antilles, voir Réal Ouellet, *La Colonisation des Antilles*, p. 5-27.

46 Philip Boucher, *Cannibal Encounters*, p. 42. Voir aussi Benoît Roux, « Le prêtre et le Callínago », p. 78-79. Auroux et Queixalos, « La première description linguistique », p. 109. Giovanni Pizzorusso, *Roma nei Caraibi l'organizzazione delle missioni cattoliche nelle Antille e in Guyana (1635-1675)*, Rome, École française de Rome, 1995 ; *id.*, « Propaganda fide e le missioni cattoliche sulla frontiera politica, etnica e religiosa delle Antille nel XVII secolo », *Mélanges de l'École française de Rome Italie et Méditerranée*, vol. 109, nº 2, 1997. Joseph Rennard, *Histoire religieuse des Antilles françaises des origines à 1914 d'après des documents inédits*, Paris, 1954.

47 Philip Boucher, *Cannibal Encounters*, p. 53.

48 Marie-Christine Gomez-Géraud affirme que le voyage de Jean de Léry au Brésil devient vite le bestseller français au sujet de l'Amérique, tandis que l'intérêt pour Thevet et ses

Les relateurs des Îles adressent essentiellement leurs textes aux futurs missionnaires et s'appuyaient, au-delà des textes émanant des membres de leurs propres ordres, sur un vaste corpus de témoignages portant sur la région antillaise et sud-américaine ; en particulier ceux concernant le Brésil, en raison des échanges entre ce pays et les Îles. Les travaux de Raymond Breton servent de référence à presque tous les voyageurs. Quand il publie finalement ses propres ouvrages chez Bouquet à Auxerre, le *Dictionnaire caraïbe françois meslé de quantités de remarques historiques pour l'esclaircissement de la langue* en 1665 et l'année suivante une *Grammaire caraïbe*, il affirme explicitement que ses textes sont destinés aux missionnaires. À en croire l'adresse aux révérends pères missionnaires qui préface le *Dictionnaire Caraïbe-François* de Breton, il serait lui-même l'auteur de presque toutes les descriptions des Amérindiens des Îles. « I'écrivis donc les 10 chapitres des Sauvages qu'on a suivis depuis », rappelle Breton avant de dresser la liste de ceux qui s'en sont particulièrement servis. Parmi eux, Du Tertre :

> I'ay donné aux pressentes importunités du R. P. du Tertre (qui s'est dignement acquitté du devoir d'historien des Antiles) une parcelle de mes traductions de Sauvage en Latin, mais il ne les agréa pas, il voulut quelque chose en langue vulgaire qui fit connaîstre l'imperfection de la langue Caraïbe, ce qui m'obligea de changer la traduction Latine, en construction Française qu'il arrangea à la fin de son livre comme une traduction. Je lui donnai pour un essai de la langue et non pas pour une chose orthodoxe quoiqu'on dise du Français ou de la glose, le texte Caraïbe me semble bon, ceux qui auront passé le jargon des enfants et les dialectes des femmes, le connaîtront avec le temps, s'ils lui donnent sa vraie prononciation[49].

Il n'est pas anodin que ce soit à Du Tertre que Breton confie ses manuscrits, sa relation et son dictionnaire. C'est grâce à l'arrivée aux Îles de Du Tertre en 1640 que Breton peut poursuivre son travail d'évangélisation des Autochtones, on l'a noté plus haut. Or, il n'est pas le seul à utiliser les sources de Breton.

---

singularités s'épuise et que les relations de Jacques Cartier passent presque inaperçues au XVIe siècle ; *Écrire le voyage au XVIe siècle en France*, Paris, Presses universitaires de France, 2000, p. 9. Pour satisfaire un public plus séduit par l'Orient, on imprime en France « deux fois plus de livres sur les Turcs et l'Empire turc, que sur l'Amérique », p. 10. Henri-Jean Martin confirme que l'Orient demeure la source d'inspiration principale de l'imaginaire du lointain au XVIIe siècle : *Livre, pouvoirs et société à Paris au XVIIe siècle (1598-1701)*, Genève, Droz, 1969, p. 207.

49 Breton, *Dictionnaire Caraïbe-Français*, p. vi. L'orthographe et la ponctuation ont été modernisées dans cette édition.

Avant de mentionner Du Tertre, Breton évoque en effet Mathias Du Puis qui aurait écrit, toujours d'après Breton, la première description de la région, publiée chez Martin Yvon à Caen en 1652, *Relation de l'establissement d'une colonie francoise dans la Gardeloupe isle de l'Amerique, et des mœurs des sauvages*[50]. En réalité, Du Puis n'est pas le premier. Le jésuite Jacques Bouton avait déjà publié une *Relation de l'establissement des François depuis l'an 1635. En l'Isle de la Martinique, l'une des ant-isles de l'Amérique*, chez Cramoisy, en 1640, l'année même où Bouton débarque à la Martinique[51]. Les principaux ouvrages, en dehors de celui de Du Puis, sont la *Relation des missions des PP. de la compagnie de Jesus Dans les Isles, & dans la terre ferme de l'Amérique Meridionale* (1655)[52] de Pierre Pelleprat, missionnaire jésuite également auteur d'une *Introduction à la langue des Galibis, sauvages de la terre ferme* (1655)[53]. Du Tertre compose la deuxième édition de son ouvrage en se référant à ces relations, notamment à celles qui critiquent directement ou indirectement sa position quant à la mission et à la politique coloniale. *Voyage de la France equinoxiale en l'isle de la Cayenne* d'Antoine Biet, curé de l'église Sainte-Geneviève parti pour Cayenne en 1651, en est un bon exemple[54]. Dans le chapitre sur la vie des habitants et le fonctionnement des missions, Du Tertre revient sans cesse à cet ouvrage pour réfuter la critique des dominicains, à qui Biet reproche la conversion trop facile des Amérindiens. Du Tertre, de son côté, rétorque que le curé en juge trop hâtivement, faute d'une connaissance assez approfondie de la vie dans les Îles.

À partir de 1670, les ouvrages antillais se font encore moins nombreux[55]. Le Jardin du Roi envoie des voyageurs dans les Îles pour enrichir les connaissances

---

50 Mathias Du Puis, *Relation de l'establissement d'une colonie francoise dans la Gardeloupe isle de l'Amerique, et des mœurs des sauvages*, Caen, Martin Yvon, 1652. Voir aussi Breton, *Dictionnaire Caraïbe-François*, article 12, NP.

51 Jacques Bouton, *Relation de l'establissement des François depuis l'an 1635 en l'isle de la Martinique, l'une des isles de l'Amerique, des mœurs des sauvages, de la situation et des autres singularitez de l'isle*, Paris, Cramoisy, 1640.

52 Pierre Pelleprat, *Relation des missions des PP. de la compagnie de Jesus dans les Isles, & dans la terre ferme de l'Amérique Meridionale*, Paris, S. et G. Cramoisy, 1655. Mentionnons ici une publication moins connue, peut-être parce que l'auteur parle des îles Camercanes et non pas des Ant-Isles, *Voyage des îles Camercanes en l'Amérique qui font partie des Indes occidentales*, du carmélite Maurile de Saint-Michel, publié au Mans chez Hierôme Olivier en 1652.

53 Pierre Pelleprat, *Introduction à la langue des Galibis, sauvages de la terre ferme*, Paris, S. & G. Cramoisy, 1655.

54 Antoine Biet, *Voyage de la France équinoxiale en l'isle de la Cayenne, entrepris par les François en MDCLII*, Paris, Clouzier, 1664.

55 Une publication importante – *Relation de l'origine, mœurs, coutumes, religions, guerres et voyages des Caraïbes sauvages des Isles Antilles de l'Amérique*, écrite par Le Sieur de La Borde – apparaît illustrée dans un volume édité par Henri Justel, *Receuil de divers*

en botanique, mais il n'en sort que deux ouvrages de Charles Plumier vers la fin du XVIIe et au début du XVIIIe siècles[56]. À la même époque, pourtant, les récits de flibuste connaissent un succès remarquable, à l'image de l'*Histoire des aventuriers flibustiers de l'Amérique* d'Alexandre Exquemelin, publiée d'abord en néerlandais en 1668, puis en français en 1686. La traduction française de ce livre emprunte des passages entiers, par exemple la description de l'île de la Tortue, à Du Tertre. Le texte d'Exquemelin sera réédité et publié avec d'autres récits de flibustiers dans le *Journal du voyage fait à la mer du Sud avec les flibustiers de l'Amérique en 1684 et les années suivantes* de Jacques Raveneau de Lussan, paru en 1690[57]. C'est dans les dernières décennies du Grand Siècle marquées par la vogue de la flibuste que le dernier relateur de cette période coloniale antérieure à la montée de l'économie esclavagiste dans les plantations part aux Antilles : le dominicain Jean-Baptiste Labat, qui résida en Martinique entre 1694 et 1706. Son *Nouveau voyage aux Isles de l'Amérique : contenant l'histoire naturelle de ces pays, l'origine, les mœurs, la religion et le gouvernement des habitants anciens et modernes* n'est cependant publié qu'en 1722. Beaucoup de passages relatifs à l'histoire de l'établissement aussi bien qu'à l'histoire naturelle sont pour une grande partie construits sur l'histoire de Du Tertre, que Labat reprend et corrige parfois[58].

Le seul ouvrage écrit par un voyageur de l'établissement qui puisse rivaliser avec le livre de Du Tertre par son ampleur et sa qualité littéraire est l'*Histoire naturelle et morale des Isles Antilles de l'Amérique* du protestant Charles de Rochefort, publiée à Rotterdam en 1658[59]. Ce sont les seuls livres illustrés sur les Antilles du début de la colonisation, et les éditeurs de la *Bibliothèque historique de la France* les placent en tête de la liste des ouvrages sur les Îles, comme les publications les plus complètes sur le sujet[60]. Les premières éditions (1658, 1665, 1681 et 1716) de l'*Histoire morale et naturelle des Isles Antilles* sont publiées

---

voyages faits en Afrique et en l'Amérique qui n'ont point esté publiez, Paris, Chez Louïs Billaine, 1674.

56 Charles Plumier, *Description des plantes de l'Amérique* ; *Id.*, *Traité des fougères de l'Amérique*, Paris, Imprimerie royale, 1705.

57 Alexandre Exquemelin, *Histoire des aventuriers flibustiers de l'Amérique*, Paris, La Découvrance, 2012 [1686] ; Raveneau de Lussan, *Journal du voyage fait à la mer du Sud avec les flibustiers de l'Amérique en 1684 et les années suivantes*, Paris, Jean-Baptiste Coignard, 1690.

58 Jean-Baptiste Labat, *Nouveau voyage aux îles de l'Amérique*.

59 Charles de Rochefort, *Histoire naturelle et morale des Isles Antilles de l'Amérique*, Rotterdam, Arnould Leers, 1658.

60 *Bibliothèque historique de la France, contenant le catalogue des ouvrages, imprimés & manuscrits, qui traitent de l'histoire de ce royaume, ou qui y ont rapport ; avec des notes critiques et historiques*, vol. 3, Jacques Le Long et *al.* (dir.), Paris, Herissant 1771, p. 664-665.

sans le nom de leur auteur. L'ouvrage a été attribué tantôt à Du Tertre, tantôt à Breton, tantôt au lieutenant général des Antilles de Poincy, tantôt à César de Rochefort. On voit en 1666 paraître à Paris, chez Louis Billaine – d'ailleurs un concurrent de Thomas Jolly, l'éditeur de Du Tertre – une *Relation de l'Isle de Tabago, ou de la nouvelle Oüalcre, l'une des Isles Antilles de l'Amerique écrite par le Sieur de Rochefort*[61]. Du Tertre, quant à lui, n'hésite pas à écrire dans l'avis au lecteur de l'édition de 1667 que de Rochefort est bien l'auteur de l'*Histoire morale et naturelle des Isles Antilles.*

L'affaire n'est pas simple pourtant, car l'ouvrage de de Rochefort fait l'objet d'une accusation de plagiat. Dès 1654, Du Tertre l'incrimine en effet, dans son épître dédicatoire à Harlay, de lui avoir volé son manuscrit, affirmant que la préparation de l'*Histoire morale et naturelle des Isles Antilles* l'aurait obligé à publier la première version de son ouvrage alors que son aventure aux Antilles n'était pas encore terminée. Dans son adresse à Harlay, Du Tertre souligne que la « présente » édition (celle de 1654, donc) a été achevée à la hâte afin qu'elle puisse voir le jour avant l'ouvrage de son rival :

> [Je] n'aurois iamais pensé à le donner au public, si ie n'avois été averty qu'il étoit plus mal-heureux sur la terre que sur la mer, & qu'apres avoir évité les Pirates de dix-huit cens lieüs de mer, il étoit tombé entre les mains de certains autres Pirates, qui font profession de s'enrichir des pertes d'autruy, & qu'ils vouloient mettre au iour sous leur nom, encore qu'ils n'en eussent qu'une copie forte imparfaite. (1654 : NP)

Ce piratage hypothétique inscrit l'ouvrage dans un imaginaire caribéen bien propre à « vendre » comme un livre d'aventures l'histoire que l'on va lire. Mais le passage fait aussi référence indirectement au parcours du ministre protestant, qui a en effet servi à l'île de la Tortue, le repaire des flibustiers américains. De Rochefort, de son côté, affirme dans son avis au lecteur s'être rendu à Paris autour de 1650, en quête d'un protecteur pour son projet d'ouvrage ; en vain. Il a pu lire le manuscrit de Du Tertre, qui circulait dans la capitale à cette époque. Cela expliquerait l'allusion faite par ce dernier relativement au fait que l'*Histoire de la Guadeloupe* aurait été « plus mal-heureux sur la terre que sur la mer ».

Les illustrations sont plus nombreuses dans l'ouvrage de de Rochefort, mais elles sont moins élaborées que celles de l'édition de 1667 de Du Tertre.

61 Sieur de Rochefort, *Relation de l'Isle de Tabago, ou de la nouvelle Oüalcre, l'une des Isles Antilles de l'Amerique*, Paris, Louis Billaine, 1666.

Du Tertre revient à l'affaire du plagiat dans l'édition de 1667, mais cette fois en en précisant les circonstances et en nommant Charles de Rochefort. Entre-temps, le protestant a déjà publié la deuxième édition de l'*Histoire naturelle et morale des Isles de l'Amérique*, dédiée au gouverneur de l'île de Tobago, Monsieur de Beveren, et une troisième édition paraîtra en 1667, celle-ci dédiée à Camille de Nevfville, archevêque et comte de Lyon. Cette fois, Du Tertre explique que le lieutenant général de Poincy aurait prié Raymond Breton de donner ses notes sur la langue des Amérindiens à une personne inconnue, qu'il a pu identifier plus tard comme étant de Rochefort[62]. De Poincy est cependant mort depuis 1660, et son administration libre des Îles ne pouvait guère lui avoir attiré de soutien, ni du côté du roi ni de celui de Colbert. Du Tertre peut donc sans crainte accuser de Poincy, connu par ailleurs comme un ami des protestants aux Îles. Breton confirme effectivement que c'est à lui qu'il avait confié ses notes :

> Monsieur Aubert qui succéda au gouvernement de l'île à Mr. de l'Olive m'écrivit de Flexingue, et me pria de la part de Mr. de Poincy Lieutenant général pour le Roi sur les Isles, de donner au porteur de la sienne des mémoires, si c'est l'auteur même de la relation Imprimée à Rotterdam en 1658 je n'en sais rien, tant y a que je lui en donnai qu'il n'a suivi qu'autant qu'il a voulu, et parce qu'il ne me les attribue pas en particulier comme le vocabulaire je les laisse passer et réponds que je lui fis écrire et ponctuer en ma présence le vocabulaire, et je le confesse mien à la réserve des mots de *banaré, manigat, carebet, aioupa, Amac, coüi, mouchache, cacone, coincoin, maron, piknine, boucan, Tortille, pisquet & canari* qui ne sont point mots Sauvages, et qui ne viennent point de moi ; ceux qui les lui ont donné les peuvent bien avoir ouï-dire aux Sauvages, et aux Français mais comme un jargon pour se faire entendre, et non pour un véritable langage Caraïbe[63].

Breton se plaint de ne pas être reconnu comme la source de l'ouvrage de de Rochefort. Il le corrige donc, mais sans prendre clairement position sur la question du vol. Du Tertre est plus précis, disant que de Rochefort avait reçu les notes de Breton et la première édition de l'*Histoire générale des Antilles* en

62 Pour l'affaire des manuscrits de Breton, voir l'article d'Odile Gannier « Le tupi et le galibi sans peine : Glossaires, manuels et catéchismes à l'usage des voyageurs et missionnaires (XVIe-XVIIe siècles) », *Échos des textes, échos des voix : Étude sur le dialogue, en hommage à Béatrice Périgot*, Odile Gannier et Véronique Montagne (dir.), Paris, Classiques Garnier, 2013, p. 14 ; et Auroux et Queixalos, « La première description linguistique », p. 111.

63 Breton, *Dictionnaire Caraïbe-François*, p. vii.

même temps, ce qui aurait retardé la publication de l'*Histoire naturelle et morale des Isles de l'Amérique*, qui ne sortira donc qu'en 1658. Or, en 1667, quand il a finalement lu le livre de son rival, le vol semble moins l'incommoder que les imperfections du livre de ce dernier :

> Ce Livre [celui de de Rochefort] fut incontinent presenté à Messieurs de l'Assemblée des Phisiciens, Mathematiciens, & Astronomes, qui apres en avoir loüé le discours, remarquerent qu'excepté les digressions qu'il a faites, tres-peu convenable à l'histoire des Ant-Isles, le vocabulaire de ce bon Pere, & les belles Antitheses de ses Amis, presque tout le reste estoit si fidellement tiré de mon Livre, qu'il n'a pas mesme obmis les fautes que j'y avois faites. (1667 : NP)

Du Tertre affirme ainsi le plagiat sous le couvert des autorités savantes qui se rassemblaient alors chez Montmor : seules les parties de l'ouvrage de de Rochefort qui traitent des Amérindiens et des animaux en Amérique du Nord ne correspondraient pas à son manuscrit de 1648. Qui plus est, le propos indique que les montmoriens auraient changé d'avis sur le travail du protestant. Découvrant les emprunts que celui-ci aurait faits à Du Tertre, Monsieur de Montmor lui-même l'aurait prié de procéder à une réédition de son propre livre, qu'il ferait imprimer en Hollande à ses propres frais. Notre missionnaire fit savoir qu'il avait été prêt à le faire, mais qu'il avait finalement abandonné ce projet, préférant prendre plus de temps et inclure dans une nouvelle édition d'autres observations faites à partir de son retour aux Antilles en 1656, où il avait eu l'occasion de visiter toutes les îles.

De Rochefort avait sans doute lu Du Tertre. Certains passages se présentent effectivement comme des copies de l'ouvrage du dominicain, mais il ne s'agit pas d'une reprise intégrale. Dans un premier temps, de Rochefort insère de longues digressions sur d'autres peuples et régions, comme les Appalaches et les Amérindiens de la Nouvelle-France. Or, chercher si loin les origines des habitants naturels des Îles n'est, selon Du Tertre, qu'un prétexte pour « grossir son livre d'histoire, que Mr Bristol a fait des Apalachites » (1667, tome II : 363), l'accusant ainsi d'un double plagiat. Des différences d'interprétation se font jour sur plusieurs événements : c'est notamment le cas dans le récit que les deux auteurs font de la guerre entre les Français et les Amérindiens en 1632. Selon de Rochefort, les Amérindiens sont responsables du conflit[64] ; Du Tertre, de son côté, blâme les Français et Monsieur de l'Olive. Leurs observations de la

---

64 Charles de Rochefort, *Histoire naturelle et morale des Isles Antilles*, p. 282.

nature sont également traitées différemment du point de vue stylistique ; surtout, elles se fondent sur des conceptions de savoir divergentes. Le protestant a bel et bien séjourné au moins deux fois aux Îles (ce dont Du Tertre convient d'ailleurs), et c'est à tort qu'on lui reproche d'être un voyageur de cabinet. Mais à la différence de Du Tertre, il y a peu de traces de sa propre expérience dans l'*Histoire naturelle et morale des Isles Antilles* ; sa conception du savoir reste livresque et traditionnelle. On peut aussi constater que Du Tertre fait souvent allusion à l'ouvrage de de Rochefort dans son texte, alors que le protestant ne mentionne qu'indirectement l'ouvrage de ce dernier, essentiellement dans la préface et dans l'avis au lecteur dans les diverses éditions qui suivent celle de 1658.

Étant donné que ce sont surtout les catholiques qui écrivent sur les Antilles françaises, il n'est guère surprenant de constater que Du Tertre est une référence plus commune dans le corpus des voyages antillais que de Rochefort. De plus, de Rochefort ne s'inscrit pas dans le projet colonial au même degré que Du Tertre, et il est moins engagé dans la vie quotidienne des habitants des Îles. Au XVIIIe siècle, quand les sources antillaises sont consultées dans le cadre des sciences naturelles, notamment la botanique et la géographie, c'est surtout à Du Tertre que l'on se fie. Dans l'*Encyclopédie* de Diderot et d'Alembert, par exemple, Du Tertre est cité 26 fois, tandis que de Rochefort n'est mentionné que 4 fois. Encore aujourd'hui, les catalogues des bibliothèques attribuent aujourd'hui l'*Histoire naturelle et morale des Isles de l'Amérique* à Du Tertre autant qu'à de Rochefort ou encore à Raymond Breton. Selon la notice du catalogue de la Bibliothèque Mazarine, c'est précisément le manuscrit incomplet à la Bibliothèque nationale de France qui aurait été volé et ensuite imprimé sous le nom de de Rochefort.

La version que donne Du Tertre de l'affaire en 1667 a donc convaincu, malgré le fait que le livre de de Rochefort – traduit en néerlandais, en anglais et en allemand, et réédité quatre fois entre 1665 et 1716 – a été plus répandu que le sien à l'époque de sa publication[65]. On confond toujours les deux en faveur de Du Tertre. Michèle Duchet suggère par exemple dans son *Anthropologie au siècle des Lumières* que la comparaison entre les Caraïbes et les Amérindiens de l'Amérique du Nord serait à porter au crédit de Du Tertre, bien qu'elle appartienne en réalité à de Rochefort[66]. Certains lecteurs, comme Cornelius de

65 Pour un tableau complet des éditions et des traductions du livre de de Rochefort, voir Benoît Roux, « Le Pasteur Charles de Rochefort et l'*Histoire naturelle et morale des îles Antilles de l'Amérique* », p. 176 et 193.

66 Michèle Duchet, *Anthropologie au siècle des Lumières*, Paris, Maspero, 1971, p. 37.

Pauw, critiquent la fiabilité de l'histoire de de Rochefort ; d'autres, comme Claude Lévi-Strauss dans son discours inaugural au Collège de France, oublient tout simplement de le mentionner à côté des grands historiens des Antilles du XVIIe siècle[67]. Cependant, le but de cette étude n'est ni de résoudre l'énigme de l'affaire du plagiat ni de comparer ces deux ouvrages. Ce qui importe pour la suite de l'analyse, c'est le constat que la manière dont Du Tertre se rapporte à de Rochefort a des effets certains sur les figurations de l'étranger.

67 Benoît Roux, « Le Pasteur Charles de Rochefort et l'*Histoire naturelle et morale des îles Antilles de l'Amérique* », p. 176.

CHAPITRE 2

Écrire sur les Antilles

Aucune autre relation des Antilles de cette période ne jouit de la protection d'hommes aussi importants que l'*Histoire générale des Antilles*. Il semble donc être le mieux placé parmi les dominicains pour diffuser le savoir acquis des missionnaires sur l'histoire et la société antillaises au-delà de son propre cercle religieux. Du Tertre exprime directement le désir que le « Livre sera veu en beaucoup de lieux » dans l'épitre adressée à Claude Sanguin (1654 : NP). À en croire l'auteur anonyme de la seule biographie du missionnaire, les contemporains de Du Tertre auraient lu les tomes III et IV de 1671 avec un intérêt particulier, puisqu'ils relatent les événements de l'histoire des Îles à partir de 1660, moment où la nouvelle politique coloniale de Louis XIV se met en place[1]. Suivant cette logique, ce serait donc moins les curiosités antillaises qui auraient suscité l'intérêt d'un certain public que les rapports que contenait le texte sur les effets de cette politique française. En revanche, Gilbert Chinard suggère que les descriptions de la nature antillaise auraient attiré d'autres lecteurs ; les savants et les curieux s'y intéressaient, ainsi que le public féminin[2]. Les illustrations, rappelons-le, se trouvent dans le deuxième tome, qui contient l'histoire naturelle et morale ; sur ce point, il semble bien que Chinard ait raison. Les estampes coûtaient cher ; il est alors logique que l'éditeur choisisse d'illustrer la partie du livre la plus susceptible de plaire à ce lectorat. Par ailleurs, Du Tertre s'adresse manifestement à un public de futurs voyageurs, colons aussi bien que missionnaires. Dans l'édition de 1654, il prie le lecteur de garder à l'esprit que l'auteur a « eu en veuë non seulement la satisfaction des curieux ; mais l'utilité des habitans du pays, aussi bien que d'informer ceux qui veulent faire le voyage, de plusieurs choses qui leur sont absolument necessaires : si bien qu'il se pourra faire que les choses qui choqueront ton esprit seront l'utilité & les délices des autres ». (1654, tome I : NP)

Le choix des protecteurs – Achille II de Harlay, son fils Achille III de Harlay et Jérôme Bignon – témoigne de l'ambition de Du Tertre de placer son livre au centre de la vie scientifique, politique et mondaine de Paris. La famille de Harlay avait déjà été impliquée dans l'histoire américaine : Nicolas de Harlay avait fondé une compagnie pour le Brésil au siècle précédent, sans succès[3].

---

1 Anonyme, *Le Père Du Tertre et sa vie*, p. 16.

2 Gilbert Chinard, *L'Amérique et le rêve exotique*, p. 45-46.

3 *Ibid.*, p. 4.

© CHRISTINA KULLBERG, 2021 | DOI:10.1163/9789004434967_004
This is an open access chapter distributed under the terms of the CC BY-NC-ND 4.0 license.

La dédicace de la première édition (1654) embrasse les différents espaces de réception possibles pour le livre, lequel Du Tertre ouvre sur un argument stylistique : sans la protection de Harlay, le livre pourrait rebuter par son étrangeté, moins à cause de l'exotisme de sa matière qu'en raison de la simplicité d'un style qui ne s'est pas adapté aux derniers développements de la langue française. L'écriture, s'excuse Du Tertre, manque de « politesse » ; le terme, emprunté au registre galant, suggère que le missionnaire cherche d'abord l'approbation des salons. L'éloge des services rendus par la famille de Harlay au roi affirme ensuite la dimension politique de l'ouvrage. Finalement, l'auteur s'adresse au collectionneur : « D'ailleurs, si les Curieux reçoivent quelque satisfaction de mon travail (c'est à vous, Monsieur, qu'ils seront particulierement obligez) : car ie ne l'eus pas plustost apporté en France, que vous luy servistes d'Azile et de Père. » (1654 : NP) Au sein du récit, l'auteur met en avant les rapports étroits qu'il entretient avec son protecteur, dont il rappelle à bon escient qu'il avait admis le manuscrit de 1648 dans sa bibliothèque. Pour discréditer la description que fait de Rochefort du flamant, Du Tertre renvoie par exemple à la fameuse collection de curiosités de Harlay. (1667, tome II : 268) Inversement, on peut s'imaginer que le livre de Du Tertre a pu enrichir la présentation de certains objets exposés dans le cabinet de Harlay grâce aux informations contextuelles qui lui manquaient.

Dans la deuxième édition, Du Tertre semble vouloir renforcer son lien avec Harlay, en dédiant le premier tome au père et le deuxième au fils, dont la dédicace insiste en premier lieu sur la dimension pragmatique de l'ouvrage. Le missionnaire assure n'y mettre aucune passion « que celle de servir [sa] patrie » en espérant que son travail sera « utile à la Conservation des Colonies Françoises ». (1667, tome I : NP) Toujours dans le but de valider le savoir que contient le livre, il prie Achille III de Harlay d'attester de la véracité du récit. La question du bon goût est évoquée en dernier lieu ; le lecteur est invité à prêter attention moins à l'organisation de l'ouvrage qu'aux « choses curieuses » que l'auteur y note « pour sa satisfaction ». (1667, tome I : NP) Dans la préface au deuxième tome, Achille III de Harlay apparaît auréolé de la gloire de son père, mais également de celle de ses propres mérites. En effet, l'année même de la publication de cette édition de *l'Histoire générale des Antilles*, il est devenu procureur général ; il sera plus tard premier président du Parlement, et c'est lui qui héritera de la bibliothèque et de la collection de son père. L'ouvrage une fois admis dans cette bibliothèque, il s'agit en somme de s'assurer qu'il y reste et que sa place ne soit pas contestée. La protection du fils peut apparaître comme une manière de garantir l'autorité du livre auprès d'une nouvelle génération, plus étroitement liée à l'entourage du jeune roi.

Cela pourrait aussi expliquer pourquoi la dédicace du dernier volume, qui n'était donc pas anticipé en 1667, est adressée à Jérôme Bignon. Ce protecteur avait déjà accordé « tant de faveurs » (1671, tome III : NP) à l'auteur. De surcroît, il est idéalement placé pour assurer l'entrée de l'ouvrage dans d'autres bibliothèques et académies. Bignon, « si verse dans les belles lettres, si grave dans ses jugements, & si integre dans ses mœurs » (1671, tome III : NP), vient d'une famille qui a grande réputation dans le domaine des voyages et des entreprises scientifiques ; il est maître de librairie de Louis XIV et avocat général. À nouveau, la dédicace laisse entrevoir une recherche de la faveur des salons ; le crédit dont jouit la famille Bignon pourrait contribuer à la consécration d'un ouvrage aussi simple dans des cercles plus littéraires.

1 Instruire

L'appareil de références de textes reflète la solide formation classique de l'auteur. Du Tertre renvoie souvent son lecteur aux Anciens – surtout à Aristote, à Platon et à Sénèque, et aux pères de l'Église, notamment à Augustin, à Saint-Thomas et à Albert le Grand. En matière d'histoire naturelle, on y retrouve bien sûr Aristote, aux côtés de Dioscoride, de Pline l'Ancien et de Théophraste ; il y fait cependant se côtoyer les savants contemporains – Nicolas Monard, Julius César Scaliger, Garcia de Orta et Jacques d'Aléchamps – et les voyageurs espagnols et portugais – José de Acosta, Antonio de Herrera, Willem Piso et Fernández de Oviedo y Valdés –, qui lui servent d'autorités pour la botanique du Nouveau Monde[4]. À cela il faut ajouter les voyageurs et les penseurs qu'il n'identifie pas toujours, les appelant de façon générique « les Autheurs »[5].

---

4 José de Acosta, *Histoire naturelle et morale des Indes tant occidentales qu'orientales*, traduite en français par Robert Regnault Cauxios, Paris, Orry, 1598 ; Antonio de Herrera, *Description des Indes Occidentales qu'on appelle aujourd'hui le Nouveau Monde, translatée de l'espagnol en français ; à laquelle sont ajoutées quelques autres descriptions des mêmes pays, avec la navigation du capitaine Jacques Lemaire et de plusieurs autres*, Amsterdam, Michel Colin, 1622 ; Willem Piso et George Marcgrave, *Historia naturalis Brasiliae*, Ioannes de Laet (dir.), 1648 ; Fernández de Oviedo y Valdés, *L'Histoire naturelle et generalle des Indes, isles et terre ferme de la grand mer Oceane*, Paris, Michel de Vascosan, 1555. Régis Antoine présente une liste chronologique de toutes les traductions des voyageurs espagnols en français pendant la Renaissance. Régis Antoine, *Les Écrivains français et les Antilles*, p. 16.

5 Par exemple les voyageurs en Floride, Frank Lestringant, *Le Théâtre de la Floride : Autour de la* Brève narration des événements qui arrivèrent aux Français en Floride, province d'Amérique, *de Jacques Le Moyne de Morgues (1591)*, Paris, Presses de l'Université Paris-Sorbonne, 2017 ou bien André Thevet, *Les Singularitez de la France antarctique, autrement nommée*

Du Tertre se montre au courant des débats contemporains sur les sciences de la nature, tout en se souciant d'appuyer chacun de ses propos historiques par une documentation vérifiée : il fouille par exemple la bibliothèque de François Fouquet, qui avait soutenu Richelieu dans le rétablissement de la Compagnie en 1635, et continue à s'engager dans les affaires coloniales tout au long de la décennie suivante[6].

C'est surtout dans les cercles savants précédant la création de l'Académie des sciences et des arts en 1666 qu'il faut rechercher la présence du missionnaire. La préface de l'édition de 1667 indique qu'il fréquentait l'assemblée des physiciens, mathématiciens et astronomes qui composait l'Académie de Montmor[7]. Il s'est pourtant avéré impossible de trouver d'autres traces concrètes de la participation de Du Tertre à la société qui se rencontrait chez Montmor. Par contre, la lecture de l'*Histoire générale des Antilles* permet de constater que le missionnaire avait plusieurs contacts scientifiques et qu'il passait par maints médiateurs pour parvenir aux savants de Paris. Dans l'édition de 1654, on apprend qu'il donne une pierre à un gentilhomme anonyme qui la fait ensuite envoyer à Paris pour savoir ce que c'est ; (1654, tome II : 132) à propos des remèdes contre les morsures de serpents, il dit avoir communiqué avec les « plus fameux Medecins de la Faculté de Paris », (1654, tome II : 365) pour n'en donner que quelques exemples.

Du Tertre s'est particulièrement intéressé à la botanique. Ses propres dessins inclus dans le manuscrit de 1648 représentent surtout des plantes. Lors de ses retours à Paris, il se rend au jardin du sieur Morin pour voir son gingembre (1667, tome II : 94), ainsi qu'au Jardin du Roi pour s'entretenir avec M. Vespasien Robin, sous-démonstrateur au Jardin des plantes médicinales de 1635 à 1662[8]. (1667, tome II : 157) Le but de ces visites est de comparer les observations de plantes faites sur les Îles avec les plantes déjà répertoriées au Jardin du Roi. La démarche lui permet parfois de remettre en question certains classements botaniques et de préciser ses descriptions. Ainsi, le groseillier

Amérique, & de plusieurs terres et isles découvertes de nostre temps, Paris, Maurice de la Porte, 1558 ; et Jean de Léry, *Histoire d'un voyage fait en la terre du Brésil, autrement dit l'Amérique*, La Rochelle, A. Chuppin, 1558.

6 Philip Boucher, *France and the American Tropics to 1700*, p. 100. Du Tertre, *Histoire générale des Antilles*, 1667, tome I : 134.

7 Sur le rôle de l'Académie de Montmor, voir Harcourt Brown, *Scientific Organizations in Seventeenth Century France (1620-1680)*, Baltimore, The Williams & Wilkins Company, 1934, chapitres 4-6. Brown démontre qu'au début des années 1660, on commence de plus en plus à discuter l'utilité de la philosophie naturelle en vue du commerce, p. 103.

8 Voir François Regourd, « Capitale savante, capitale coloniale », p. 138-139 et François Regourd, « Maîtriser la nature : un enjeu colonial. Botanique et agronomie en Guyane et aux Antilles (XVIIe-XVIIIe siècles) », *Revue française d'histoire d'Outre-mer*, p. 322-323, 1999.

d'Amérique (*hibiscus sabdariffa*)[9] lui semble appartenir à une espèce particulière : « celle qu'on m'a fait voir au Jardin du Roy à Paris », précise-t-il, « n'avoit aucune odeur ». (1654, tome II : 198) Un autre voyage à Paris lui permet de trouver du « *Iuca* » – yucca –, plante courante aux Antilles, qu'il utilise pour des démonstrations en public : « I'en ay tiré du fil depuis que i'ay esté à Paris, en presence de plusieurs personnes fort curieuses. » (1654, tome II : 187) Notons que ces échanges sur la botanique se déroulent avant que Colbert ne prenne le contrôle du Jardin du Roi, pour l'intégrer à l'Académie des sciences en 1671. Peut-être le travail de Du Tertre, que Colbert connaissait bien, a-t-il encouragé celui-ci à envoyer aux Îles des botanistes chargés d'inventorier la flore des colonies[10].

Entre l'édition de 1654 et la deuxième, en 1667, les cercles savants subissent de grandes transformations en France. Avec la création de l'Académie des sciences et des arts, le savoir se centralise ; le roi se substitue peu à peu aux mécènes. Si l'*Histoire générale des Antilles* s'impose rapidement comme un ouvrage indispensable aux bibliothèques de voyage, l'édition de 1667 semble s'inscrire au croisement de ces nouveaux lieux de savoir. Les illustrations de Leclerc qui y sont ajoutées confirment en effet les liens qu'entretient l'auteur avec la nouvelle Académie, à un moment où le voyage illustré est encore assez rare en France[11]. C'est probablement le premier éditeur de Du Tertre, Langlois, qui le met en contact avec Leclerc, pavant ainsi la voie à une période d'intense collaboration. Du Tertre mentionne dans ses descriptions son intention de faire graver telle ou telle plante ; dans la partie consacrée à la topographie des Îles, il fait cette remarque, qui ponctue la description et renvoie au temps de la rédaction : « L'on m'a fait esperer de me donner les plans des forts qu'on y a bastis depuis mon départ ; si ie les ay, ie leur donneray place dans les figures que ie feray graver » (1667, tome II : 23), laissant deviner la part active qu'il prend au travail sur les illustrations. Leclerc est encore assez jeune et inconnu lors de la sortie de l'ouvrage de Du Tertre, et ce n'est que plus tard que ses illustrations

9 On l'appelle aujourd'hui « groseillier pays » en Martinique.

10 Dans une lettre à Guillaume Pélissier datée du 21 juin 1670, Colbert écrit : « Je désire que vous examiniez bien toutes les fleurs, les fruicts et mesmes des bestiaux, s'il y en a de naturels du païs et que nous ne voyons point en Europe et que vous m'en envoyez des plantes et des semences avec un mémoire exact de tout ce qu'il faut observer pour les faire venir. Il faudra m'en envoyer par tous les vaisseaux qui viendront, affin que si l'un manque, l'autre puisse réussir et surtout, envoyez-moy, de l'anana affin que je puisse tenter si l'on pourra faire venir icy ». Lettre de Colbert au Sieur Pélissier sur la conduite qu'il doit tenir aux îles d'Amérique, ANOM, ark:/61561/ki6650ihmw.

11 Sylvie Requemora-Gros, *Voguer vers la modernité : Le voyage à travers les genres au XVIIe siècle*, Paris, Presses de l'université Paris-Sorbonne, 2012, p. 389.

s'imposeront comme représentatives du règne de Louis XIV[12]. Le graveur a sans doute vu dans l'ouvrage de Du Tertre une occasion de faire connaître son talent pour les illustrations scientifiques. S'il n'a jamais été membre de l'Académie lui-même, beaucoup de ses gravures reflètent de différentes manières le travail de celle-ci, et il inclut des références au travail fait pour l'ouvrage de Du Tertre dans une des gravures officielles qu'il réalise pour l'Académie en 1698[13].

La collaboration avec Leclerc et les liens avec le Jardin du Roi laissent penser que l'*Histoire générale des Antilles* est désormais connue, et que les débats de la jeune Académie en font régulièrement mention, surtout dans la mesure où l'ouvrage porte un intérêt particulier à l'astronomie et à la cartographie. Les premières cartes modernes des Antilles sont les esquisses faites par Du Tertre lui-même, et il semble avoir été en contact avec plusieurs cartographes, outre Leclerc. François Regourd suggère par exemple que Du Tertre aurait servi d'informateur au cartographe Pierre Mariette lorsque ce dernier préparait son atlas en collaboration avec Nicolas Sanson[14].

2 Plaire

À l'image des premiers savoirs coloniaux, l'ouvrage de Du Tertre se situe au carrefour du goût savant et du goût mondain[15]. On le voit entre autres à la manière dont il collectionne les curiosités. Prenons par exemple la description que fait Du Tertre des colibris et qui se termine sur une anecdote racontant comment il a appris des Amérindiens à capturer vivants ces oiseaux qu'il fait sécher pour les apporter aux collectionneurs de France. (1654, tome II : 304-305) Susceptible de provoquer des débats autour du classement des espèces (est-ce un insecte ou un oiseau ?) et de susciter de l'admiration pour

12 Maxime Préaud, Entrée « Leclerc, Sébastien », *Dictionnaire du Grand Siècle*, p. 842. Voir aussi *id.*, « L'Académie des Sciences et des Beaux-arts : le testament graphique de Sébastien Leclerc », *RACAR : Revue d'art canadienne*, vol. 10, nº 1, 1983, p. 73-81.

13 Sébastien Leclerc, *L'Académie des Sciences et des Beaux-Arts*, 1698. Voir Adrien Davy de Virville, *Histoire de la botanique en France*, Paris, Société d'édition d'enseignement supérieur, 1954, p. 61.

14 François Regourd, « Capitale savante, capitale coloniale », p. 133. *Id.*, « Coloniser les blancs de la carte. Quelques réflexions sur le vide cartographique dans le contexte français de l'Ancien Régime (Guyanes et Antilles françaises, XVIIe-XVIIIe siècles) », *Combler les blancs de la carte : Modalités et enjeux de la construction des savoirs géographiques (XVIIe-XXe siècles)*, Isabelle Laboulais-Lesage (dir.), Presses universitaires de Strasbourg, Strasbourg, 2004. Dans le troisième volume, paru en 1671, il est indiqué que le gouverneur de Marie Galante, Théméricourt, en fait lui-même la carte. (1671, tome III : 217).

15 Voir François Regourd, « Capitale savante, capitale coloniale », p. 125.

sa beauté, le colibri est illustratif de la jonction entre savoir et mondanité. L'intérêt des « cercles de dames » pour les Antilles est connu par ailleurs grâce à l'ouvrage d'un autre dominicain d'origine bretonne, André Chevillard[16]. Sa relation, qui s'inspire directement du travail de Du Tertre, s'adresse à Madame de Montmoron, proche de Mme de Sévigné dans les années 1650 et 1660. Cet intérêt littéraire et mondain pour les Îles est certes marginal, mais il remonte au-delà du début de la Fronde, jusqu'au siècle précédent, lorsque la première tentative de colonisation du Brésil nourrissait l'imagination d'un Ronsard et d'un Jehan Maillard. Le phénomène cependant n'avait pas duré : rappelons que l'on publie alors deux fois plus de récits de voyage en l'Orient que d'écrits consacrés à l'Amérique. L'idée des « Indes » reste vague, on le sait, incluant toute contrée lointaine, située à l'ouest comme à l'est, et l'intérêt pour les Îles s'inscrit dans un penchant général pour la géographie, qui était à la mode autour des années 1660[17]. En dépit de ce flou conceptuel et du petit nombre de publications qui leur sont consacrées, les Antilles figurent dans cet imaginaire classique de l'île.

À titre d'illustration de cet intérêt pour les Antilles, si mince soit-il, on peut citer le fameux projet de Scarron de partir à Cayenne, pour fuir la Fronde et s'y soigner. L'aventure antillaise manquée du poète a été racontée plusieurs fois et de manière plus ou moins romanesque. Cabart de Villermont, qui connaissait bien les Îles, serait celui qui l'incita à investir dans le rétablissement de la Compagnie des Indes[18]. Lors d'une soirée chez de Villermont, Scarron aurait rencontré le lieutenant général des Îles, Monsieur de Poincy, qui aurait vanté les mérites d'une source bienfaisante en Martinique. Du Tertre affirme d'ailleurs que de Poincy était à Paris en 1648, soit l'année même de l'achèvement de la rédaction de son manuscrit, et il est fort probable qu'ils se sont rencontrés dans des cercles contre Mazarin. La même année, Scarron et sa future épouse, Françoise d'Aubigné, commencent leur correspondance galante. Françoise, sa « belle Indienne » alors âgée de 16 ans, vient de rentrer en France après quelques années passées dans les Îles. Le vieux poète et la jeune Françoise se marient en 1652, et les six premiers mois de leur mariage sont consacrés à la préparation du départ, projet en grande partie dirigé par Mme Scarron. Ils devaient partir le 18 mai 1652, en compagnie de Jean Regnault de Segrais et de

---

16 André Chevillard, *Desseins de son Éminence de Richelieu pour l'Amérique*, NP. Pour la biographie de Chevillard, voir Grunberg, *Missionnaires dominicains*, p. 11-14.

17 Voir Marie-Christine Pioffet, *Espaces lointains, espaces rêvés dans la fiction romanesque du Grand Siècle*, Paris, Presses de l'université Paris-Sorbonne, 2007, p. 23-32.

18 Voir Gilbert Chinard, *L'Amérique et le rêve exotique*, p. 30-36 ; Henri Chardon, *Scarron inconnu et les types des personnages du Roman comique*, Paris 1903, p. 225 ; Ange-Pierre Leca, *Scarron : Le malade de la reine*, Paris, Éditions Kimé, 1999, p. 122-129.

Ninon de Lenclos, à bord d'un navire amenant plus de 700 personnes dans les colonies. Ils renoncèrent à s'embarquer, pour une raison qui reste inconnue – heureusement, pourrait-on dire, puisque le voyage se révéla particulièrement pénible : l'eau douce manquait aux îles du Salut, au nord de Cayenne, où ils avaient voulu s'installer, et les nouveaux arrivants durent quitter les Îles et revenir vers la France.

Cet épisode presque burlesque de la vie du poète n'est peut-être pas sans lien avec le récit de voyage de notre missionnaire. Du Tertre parle de l'établissement à Cayenne et raconte qu'on en fait la promotion à Paris, mais sans mentionner Scarron. (1667, tome I : 480) Le projet de voyage de celui-ci précède la publication de la première édition de l'ouvrage de Du Tertre en 1654, mais il est possible qu'il ait lu le manuscrit de 1648. Il se peut aussi que la famille de Françoise d'Aubigné ait connu Du Tertre et les dominicains à la Guadeloupe. On sait peu de choses sur le voyage de Constant d'Aubigné, son père, aux Antilles[19]. Il figure dans la relation du premier voyage d'Esnambuc en 1635, l'année même de la naissance de Françoise à la prison de Niort. Neuf ans plus tard, il reprend son aventure américaine et part avec sa famille sur le vaisseau *Isabelle de la Tremblade* depuis La Rochelle. Ils s'installent d'abord à Saint-Christophe, où règne de Poincy. Ensuite, Constant d'Aubigné tente en vain de devenir « vice-roy » de Marie-Galante, une petite île près de la Guadeloupe. Ayant échoué à y bâtir une plantation, il quitte cet endroit pour la Martinique, mais trouve vite un prétexte pour rentrer en France, laissant femme et enfants dans l'Île. La mère de Françoise reste alors seule et sans ressources avec ses enfants au village du Prêcheur, au nord de la Martinique, jusqu'en 1647, où elle achète trois places sur un vaisseau qui les ramènera à La Rochelle.

La société des Îles est alors peu nombreuse et les missionnaires voyagent partout, souvent pour secourir des familles en difficulté. En 1640, Du Tertre est curé à Capesterre en Guadeloupe, juste en face de Marie-Galante, et il est fort probable qu'il savait qui était Constant d'Aubigné, bien qu'il n'en dise rien dans ses textes. Il parle pourtant beaucoup des difficultés que rencontraient les colons de Marie-Galante et consacre une longue partie de l'édition de 1667 à dépeindre l'atmosphère particulièrement conflictuelle en Martinique pendant les années 1640, laquelle a certainement contribué aux sombres souvenirs d'enfance de la future Madame de Maintenon. À en croire les contemporains de la maîtresse du roi, celle-ci gardait un mauvais souvenir de son enfance aux Îles. « Croyait-elle qu'on pût toujours l'ignorer et, à moins de l'avoir contée avec

19 Louis Merle, *L'Étrange beau-père de Louis XIV : Constant d'Aubigné. Père de Madame de Maintenon*, Paris, Beauchesne, 1971. Le chapitre 10 traite de son séjour aux Antilles ; voir notamment p. 128-129.

malice, quel mal cela lui eut-il fait ? » écrit Mme de Sévigné[20]. Difficile de juger si c'est la vie aux Îles ou le comportement de son père qui fut la cause de ces souffrances. On sait pourtant qu'elle garde tout au long de sa vie les liens avec les Îles pour des raisons économiques (elle investit dans le commerce du tabac et achète de la terre du marquis de Maintenon, grand planteur de la Martinique, qui lui transmet ainsi son nom) et, en 1712, elle demande à Louis XIV de donner en son nom une cloche au village du Prêcheur[21].

La parution de l'ouvrage de Du Tertre a certainement alimenté le goût pour les Antilles qui a inspiré ce projet, mais de façon éphémère. Scarron continue visiblement à rêver des Amériques : « [...] Je vais dans l'Amérique où règne le repos / Sans froid, sans guerre et sans impôts », écrit-il dans un poème où les Antilles font figure d'îles fortunées[22]. Peut-être la *Relation de l'Ile imaginaire* de Segrais publiée en 1659 s'inspire-t-elle de rêves qui n'ont jamais été réalisés ; mais le voyage manqué de Scarron a surtout donné naissance à des vers ironiques. À part cela, les Antilles ne laissent que peu de traces dans la littérature de la deuxième moitié du XVIIe siècle en France. En 1678, un ouvrage anonyme, *Nouvelles de l'Amérique ou Le mercure américain*[23], propose, selon Régis Antoine, une variante antillaise du romanesque oriental, inspirée des récits des voyageurs et des flibustiers. Vers la fin du siècle, *Le Zombi du grand Pérou ou La comtesse de Cocagne*, de Pierre-Corneille de Blessebois[24], un roman burlesque libertin, donne quelques aperçus du paysage antillais. On s'intéresse sûrement aux descriptions naturalistes des pays lointains, mais ni les romanciers ni leurs lecteurs ne s'en inspirent réellement. En plus, l'émigration aux Antilles reste limitée en France : 60 000 à 100 000 Français partent pour les Îles au XVIIe siècle, ce qui est bien peu à côté des 746 000 Anglais et des 678 000 Espagnols qui traversent l'Atlantique[25]. Certes, les départs des expéditions pour les colonies

20 Cité dans *ibid.*, p. 115.

21 Voir Philip Boucher, *France and the American Tropics to 1700*, p. 189 et 198. Pour le marquis de Maintenon, voir Michel-Christian Camus, « Le marquis de Maintenon, corsaire, négrier, planteur et gouverneur de Marie-Galante », *Bulletin de la Société d'histoire de la Guadeloupe*, n° 110, 1996.

22 Paul Scarron, « Réflexions politiques et morales tant sur la France que sur l'Amérique par un pauvre diable », *Poésies diverses*, Paris, Didier, 1960, t. II-1, p. 47.

23 Anonyme, *La Nouvelle Amérique ou Le mercure américain*, Rouen, 1678.

24 Pierre-Corneille de Blessebois, *Le Zombi du grand Pérou ou La comtesse de Cocagne*, 1697. Régis Antoine, *Les écrivains français et les Antilles*, p. 61-63. Voir le chapitre 3 de Garraway, *The Libertine Colony*, p. 172-191, pour une analyse de Pierre-Corneille de Blessebois.

25 Philip Boucher, *France and the American Tropics to 1700*, p. 10. Christian Bouyer affirme que les Anglais étaient trois fois plus nombreux que les Français. « Sur 600 colons envoyés de France en 1628, à peine 400 sont en mesure de jouer un rôle », écrit Bouyer tout en faisant remarquer que la population française augmente considérablement de

attiraient beaucoup de monde à Paris – les témoignages littéraires ainsi que les écrits des voyageurs qui se trouvaient parmi les passagers les présentent comme de véritables spectacles –, mais le goût manifeste pour les curiosités antillaises (coquillages, plumes de perroquet, colibris) était de loin supplanté par le rêve de partir faire fortune. Comme le constate Madeleine Dobie, « les colonies avaient une importance économique, mais elles n'étaient pas visibles culturellement[26] ».

Favorable à l'établissement, Du Tertre lui-même avait sans doute l'ambition de remédier à cette absence de visibilité culturelle. En fait, il semble fort peu se soucier de la réception de son récit dans la communauté dominicaine, bien que la relation soit évidemment passée par la censure théologique. On a déjà vu que Harlay servait de garant du bon goût autant que du savoir. En plus, le passage du manuscrit aux livres imprimés témoigne du fait que la disposition de l'ouvrage importe à Du Tertre davantage que le respect d'une progression scientifiquement rigoureuse dans l'exposé des sujets abordés, ainsi qu'il l'explique dans la préface du second volume de l'édition de 1667. Dans un même souci de plaire, il évoque un style contaminé par les Antilles : « j'avois raison d'apprehender que la rudesse de mon style ne rebutast mesme les plus grossiers, & ne leur fit estimer mon discours aussi sauvage que le pays que ie leur décris ». (1654, tome I : NP) Feindre de s'excuser d'une écriture brute, colorée par les contrées sauvages que l'on a visitées est un motif rhétorique courant dans le « jeu préfaciel » propre à la présentation des récits de voyage ; leurs auteurs y déploient volontiers des arguments contradictoires pour créer un effet de confusion destiné à donner au lecteur un avant-goût de l'étranger[27]. En ce sens, la première « chose antillaise » qu'apporte le récit aux salons de Paris, c'est sa propre écriture, teintée par les pays qu'il décrit.

Le souci d'un style qui puisse satisfaire deux publics, et plaire autant qu'enseigner, peut aussi se comprendre à la lumière de la pratique missionnaire, qui met elle aussi au centre du discours l'effet produit sur le destinataire[28].

---

l'établissement à la possession des Îles, allant de 2 000 habitants en 1635 jusqu'à 8 000 en 1660 à Saint-Christophe, *Au temps des isles : Esclaves, planteurs et flibustiers*, Paris, Tallandier, 2005, p. 24 et p. 35.

26 Madeleine Dobie, *Trading Places: Colonization and Slavery in Eighteenth-Century French Culture*, Ithaca & London, Cornell University Press, 2010, p. 5-6. L'inventaire des pièces de théâtre de la période fait par Toby Wikström affirme l'absence des thèmes antillais sur la scène française dans sa thèse *Law, Conquest, and Slavery on the French Stage, 1598-1685*, Ph.D. Dissertation, Columbia University, 2010, p. 309, qui paraîtra chez Northwestern University Press sous le titre *Staging and Erasing the Global in Early Modern France*.

27 Sylvie Requemora-Gros, *Voguer vers la modernité*, p. 227.

28 Dominique Deslandres, *Croire et faire croire*, p. 351. L'auteure souligne aussi dans son article « Indes intérieures et Indes lointaines » l'importance d'une stratégie de séduction

Tout missionnaire emploie des stratégies de conversion dans laquelle la rhétorique, notamment le *movere,* joue un rôle central. Dans la relation de voyage missionnaire, la pratique évangélique rencontre donc une certaine pratique de l'écriture. Dans cette perspective, *l'excusatio propter infirmitatem* de la préface s'inscrit dans une stratégie cohérente avec le programme politique et religieux du texte et dénote une volonté de représenter l'ailleurs sous une forme factuelle tout en cherchant à séduire son public potentiel. Dans ce croisement d'orientations que l'on retrouve dans l'ouvrage de Du Tertre se dessine effectivement une poétique du récit qui contribue à inscrire le genre viatique, qui est essentiellement référentiel, dans une pratique qui serait plutôt littéraire.

3 L'*Histoire générale des Antilles* et la relation de voyage

On sait que la deuxième moitié du XVIIe siècle voit l'essor de la littérature viatique, connue sous des noms divers, mais que celle-ci reste encore dépourvue de forme identifiable[29]. Le succès de cette dernière auprès des lecteurs et son influence sur le développement de la littérature au XVIIe siècle sont incontestables[30]. À l'époque de la rédaction de l'*Histoire générale des Antilles*, on ne fait guère de distinction entre *relation*, *voyage* et *histoire*. Cette littérature prend donc plusieurs formes et regroupe divers discours, et l'on ne peut souvent la caractériser que par la négative : elle n'est ni scientifique, ni historique,

---

mise en œuvre par le biais du « geste, [de la] parole simple et familière exprimée dans la langue vernaculaire, la représentation picturale, voire la théâtralité du *momentum* religieux [...] », p. 375.

29 Philippe Antoine écrit que « la narration viatique fait partie de ces genres mêlés qu'aucune poétique ne saurait, à première vue, rigoureusement définir ». « Introduction », *Roman et récit de voyage*, Philippe Antoine et Marie-Christine Gomez-Géraud (dir.), Paris, PUPS, 2001, p. 5. Andreas Motsch, « La Relation de voyage : Itinéraire d'une pratique », @nalyses, www.revue-analyses.org, vol. 9 nº 1, hiver, 2014. Consulté le 20 mars 2019. Roland Le Huenen en parle comme d'un genre « ouvert » et « sans loi » qui n'appartient pas au littéraire, « Le récit de voyage : l'entrée en littérature », *Études littéraires*, vol. 20, nº 1, 1987, p. 45. Marie-Christine Pioffet affirme que, malgré son succès, « le genre viatique n'existe guère en tant que forme littéraire durant l'Ancien Régime », *Écrire des récits de voyage : Essais d'une poétique en gestation*, Sainte-Foy, Presses de l'Université Laval, 2008, p. 1.

30 Charles Sorel, *La Bibliothèque françoise*, Paris, Compagnie des librairies du Palais, 1667, p. 132. Chapelain écrit dans une lettre à Carrel de Sainte-Garde : « Notre nation a changé de goût pour les lectures, et au lieu des romans, qui sont tombés avec la Calprenède, les voyages sont venus en crédit et tiennent le haut bout dans la Cour et dans la Ville » ; cité dans Alain Guyot, *Analogie et récit de voyage*, p. 108. Voir aussi Friedrich Wolfzettel, *Le Discours du voyageur*, p. 128-130 et p. 191-192 ; et Jacques Chupeau, « Les Récits de voyage aux lisières du roman », *Revue d'histoire littéraire de la France*, 3/4, 1977, p. 536.

ni chronique, ni littéraire, pour reprendre la tentative de définition proposée par P. G. Adams[31]. Ce que chacun de ces textes produits à la suite de voyages semble avoir en commun, c'est l'intérêt pour l'étranger, qui prendra différentes valeurs en fonction de la région explorée. La description que faisait en 1991 François Moureau des voyages de cette période s'applique parfaitement à celui de Du Tertre : ce sont « souvent des montages de sources diverses, dont les guides et des voyages antérieurs », constitués de lettres, de témoignages oculaires, d'illustrations, de descriptions naturelles et morales, d'anecdotes, de récits rapportés, et ainsi de suite[32].

Presque tous les récits de voyage lointains du XVIIe siècle sont dus aux missionnaires[33]. Indissociables d'une pragmatique de la conversion, ils sont souvent liés à la promotion de la colonisation ; c'est le cas de celui de Du Tertre, comme nous venons de le voir[34]. De plus, contrairement à d'autres relations de voyage, l'itinéraire y joue un rôle moins important que le séjour en terre lointaine. Par conséquent, la narration missionnaire ne se construit pas toujours de manière chronologique, ce qui est d'autant plus visible dans celle de Du Tertre, qui s'inscrit en outre dans une tradition légèrement différente, celle de l'histoire naturelle et morale[35]. Pline l'Ancien fait ici figure de référence, le missionnaire lui empruntant sa répartition des sujets, à quelques exceptions près. Dans la même lignée, il s'appuiera également, rappelons-le, sur les travaux relatifs aux premiers écrits savants sur le Nouveau Monde, ceux de Las Casas d'abord, puis ceux d'Acosta, de Piso et d'Oviedo qui, tout comme lui, poursuivent la tradition plinienne.

Le voyageur-narrateur combine dans l'*Histoire générale des Antilles* deux postures narratives, que l'on oppose souvent l'une à l'autre. L'historien assume

31 Percy G. Adams, *Travel Literature and the Evolution of the Novel*, Lexington, KY, University Press of Kentucky, 1983. « The *récit de voyage* is not just a first-person journal. [...] It is not just in prose. [...] It is not necessarily a story with a simple uncontrived plot [...]. It is not just a set of notes jotted down each day or whenever the traveller has time [...]. It is not just an objective report [...]. Travel writing is not a branch of history any more than it is of geography [...] Finally, the *récit de voyage* cannot be a literary genre with a fixed definition any more than the novel [...]. For, like other forms just as amorphous, it evolves and will continue to evolve. », p. 280-282. Notre traduction.

32 François Moureau, « Le Voyage dans la recherche française. Aspects théoriques et directions d'études », *Sehen und beschreiben : europäische Reisen im 18. und 19 Jh.*, Heide, 1991, p. 4.

33 Friedrich Wolfzettel, *Le Discours du voyageur*, p. 165.

34 Jean-Claude Laborie, « Ethnographie et fiction : la *Relation* du Père Lejeune », *Relations savantes : Voyages et discours scientifiques*, Sophie Linon-Chipon et Daniela Vaj (dir.), Paris, Presses de l'université Paris-Sorbonne, 2006, p. 25.

35 Voir Joan Pau Rubiés, « Ethnography and Cultural Translation in the Early Modern Mission », *Studies in Church History*, vol. 53, juin 2017, p. 275.

le rôle du voyageur de cabinet ou du voyageur-compilateur, dont le récit est basé sur des documents ; le missionnaire, en revanche, se présente comme témoin oculaire de ce qu'il raconte. Ces deux postures se succèdent tout au long du livre. L'historien Du Tertre mentionne l'origine de ses informations, même quand elles sont de seconde main : « Ie ne trouve personne qui en ayt encore fait la description [de l'île de la Tortue], mais i'apprends de Monsieur Hotman, pere du Chevalier de Fontenay, qu'elle a plus de trente lieuës de circuit. » (1667, tome II : 31) Dans d'autres passages, il se peint en aventurier pris dans le vif de l'action. Lors d'un soulèvement en Guadeloupe, par exemple, le missionnaire intervient pour protéger les habitants, que l'on veut inciter à se joindre à une rébellion contre le gouverneur. Cela provoque des réactions violentes de la part des « rebelles », raconte Du Tertre dans un passage animé : « [ils] se ietterent sur moy & me déchirerent une partie de mes habits ; le peuple tout scandalizé de cét injurieux traitement ayant crié tout beau, tout beau ; ils se contenterent de me pousser hors de la case à coups de genoux & de pied dans les reins [...] ». (1667, tome I : 348) L'anecdote interrompt la narration de l'histoire des Îles et s'étend sur plusieurs pages. Toujours est-il que malgré ces passages fortement marqués par la voix d'un narrateur-voyageur, le lecteur ne peut se fier à ces interventions pour établir une chronologie exacte des séjours et des voyages du missionnaire lui-même. Les repères temporels sont flous, les strates du récit ainsi que l'insertion de digressions anecdotiques et d'autres types de discours relatifs à la première colonisation brouillent l'ordre linéaire de la narration historique.

Empruntant ainsi la position d'un historien « engagé » dans le monde qu'il décrit, le missionnaire n'a aucun intérêt à se présenter comme écrivain. Toutefois, ainsi que le font la plupart des relateurs, il se sert de procédés que l'on pourrait qualifier de poétiques et, comme nous le verrons tout au long de l'analyse, côtoie pour le plaisir de son public d'autres genres nettement caractérisés comme littéraires. Tout en refusant l'invraisemblance du roman, il emprunte structures narratives, techniques et motifs aux genres littéraires reconnus – qu'il s'agisse du récit, de l'épopée ou du théâtre – pour proposer au même public les joies d'un romanesque sérieux, en même temps que la promesse d'une connaissance géographique et anthropologique[36]. Le soin apporté à la mise en forme, s'il témoigne en lui-même d'un souci littéraire, comme

36 Voir Sylvie Requemora-Gros, *Voguer vers la modernité*, « Dans les années 1660, le roman se détourne de l'imagination conventionnelle et évolue vers un "réalisme" nouveau, qui, paradoxalement, est d'autant plus une tentation de ruse pour le voyageur narrateur », p. 223. Isabelle Morlin, « La Tentation romanesque dans les récits de voyage de la fin du XVIIe siècle », *Écrire des récits de voyage*, Marie-Christine Pioffet (dir.), p. 235.

l'affirme Adrian Pasquali, a cependant pour but non seulement de séduire un public mondain, mais également d'assurer la transmission du savoir[37]. Cette stratégie reste pourtant risquée à une époque où le voyage cherche à s'éloigner des merveilles des cosmographes du siècle précédent[38]. La transition d'un paradigme cosmographique à un paradigme plus réaliste du voyage se remarque dans l'écriture de Du Tertre qui, à l'évocation d'un vaisseau anglais que l'on dit chargé de pierres précieuses, de cochenille et d'une corne de licorne, prend soin d'ironiser : « je doute des pierreries, mais j'ay vu cette pretenduë Corne de Licorne, qui n'estoit qu'une corne de Rhinoceros, & encore fort petite ». (1667, tome I : 273) Le ton ironique souligne la distance par rapport au bestiaire médiéval et renaissant, mais la mention même prouve que le lien d'avec cet imaginaire n'est pas encore entièrement rompu.

Ce qui reste un défi pour un relateur écrivant des Antilles à cet égard, c'est qu'il doit susciter l'intérêt pour des terres déjà connues. Les emprunts aux techniques littéraires doivent se lire à la lumière de ce fait : quand un territoire n'a plus de secrets à découvrir et devient espace à coloniser, les curiosités requièrent un dispositif pour être dites[39]. Le récit dutertrien se situe en effet au moment-clé de la naissance d'un style qui tente de capter l'expérience en tant que telle – un empirisme moderne, dirait Justin Stagl, qui se standardise au cours du XVIIe siècle, dans un monde désormais entièrement visité, exigeant d'autres structures narratives et d'autres modes de récit pour transmettre le savoir[40].

Notamment, on peut remarquer que les expressions d'exotisme empruntent des traits à ce que Sylvie Requemora-Gros caractérise comme une dramatisation de la rencontre avec le lointain, typique de l'époque. La relation, écrit-elle, « recourt à des procédés dramaturgiques » et à un vocabulaire théâtral jusqu'à ce qu'elle se transforme en « pièce de théâtre, non dans la forme, mais dans

37 Adrian Pasquali, *Le Tour des horizons : Critique et récits de voyage*, Paris, Klincksieck, 2000. Il cite Françoise Weil : « Dans la mesure où il y a mise en forme de notre voyage, il y a littéralisation du récit, il y a sélection, transformation et une sorte de mensonge implicite », p. 22.

38 Voir Stephen Greenblatt, *Marvelous Possessions: The Wonders of the New World*, Oxford, Clarendon, 1991. Mary B. Campbell, *The Witness and the Other World: Exotic European Travel Writing (400-1600)*, Ithaca, Cornell University Press, 1988. Jean Ehrard, *L'Idée de nature en France dans la première moitié du XVIIIe siècle*, Chambéry, Bibliothèque générale de l'école pratique des Hautes Études, 1963 : « Dès la fin du XVIIe siècle, l'hydre à sept têtes, la licorne, le dragon, le sphinx et les hommes marins disparaissent des traités de zoologie sérieuse », p. 186-87.

39 Marie-Christine Gomez-Géraud, *Écrire le voyage*, p. 40.

40 Justin Stagl, *A History of Curiosity: The Theory of Travel 1550-1800*, Chur, Harwood Academic Publishers, 1995.

le réemploi d'une tonalité majestueuse ou comique et d'une rhétorique dramatisée, de manière, paradoxalement, à mieux rendre compte de la vérité des faits[41] ». On note de même chez Du Tertre une tendance à amplifier l'action dans une série de digressions qui tendent vers l'hypotypose. Que cela passe par le biais de l'hyperbole, de l'héroïsation d'un personnage ou de l'insertion d'une aventure captivante, la dramatisation de la relation opère une médiation de l'étranger et recourt à l'un des objectifs principaux de l'histoire dutertrienne : celui de remplir son livre « de toutes les choses les plus remarquables qui se soient passées dans les Antilles, habitées par les Français depuis environ trente-ans ». (1667, tome I : 6) Ce sont les *actions*, et non les curiosités, que l'auteur évoque d'abord, et on a l'impression que les événements relatifs à l'établissement se déroulent à vif devant nos yeux, sollicitant un goût pour le dramatique. Les récits enchâssés au fil de la narration racontant la prise des Îles relèvent clairement d'une théâtralisation souvent pathétique, parfois grotesque. De même, régulièrement entourées d'anecdotes, les descriptions des plantes et des animaux sont dramatisées.

La critique littéraire consacrée au récit de voyage tend à voir dans le voyageur-narrateur lui-même l'acteur principal de ce drame, sa vision se transformant en une sorte de marqueur d'énonciation narrative où le dire coïncide avec le voir[42]. La relation de Du Tertre laisse cependant apparaître une ambiguïté dans le statut du narrateur. Tout d'abord, ce n'est pas son propre voyage qui constitue le point de départ narratif : les deux éditions s'ouvrent sur le premier établissement d'Esnambuc à Saint-Christophe en 1625 ; il faudra attendre la deuxième section du deuxième tome en ce qui a trait aux traversées du missionnaire lui-même. Il est vrai que le « je » narratif fait surface tout au long du récit historique, pour marquer et rappeler régulièrement sa présence, afin de distinguer son récit de la production des voyageurs de cabinet. Cependant, Du Tertre, manifestement, ne se met pas en scène comme le sujet de cette relation, ce qui affecte la manière dont il présente l'ailleurs. Son discours est rempli de récits de violences dont le but était bien d'assujettir la population

41 Sylvie Requemora-Gros, « Voyager ou l'art de voguer à travers les genres », *Écrire des récits de voyage*, Marie-Christine Pioffet (dir.), p. 223. Voir aussi *id.*, *Voguer vers la modernité*, p. 266.

42 Nous nous référons à l'étude de François Hartog, *Le Miroir d'Hérodote : Essai sur la représentation de l'autre*, Paris, Gallimard, 1980. Hartog distingue deux types de postures du voyageur comme témoin : d'abord l'*historia*, qui sera la relation neutre des faits, et ensuite l'autopsie, qui réfère au récit à la première personne, et dont le principe narratif correspond à une sorte de réduction oculaire : « [...] il s'agit en effet de l'œil comme marque d'énonciation, d'un "j'ai vu" comme intervention du narrateur dans son récit, pour faire preuve » ; c'est le « témoin en tant qu'il sait, mais tout d'abord en tant qu'il a vu », p. 272.

et de dominer les territoires. Mais, pour autant qu'il veuille paraître supérieur aux peuples qu'il décrit, il ne nie pas la précarité de la présence française lors des premières années de l'établissement. Les Français ne savent pas cultiver la terre et ils sont constamment menacés par d'autres nations. Sans les leçons et l'aide des Amérindiens, le missionnaire n'aurait pu tirer ni profit ni savoir des Îles. Du Tertre semble donc être aux prises avec un double discours, cherchant à laisser deviner la précarité des conditions de vie dans la nouvelle colonie dans le but de recevoir plus de soutien du roi, tout en s'efforçant en même temps d'afficher un contrôle du territoire dont témoignerait son récit ; l'horreur de l'expérience décrite reflète autant une réalité vécue qu'un fantasme de l'espace étranger. Le missionnaire s'efforce de donner *l'impression* d'une colonisation qui puisse, malgré tout, réussir. La posture de supériorité n'est pas un préalable de la relation ; elle en est le produit.

De plus, les normes auxquelles Du Tertre doit se conformer ne laissent que peu de place à l'expression d'un sujet qui se présenterait comme un modèle d'autorité. D'autres voyageurs, aventuriers et commerçants peuvent raconter leur périple sous une forme héroïque, à l'image des romans d'aventures, se substituant au personnage du héros agissant. L'emploi de la première personne chez les missionnaires suit cependant un autre modèle, qui aspire à minorer au contraire le rôle joué par le narrateur dans l'histoire pour des raisons morales. Celui-ci visant l'exemplarité, il se doit de représenter le voyage comme une épreuve[43]. De même, la forme de l'histoire naturelle et morale exige une certaine impersonnalité (à ne pas confondre avec l'objectivité recherchée par les voyageurs des grandes explorations du siècle des Lumières). Ainsi, le sujet-narrateur missionnaire se retranche-t-il non seulement derrière une pieuse modestie, mais il semble également s'esquiver pour mettre en place une certaine conception du savoir et de sa transmission par l'écriture. Dans le contexte où vit et écrit Du Tertre, ni le savoir ni le pouvoir ne se manifestent dans le sujet, la subjectivité narrative risquant même de déformer la vision des choses[44]. Cela explique pourquoi il renvoie immanquablement aux sources et aux personnes réelles avec qui il a discuté de telle ou telle plante. De même, les éloges à Harlay, à ses supérieurs, la tendance à s'effacer derrière eux, l'annonce constamment reportée de l'intervention d'un narrateur à la première personne – tout ce qui entoure ici la relation de voyage doit être lu à la lumière

---

43 Friedrich Wolfzettel, *Discours du voyageur*, « […] c'est un voyageur qui, tout en faisant figure de pionnier et de héros, récuse le registre héroïque et s'attache à nous montrer la lourde tâche quotidienne et la besogne de tous les jours », p. 168.

44 Bernard Tocanne, *L'Idée de nature en France dans la seconde moitié du XVIIe siècle : Contribution à l'histoire de la pensée classique*, Paris, Klincksieck, 1978.

d'une théorie et d'une pratique épistémologiques. Ce sont ces instances qui garantissent en effet que le texte devienne savoir sur le monde. Car, comme Christian Licoppe l'a démontré, au XVIIe siècle, la question de la véracité est intimement liée à la constitution du récit et du savoir qu'il produit[45]. Il faut écrire de façon à ce que la forme serve de preuve au fond. C'est à travers le style, plutôt que par le biais du sujet narrant, que la relation donne à toucher et presque à vivre l'étranger.

45 Christian Licoppe, *La Formation de la pratique scientifique : Le discours de l'expérience en France et en Angleterre (1630-1820)*, Paris, Découverte, 1996, p. 10-14.

PARTIE 2

Revoir le paradis

∵

CHAPITRE 3

Réinventer la découverte

Dans la version manuscrite de l'*Histoire générale des Antilles*, Du Tertre compare la traversée de l'Atlantique aux limbes et l'apparition de la terre à celle du Christ ouvrant les portes du paradis aux voyageurs affamés. À la vue des Îles, « tout le monde trésaille de joie »[1]. En réalité, ni Du Tertre ni les autres voyageurs en route pour les Antilles ne croient plus rencontrer l'Éden de l'autre côté de l'Atlantique. Le rêve de trouver une mine ou une rivière remplie d'or persiste certes dans l'imaginaire des voyageurs – Du Tertre est par exemple persuadé d'avoir vu de l'or dans une des rivières de la Guadeloupe et consulte un chimiste pour faire des expériences sur les pierres qu'il y ramasse. (1667, tome II : 75) Mais cette curiosité, de pair avec le désir d'enrichir sa nation et sa mission, ne s'appuie pas sur l'illusion d'un paradis. Il sait, tout comme les autorités politiques européennes, que ces Îles déjà arpentées et inventoriées par les Espagnols ne renferment pas de richesses inépuisables et, comme l'économie des plantations n'est pas encore pleinement développée, elles ne sont importantes que d'un point de vue stratégique : les Antilles marquent l'entrée des Amériques et offrent ainsi aux Anglais, aux Hollandais et aux Français une tête de pont pour contester la domination espagnole[2].

Et pourtant, l'idée du paradis, ce que Philip D. Curtin appelle le « mythe de l'exubérance tropicale », reste intimement liée aux relations des Antilles, même après la disparition des éléments singuliers et merveilleux[3]. Dès les premiers textes, les Antilles sont présentées sous le signe de l'Éden terrestre, et le paradis se constitue vite comme discours – Vespuce décrit ces « îles d'une merveilleuse beauté et fertilité » et Pierre Martyr s'émerveille des paysages insulaires, enveloppés d'un printemps éternel. L'imaginaire paradisiaque deviendra l'un des réseaux signifiants les plus importants dans la construction de l'exotisme antillais, en lien étroit avec la notion de sauvage et avec l'espace insulaire. Et ce discours hantera l'écriture des îles caribéennes jusqu'aux écrits des auteurs contemporains[4].

1 Jean-Baptiste Du Tertre, *Histoire de la Guadeloupe*, p. 24.

2 Voir Benoît Roux, « Le prêtre et le Callínago ».

3 Philip D. Curtin, « The Environment Beyond Europe and the European Theory of Empire », *Journal of World History*, vol. 1, nº 2, 1990, p. 132.

4 Cités dans Régis Antoine, *Les Écrivains français et les Antilles*, p. 17-18. Les auteurs de la créolité, Patrick Chamoiseau et Raphaël Confiant, témoignent de la difficulté à décrire leur île natale, la Martinique, sur un mode réaliste, en raison de l'image paradisiaque. *Éloge de*

© CHRISTINA KULLBERG, 2021 | DOI:10.1163/9789004434967_005
This is an open access chapter distributed under the terms of the CC BY-NC-ND 4.0 license.

Les références au paradis jouent un rôle central dans le projet colonial français, tant dans ses commencements tâtonnants en 1625 lorsque d'Esnambuc débarque sur Saint-Christophe que dans ses développements jusqu'à la fin du siècle avec l'avènement de l'agriculture sucrière. C'est comme s'il fallait une illusion bien douce et bien ancrée dans la tradition biblique pour attirer les Français vers les Îles. Dans un texte à vocation promotionnelle, le capucin Hyacinthe de Caen, aumônier d'Esnambuc, le gouverneur fondateur des Îles françaises, vante par exemple la douceur de la vie aux Antilles. On peut bien, écrit-il,

> appeller paradis un lieu delicieux où est un esté perpetuel, tousjours la verdure aux champs, les fleurs et les fruits aux arbres qui sont tousjours en seve, les mois et les saisons toutes esgalles, tousjours les animaux en amour, qui engendrent continuellement sans se lasser, en plus que la terre en la production de ses plantes[5].

La description mobilise une panoplie de références visuelles aussi bien que textuelles de l'Éden, et l'aumônier n'est pas le seul à s'en servir comme métaphore pour promouvoir les avantages de ces espaces que les Français sont en train de conquérir. En fait, sur le fond sombre d'une France déchirée par la Fronde, toute une mythologie du paradis, liée à un imaginaire utopique de l'île, accompagne la description des nouvelles colonies et en fait un lieu d'évasion[6].

Rappelons-nous cependant avec Régis Antoine que si les voyages authentiques aux Îles laissent quelques empreintes sur Rabelais et Ronsard, dans l'ensemble, le « butin de cet exotisme est maigre »[7]. La mythologie insulaire qui fleurit trouve son inspiration ailleurs ; ancrée dans les textes de la Renaissance, liée aux îles fortunées où triomphe la fontaine de Jouvence, avec sa promesse d'une santé éternelle[8]. À côté de ces images fictionnelles et poétiques, les discussions religieuses, scientifiques et philosophiques relatives à la découverte du mode de vie des Amérindiens, qui prouverait la supériorité de la morale

la Créolité, et *id.*, *Lettres créoles : Tracées antillaises et continentales de la littérature : Haïti, Martinique, Guadeloupe, Guyane, 1635-1957*, Paris, Hatier, 1991.

5 Hyacinte De Caen, « Relation des îles de Sainct Christofle, Gardelouppe et la Martinique, gisantes par les 15 degrés au-deçà de l'Équateur », *La Colonisation des Antilles*, Réal Ouellet (dir.), p. 157.

6 Tradition qui trouve d'ailleurs ses origines au siècle suivant lorsque les guerres de religion font des Îles et des Amériques un refuge pour les juifs et les protestants, refuge bien précaire pourtant et certainement moins associé à l'idée du paradis. François de Dainville, *La Géographie des humanistes*, Paris, Beauchesne et ses fils éditeurs, 1940, p. 372.

7 Régis Antoine, *Les Écrivains français et les Antilles*, p. 23-24.

8 Gilbert Chinard, *L'Amérique et le rêve exotique*, p. 33.

naturelle sur la morale civile, se poursuivent tout au long du siècle sur un fond clairement inspiré de l'imaginaire paradisiaque. L'opposition entre nature et civilisation, la question du péché originel, l'égalité et la propriété, la question de la fraternité, le climat tempéré et le thème de l'oisiveté, tous ces sujets y apparaissent en relation directe avec cet imaginaire[9]. Le cannibale féroce qui fascinait les hommes de la Renaissance cède maintenant la place à la construction du « bon sauvage », liée à une certaine tradition utopique et dont le mythe s'épanouit pleinement au cours du siècle des Lumières[10].

Du Tertre figure parmi les écrivains-clés de cette construction du « bon sauvage » et de son monde. Il combine tous les thèmes relatifs au sauvage qui circulaient à l'époque et que l'on retrouve chez les voyageurs antérieurs. Au début du deuxième volume, il offre une sorte d'étymologie en ellipse de la toponymie des Antilles, qui arrache partiellement les Îles à la mythologie qui déjà les entoure :

> Ie ne m'arresteray pas pourtant à apporter les raisons, pour lesquelles ces endroits de terre sont nommez Antilles : non pas seulement, parce que plusieurs Autheurs ont traité amplement de cette matiere : mais aussi parce qu'il y a peu de personnes qui ne sçachent, que c'est parce qu'elles sont rencontrées les premieres par ceux qui font le voyage de l'Amérique, & que composant avec les autres, parmy lesquelles elles sont meslées, comme une barrière oblique, elles couvrent l'estenduë de ce vaste golfe du Mexique. (1667, tome II : 2)

L'idée selon laquelle le nom des Antilles trouverait son origine dans celui de l'île mythique d'Antilia – ou « île des sept cités » – est moins importante pour le missionnaire que l'histoire géopolitique qui pourrait fonder son identité. Ailleurs, Du Tertre se sert lui aussi du paradis comme métaphore promotionnelle mettant en valeur les avantages de ces espaces que les Français sont en train de conquérir. Mais dans l'*Histoire générale des Antilles*, la promotion des Îles n'est jamais aussi explicite que chez Hyacinthe de Caen et elle se mélange toujours avec des observations plus réalistes. Son usage de l'imaginaire paradisiaque s'avère être complexe et créatif.

Tout au long de son ouvrage, Du Tertre mobilise une multitude de dimensions (politiques, esthétiques, scientifiques, philosophiques et théologiques) de l'imaginaire paradisiaque pour construire sa version singulière de ce topos,

---

9 Voir John M. Prest, *The Garden of Eden: The Botanic Garden and the Re-Creation of Paradise*, New Haven, Yale University Press, 1981, p. 32.

10 Voir Christian Marouby, *Utopie et primitivisme*.

qui fera l'objet de notre analyse dans ce qui suit. De manière presque paradoxale, ce mythe semble apporter à sa représentation de l'étranger un dispositif dans lequel le relateur fait se croiser tradition livresque et expérience directe, domestication de l'espace naturel et mise en valeur de sa particularité. L'usage qu'il fait de ce trope rappelle en effet ce qu'Édouard Glissant a souligné tant de fois dans sa poésie et dans sa théorie : la colonisation ne peut se comprendre qu'en termes d'une puissante alliance entre une projection visionnaire et l'exploitation brutale des terres et des hommes qui est, elle, bien réelle[11]. Il y a le pays rêvé et le pays réel, dit-il, et cette double articulation est déjà présente au XVIIe siècle. L'une des caractéristiques de la culture de l'époque est effectivement à trouver « dans ce mixte entre histoire et imaginaire », écrit Sylvie Requemora-Gros[12]. Nous proposons ainsi, dans cette première partie, d'examiner comment l'imaginaire du paradis est actualisé dans l'écriture de Du Tertre, afin de comprendre la fonction qu'il occupe dans l'ensemble de la représentation de l'établissement.

1 Aux confins de l'ancien et du nouveau

Un détour s'impose tout d'abord, afin de rappeler les principaux acquis d'une histoire critique et philosophique déjà bien longue. La tradition chrétienne situe le paradis à l'est ; c'est Christophe Colomb qui le déplace vers l'ouest[13]. Cette relocalisation ne se fait pas d'emblée : à la recherche d'un passage vers l'Orient, Colomb, on le sait, croit être débarqué sur un archipel près du Cathay. Il est en effet généralement admis qu'en approchant des Îles, l'explorateur ne s'attend pas à découvrir quoi que ce soit de nouveau. Le lent déchiffrement des Antilles se place plutôt sous le signe du déjà-vu. Comme le dit Philippe Despoix, « c'est principalement sous la figure de la ressemblance que l'époque avait déchiffré ce que l'erreur de calcul géographique du navigateur dévoilait : une terre qu'il fallait à tout prix faire contenir dans la tradition biblique[14] ». Certes, Colomb est émerveillé devant la découverte de la nature verdoyante, d'autant plus qu'il est convaincu qu'elle recèle des trésors, et ce n'est qu'en

11 Voir par exemple son recueil de poèmes, *Pays rêvé, pays réel*, Paris, Gallimard, 2000.

12 Sylvie Requemora-Gros, *Voguer vers la modernité*, p. 354.

13 Pour un excellent survol des sources des théories du paradis terrestre, voir Friedrich Wolfzettel, *Le Discours du voyageur*, p. 80-82. Odile Gannier traite la continuité et les variantes du paradis dans les représentations des Antilles dans *Les Derniers Indiens des Caraïbes*, Matoury, Ibis Rouge Éditions, 2003.

14 Philippe Despoix, *Le Monde mesuré : Dispositifs de l'exploration à l'âge des Lumières*, Genève, Droz, 2005, p. 22.

réalisant peu à peu que ces terres sont plutôt pauvres et qu'elles ne sont pas connectées à l'Asie qu'il en vient à les associer à l'idée du paradis : lors de son troisième voyage aux Amériques, il est convaincu de l'avoir trouvé sur la côte de la Colombie[15].

Dans le prolongement des travaux de Steven Greenblatt et du *New Historicism*, on doit interroger non pas la validité de cette référence au paradis, mais sa fonction discursive. Dans son étude de l'écriture de Colomb, Peter Hulme a par exemple montré comment la plume du navigateur génois place la description de l'espace naturel de la Caraïbe dans un temps suspendu, lié à l'idylle et au paradis, ce qui n'est pas sans rappeler la définition postcoloniale de l'exotisme[16]. Hulme cependant en modifie l'interprétation. Dans le contexte de la Renaissance, suggère-t-il, la projection exoticante de l'espace et des peuples étrangers ne relève pas d'abord d'un jeu de pouvoir. En revanche, l'imaginaire paradisiaque opérerait selon une logique de remplacement : faute de trouver l'Orient et de l'or, Colomb inventerait, inconsciemment ou non, le paradis terrestre[17]. L'argument de Hulme permet de comprendre comment le discours paradisiaque relatif au contexte antillais intervient comme une instance médiatrice permettant d'articuler un exotisme géographique et spatial lié à l'idée de la nouveauté, à laquelle il donne d'ailleurs une valeur matérielle et spirituelle. Le voyageur découvre du jamais-vu dans un geste destiné à cacher le fait que la découverte est préparée, préméditée, et sera répétée.

> Le geste de « découverte » est en même temps une ruse visant à dissimuler le fait que ce même geste, qui est toujours aussi une ruse, sera ensuite répété tout au long d'une période de trois siècles, produisant une série de récits de la « première rencontre » entre les Européens et le Caribéen autochtone[18].

Ce geste ne nous livre pas un monde nouveau ou un paradis ; il sert à masquer ce que l'on ne découvre pas, à oblitérer ce qui échappe au regard et à la domination. La durabilité de cette ruse, qui permet à la scène de découverte d'être répétée tout au long de l'histoire de la colonisation sous la plume de maints

15 Voir par exemple l'analyse de Tzvetan Todorov dans *La Conquête de l'Amérique*, p. 24-30.

16 Peter Hulme, *Colonial Encounters: Europe and the Native Caribbean 1492-1797*, London, Methuen, 1986, p. 27-30.

17 *Ibid.*, p. 31-32.

18 *Ibid.*, « The gesture of "discovery" is at the same time a ruse of concealment. That the gesture, which is always also a ruse, should then be repeated over a period of three centuries, giving a series of narratives of the "first" encounter between Europeans and native Caribbean [...] », p. 1-2. Notre traduction.

voyageurs, suffit à faire comprendre sa force. Paradoxalement, c'est de l'inexistence même du paradis que dérive sa force, tout comme l'idée de la nouveauté, ce qui revient à dire que sa présence dans l'écriture est bien le résultat à la fois d'une réaction face à l'inconnu et d'un besoin de remplir cet inconnu de sens. De là, également, sa longévité. Le paradis est le terme qui vient se substituer à la nature des Îles en tant qu'elle se dérobe au regard du voyageur ; il remplit la case vide des attentes non comblées. Le réseau sémantique qui lui est lié est donc crucial par la fonction qu'on lui accorde dans un ensemble discursif plus vaste – théologique et colonial, bien sûr, mais aussi textuel et littéraire. À cet égard, et pour tout relateur des Antilles, il s'agit immanquablement d'insérer son récit dans la tradition mise en place par Colomb, tout en inventant une stratégie rhétorique capable de susciter une sensation de découverte, sans pour autant recourir à l'invraisemblable ou à l'observation du jamais-vu.

Alors quand Du Tertre, dans la deuxième édition, commence son livre par le récit de la colonisation des Antilles par les Espagnols, c'est justement pour motiver une *nouvelle* découverte des Îles. Il y a, dans l'histoire de l'humanité, dit le missionnaire, plusieurs exemples de cas où le désir de s'enrichir incita les hommes à quitter leur pays pour s'installer ailleurs, désir qui ne fut jamais aussi grand qu'après 1492, rappelle-t-il, quand les Espagnols auraient poussé à l'extrême ce penchant naturel. Dans leur soif d'or, ils auraient négligé leurs responsabilités civique et religieuse envers ces nouveaux pays :

> Car ceux-cy [les Espagnols] ayant esté attirez au fonds du Perou par l'avidité insatiable de l'or & de l'argent, & d'ailleurs manquant de monde pour peupler tout ce vaste Pays, laisserent imprudemment derriere eux, comme une chose inutile, les Ant-Isles de l'Amerique, qui depuis servirent de retraitte & de logement de tous ceux qui s'enrichirent de leurs dépoüilles ; & ces terres abandonnées, qu'ils nommoient par mépris *Kayes*, sont aujourd'huy si bien peuplées, & si bien fortifiées ; qu'elles sont en estat, non seulement de resister aux Espagnols, mais encore d'entreprendre la conqueste des riches Pays que cette Nation ambitieuse posse-de dans l'Amerique. (1667, tome I : 2)

Le monopole des Espagnols sur les Amériques n'est plus absolu en 1667, et Du Tertre cherche à construire une identité colonisatrice française qui serait différente de celle de ces derniers.

Il trouve son argument principal contre la *conquista* chez Las Casas : la cruauté de la conquête de l'Amérique est un crime contre la création divine. En même temps, il défend la colonisation sous le nom de la mission – coloniser permet de sauver l'âme de ces enfants de la nature, oubliés par Dieu. Dans cette perspective, l'exploitation nuit à la raison religieuse, puisqu'elle empêche l'évangélisation, donnant une mauvaise image des chrétiens. La colonisation « modérée », par contre, fait partie de la nature humaine, suggère Du Tertre, en passant du registre politique et évangélique à un registre moral. Vouloir améliorer son sort est un penchant naturel, mais qui peut être corrompu par l'ambition et l'appât du gain, et mener à la cruauté dans la conquête. Motivé par la perspective de s'enrichir, l'homme se croit maître de la création divine ; voilà le péché fondamental de toute la nation espagnole. Or, toujours en reprenant la posture de Las Casas, il étend cette critique aux actions des Français :

> Ie sçay bien qu'on pourroit m'alleguer que i'ay tres mauvaise grace d'écrire que Dieu veut priver les Espagnols des terres de l'Amerique, afin d'en gratifier les François, qui pour avoir moins fait mourir de Sauvages, n'ont pas esté moins barbares qu'eux ; eu égard qu'ils les ont chassez de l'isle de Saint Christophe, aussi bien que de celle de la Guadeloupe. (1654, tome I : 3-4)

Cela dit, contrairement aux Espagnols, les Français auraient payé leur crime à la manière des Israélites dans le désert, par les souffrances endurées lors de l'établissement de leur colonie. La première édition de l'*Histoire générale des Antilles*, notamment, tire son argument de la notion d'expiation, qui articule l'histoire de l'établissement en termes d'un procès entre Dieu et les hommes, auquel les Français se soumettent, tandis que les Espagnols choisissent de l'ignorer. À quelques exceptions près, qui servent plutôt à confirmer la règle, Dieu en cela serait clairement du côté des Français, les Espagnols ayant abusé du privilège divin qui leur avait été accordé après la découverte. Comme le souligne Doris Garraway, l'histoire de la colonisation française devient sous la plume de Du Tertre un « conte moral » qui repose sur une « fiction de réciprocité » où les Amérindiens donneraient leurs terres en *échange* de la foi chrétienne et de la civilisation, contrairement aux Espagnols qui arracheraient leurs terres aux habitants[19].

Du Tertre se réclame, du moins dans ce passage, d'un stoïcisme socratique et sénéquien dans sa mise en garde contre une exploitation abusive de la nature due à la curiosité humaine et au développement technique[20]. La violation de la terre qu'effectuent les Espagnols mènerait infailliblement à la rupture des rapports harmonieux entre homme et nature. Ainsi, le règne des conquistadores

---

19 Doris Garraway, *The Libertine Colony*, p. 42.

20 Pierre Hadot, *Le Voile d'Isis : Essai sur l'histoire de l'idée de nature*, Paris, Gallimard, 2004, p. 153.

est directement assimilé à un âge de fer, phase sombre de la civilisation humaine caractérisée par l'abus de la nature par l'homme. C'est une période, nous le rappelle Pierre Hadot en citant Ovide, où « [l']homme [...] pénétra jusque dans ses entrailles ; il en arracha ce qu'elle y avait caché, [...] les trésors qui irritent nos maux[21] ». Du Tertre ne cite pas Ovide mais il reprend à Las Casas sa critique de la cruauté des conquistadores et l'inscrit dans une mythologie qui lui permet de pousser l'argument plus loin, jusqu'à la dénonciation de ce qu'il considère comme un crime commis contre la nature.

C'est sur ce fond que Du Tertre promet un nouvel âge d'or pour les Antilles, où la nature à nouveau offrirait ses secrets à celui qui la contemple[22]. Le passage opère ainsi une reconfiguration de l'espace antillais dans le cadre d'une autre découverte. Aveuglés par la soif de l'or, les Espagnols ont mal *vu* les Îles. En revanche, les Français, s'ils savent apprécier les richesses dissimulées sur ces fragments de terre perdus en pleine mer, les transformeront en perles au terme d'immenses efforts. De cette manière, il arrive à donner l'impression d'avoir découvert le territoire, tout en admettant que l'espace raconté *n'est pas* radicalement nouveau. C'est en réussissant à voir ce que les Espagnols ont méprisé que les nouveaux colonisateurs ont pu peupler et fortifier les Îles jusqu'au point où ces *Kayes* résistent aux Espagnols et servent de tremplin à la conquête d'autres nations. Une nouvelle découverte se construit sur l'ancienne.

2 Une rencontre par étapes

L'*Histoire générale des Antilles* se présente ainsi comme une sorte de continuation et de réécriture ; il y a un côté processuel dans la manière dont le missionnaire présente les Antilles qui se perçoit jusqu'à la première vue des Îles. Lorsqu'ils aperçoivent la terre pour la première fois, les passagers du vaisseau dans lequel se trouve Du Tertre sont saisis de joie. « [À] ce seul mot de terre », écrit-il, « tous les malades sortirent du fond du vaisseau, comme des morts qui resuscitent de leurs tombeaux [...] » (1667, tome II : 48) Il s'ensuit une sorte de cérémonie à laquelle il participe, avec les autres passagers : « on chanta le *Te Deum*, en action de grace, & incontinent tous les passagers se mirent à faire voler toutes les vieilles guenilles de la traversée, plus dru que mouches dans la mer, & en suite à se peigner, se laver, se polir, s'ajuster, & faire parade de tout ce qu'ils avoient de plus beau pour aller à terre [...] ». (1667, tome II : 48-49) L'accent est mis sur les vêtements, les chants et la joie d'avoir survécu au

21 *Ibid.*
22 *Ibid.* p. 79 et 95.

voyage ; le premier regard sur le paysage insulaire en revanche est complètement éclipsé de la narration.

On ne peut qu'être frappé de cette lacune au cœur du texte du missionnaire, dépourvu de toute mention de ce que l'anthropologie contemporaine appelle le « choc de la première rencontre » et que l'on tient pour caractéristique aux voyageurs du début de la modernité aussi[23]. Chez Du Tertre, par contre, toute « découverte » est ensevelie sous des strates textuelles, reflétant les textes enchevêtrés dans le montage discursif qu'est la relation de voyage. La fiction de la nouveauté et de la découverte ne se fait pas à partir d'une rencontre événementielle, mais se produit dans le texte et par étapes ; elle y apparaît comme le résultat d'un processus de connaissance basée sur l'expérience, et qui ne se livrerait pas d'emblée au lecteur.

La raison de l'oblitération du premier face-à-face avec le paysage est en partie formelle : contrairement aux relations chronologiques, l'organisation thématique de l'*Histoire générale des Antilles* ne peut pas donner de lieu privilégié à la première rencontre, dans la mesure où le texte ne suit pas la logique du journal de bord. Le récit de la première confrontation à l'espace étranger n'intervient que dans le deuxième volume, après les descriptions topographiques des Îles, et cela, malgré le fait que le lecteur ait déjà croisé le sujet-narrateur dans le volume précédent traitant de l'histoire de l'établissement. On peut comparer cette approche stratifiée du monde à la mise en récit de la confrontation immédiate aux Îles chez Labat 50 ans plus tard : celui-ci, au contraire, porte un jugement direct sur elles dès sa première observation de la Martinique, n'y voyant qu'une « montagne affreuse[24] ». Contrairement à son successeur, Du Tertre place la rencontre avec la région tropicale dans un débat philosophique et religieux déjà bien ancien sur la question de l'habitabilité de la zone torride et, dans ce contexte, la référence au paradis apparaît pour la première fois.

Ayant quitté « la qualité d'Historien pour prendre celle de Météréologiste » (1667, tome II : 63), il discute sous le titre « Climat » les questions liées à la température et à la nature de l'air, et met le savoir des Anciens à l'épreuve du vécu :

> [...] car l'experience a fait voir dans la découverte de ce nouveau monde, que toutes les regions situées sous la Zone Torride, tant au-deçà, qu'au-delà, de la ligne équinoxiale, sont les plus benignes, les plus saines, & les plus tempérées de toutes les regions du monde, d'où vient

23 Voir Marshall Sahlins, cité dans Philippe Despoix, *Le Monde mesuré*, p. 99. Michel Mollat du Jourdin, « L'altérité, découverte des découvertes », *Voyager à la Renaissance*, p. 306.

24 Jean-Baptiste Labat, *Nouveau voyage aux isles de l'Amérique*, tome 1, p. 22.

> que plusieurs Theologiens ont tenu que la terre d'Edem, ou le Paradis terrestre, estoit situé sous l'Equinoxe, comme le lieu le plus agreable de toute la terre. (1667, tome II : 65)

Bien que le missionnaire adopte ici le langage de l'observation empirique, son regard sur l'archipel n'en est pas plus lucide ; au contraire, le savoir tiré des autorités anciennes vient classiquement faire obstacle entre ce regard et son objet. Le détail du paysage inconnu qui s'étale devant ses yeux n'apparaît pas, remplacé par le débat livresque que déploie le texte. Le résultat de cet exposé abstrait sera cependant confronté à la sensation personnelle de la douceur de l'air dans la zone torride, tantôt affirmée par un renvoi aux voyageurs précédents, soit ceux qui ont participé à la « découverte ». On voit là un exemple de « l'appel rhétorique à l'expérience » qui caractérise, selon Philippe Despoix, les premiers découvreurs européens : l'expérience n'est jamais livrée dans son immédiateté empirique, mais doit être mise en discours[25]. Suivant cette logique, la douceur du climat que Du Tertre peut lui-même ressentir à bord du navire vient introduire le rappel des théories sur la localisation de l'Éden terrestre dans un climat tempéré. Il revient ensuite à la description de ses propres observations :

> Ie trouve trois bonnes raisons de cecy : La premiere se peut tirer à mon jugement, de la route ordinaire du Soleil, qui sous l'Equinoxe paroist jamais plus de douze à 14 heures ; de sorte qu'égalant les jours avec les nuits, le peu de temps qu'il a eu pour échaufer l'air par sa presence pendant le jour, est suffisamment temperé durant autant de temps de son absence, par les fraischeurs de la nuit. [...] La seconde raison se peut prendre, de ce que toutes ces regions sont environnées, & s'il faut ainsi dire, lavées & raffraichies des eaux de l'Océan. [...] La troisième raison se prend des thresors de la Divine providence, qui outre les vents Alisés [...], ne manque jamais de faire lever un petit vent le plus agréable du monde [...]. (1667, tome II : 65-66)

L'imaginaire paradisiaque pénètre le discours savant et s'y déploie verticalement : depuis la bonté divine jusqu'au sol, en passant par les hommes et les animaux. De plus, l'orientation spatiale du passage lie deux motivations de l'établissement : l'espace béni de Dieu, qui invite les Européens à y prendre place et à en convertir les habitants, et les qualités paradisiaques de la terre, qui la rendent propice à l'exploitation et au profit. Du Tertre s'attarde sur les

25 Philippe Despoix, *Le Monde mesuré*, p. 22.

vents légers (brises et alizés), qu'il qualifie de « benediction toute particuliere de Dieu, qui est non seulement utile aux hommes & aux animaux ; mais encore qui rend la terre fertile, & luy sert beaucoup à la production de ses biens ». (1667, tome II : 66) Plaçant le sujet percevant au cœur de ce passage à base livresque, le voyageur peut dépasser l'opposition entre empirisme et savoir fondé sur une tradition, dans la mesure où il réinvestit l'autorité des Anciens tout en les confrontant au réel. L'appel à l'expérience est complexe : rédigé *a posteriori*, le passage inclut à la fois les observations faites sur le navire et celles qui sont déduites d'un vécu plus long sur les Îles. Ici comme ailleurs, le moment de la première rencontre se dérobe et se confond avec l'expérience à long terme.

On a souvent voulu voir là une rupture épistémologique opérée par le récit de voyage, comme si l'expérience directe des contrées lointaines vécue par l'observateur introduisait une autre configuration de la connaissance, propre à miner l'autorité des Anciens. C'est ce que suggère Michel Mollat du Jourdin : « La terre d'abord, ses habitants ensuite, n'étaient donc pas tels qu'une tradition livresque en avait transmis l'image[26]. » Or, dans l'*Histoire générale des Antilles*, l'érudition semble être en tension plutôt qu'en opposition avec l'observation directe. Le missionnaire puise dans une pratique intertextuelle ; loin de réfuter l'autorité livresque, il se borne à la nuancer à partir du vécu et l'intègre dans sa propre perception de l'espace étranger. Cette vision double, ancrée dans une tradition et dans le nouvel empirisme du voyageur, enveloppe l'espace insulaire, « ce cadre physique » qui, toujours selon Mollat du Jourdin, précède et détermine l'échange interculturel qui suivra. Placée entre les descriptions topographiques des Îles et les descriptions encyclopédiques de l'espace insulaire (flore, faune et habitants), la discussion livresque sur l'existence du paradis fait partie de l'inscription même du missionnaire dans le récit. À partir de là, le relateur peut mettre en place son propre discours du savoir sur les Îles, basé sur l'expérience qu'il en a faite.

L'imaginaire paradisiaque semble ainsi servir de prélude à la rencontre avec l'étranger en tant qu'instance médiatrice. Dans la description topographique de la Guadeloupe par exemple, le sujet-narrateur apparaît soudainement pour saisir l'expérience personnelle et sensuelle d'un monde autre, jamais vu, et la situe explicitement dans un cadre paradisiaque :

> Ie confesse que ie n'ay point gousté de delices plus agreables dans la Guadeloupe, que celle de se reposer à la fraischeur sous les arbres, le long de ces belles rivieres : car comme elles laissent apres ces débordemens,

26 Michel Mollat du Jourdin, « L'altérité, découverte des découvertes », p. 308.

> des millions de roches en confusion, vous entendez outre le murmure agreable du grand canal, mille petits gazoüillemens differens, qui en verité charment plus agreablement l'ouye que les plus excellentes musiques. Il n'y a rien aussi qui contente plus la veuë, que de considerer ces petits ruisseaux d'une eau plus claire que le crystal, s'entrelasser au travers de toutes ces roches. L'on ne sçauroit faire cent pas dans une de ces rivieres, sans trouver quantité de beaux bassins au naturel, où l'on se peut baigner à l'ombre, dans de tres-belles eaux. Pour ce qui regarde leur goust, il suffiroit de dire que se sont des eaux des roches ; mais i'adjouste en cherissant là-dessus, que i'ay pris garde, qu'on en peut boire tant qu'on voudra sans iamais s'en trouver mal, ny en ressentir aucune incommodité. En un mot, ces rivieres sont autant de petits Paradis, où tous les gens goustent innocemment les plus delicieux plaisirs, dont ils sont capables, dans leur pureté. (1667, tome II : 20)

Ce passage est l'un des rares moments où Du Tertre se représente lui-même en contact avec la nature tropicale. La scène promeut la Guadeloupe, ou du moins une partie de l'Île, comme un lieu d'agrément, et tous les sens sont évoqués dans la description : la douceur du climat sur la peau, l'agréable gazouillement des eaux, la délectation du regard et l'expérience elle-même, que le missionnaire vers la fin de la citation goûte comme un plaisir délicieux et innocent. La sensualité du passage est soulignée par un vocabulaire biblique qui assimile l'Île au *locus amœnus*. Le caractère remarquable du paysage environnant, marqué par l'emploi des superlatifs et par l'imposition d'un cadre biblique, se construit précisément au croisement entre l'expérience et l'intertexte dont nous venons de discuter. Notons que la réitération des tropes n'entre pas en concurrence avec l'expression de la subjectivité dans le passage. Bien au contraire, elle renforce les sensations du relateur.

Du Tertre produit ainsi à travers l'écriture une nouveauté déjà suggérée par des textes anciens, en recourant à la perception singulière qu'il a de ce monde qui lui est nouveau. L'exotisme n'est donc plus absolu ; il se transforme en une notion relative. Pour reprendre l'analyse de Marie-Christine Gomez-Géraud, on pourrait dire que l'étranger et l'inconnu s'élaborent « à partir de la notion de *connaissance directe* », mais que cette notion est redevable à la perspective narrative. « Ce que le voyageur *voit* pour la première fois », précise-t-elle, « sera traité comme objet inconnu du point de vue rhétorique descriptive, même s'il a été auparavant décrit par d'autres voyageurs[27]. » L'inconnu est toujours *étrange*, mais n'est plus nécessairement *nouveau* qu'à l'intérieur de la logique

27 Marie-Christine Gomez-Géraud, *Écrire le voyage*, p. 86.

du récit. Sous les couches multiples de l'écriture, qu'elle soit calquée sur les modèles bibliques et antiques ou qu'elle soit tirée de l'expérience directe, la rencontre avec l'étranger devient impossible à isoler dans le texte : c'est un produit du récit.

L'imaginaire paradisiaque a donc pour fonction de résoudre les tensions entre les différents modes de présentation du savoir auxquels le relateur est obligé de s'adapter. Il sert de point de repère autour duquel la représentation de l'espace étranger peut se consolider, et c'est par ce biais qu'il joue un rôle central dans le processus de traduction de l'ailleurs. À la lumière de l'analyse désormais classique qu'a proposée François Hartog de l'écriture d'Hérodote, on peut dire qu'il se manifeste comme « la marque, toujours présente » de la coupure entre l'ici et le lointain et « le signe, toujours repris, de leur suture ; coupure-suture, deux temps d'un même mouvement qui travaille le texte[28] ». Du point de vue littéraire aussi bien que savant, les éléments paradisiaques s'inscrivent dans le registre des curiosités qui attirent l'attention des lecteurs sans jamais les surprendre ; ils s'imposent en vertu de leur capacité à séduire le mondain tout en satisfaisant le savant et le religieux. Opérant ainsi à mi-chemin entre référentialité et projection, le discours du paradis se montre profondément plastique. Il ne cesse de se transformer, jusqu'à devenir une métaphore mélangée avec d'autres mythes et imaginaires, tels que l'âge d'or, les îles fortunées ou l'Acadie, mythes exprimant un penchant à la fois primitiviste et utopique. Mais grâce à cette polysémie, justement, il permet au relateur de forger dans la trame du récit une spatialité où l'étranger peut se dire, un espace entre connu et inconnu. Les références au paradis se présentent dès lors comme une discursivité passagère, cruciale dans la représentation des Îles.

28 François Hartog, *Le Miroir d'Hérodote*, p. 249.

CHAPITRE 4

Les seuils du paradis

À l'instar de l'archipel caribéen, décrit dans l'avis au lecteur comme la « préface des Amériques » ou comme *les Ant-isles*, c'est-à-dire à la façon d'un espace qu'il faudrait nécessairement traverser afin d'atteindre la terre ferme, l'imaginaire du paradis se présente comme une sorte de seuil. Comment ce discours frontalier affecte-t-il l'organisation de la présentation du monde étranger ? Dans un sens, sans s'inscrire directement dans la tradition de l'*isolario*, le livre lui-même ressemble à la géographie qu'il décrit, à un archipel, constitué d'îlots discursifs qui s'étendent à l'infini[1]. La comparaison n'est pas sans rappeler ce que Gérard Genette caractérise comme les « seuils » ou les « franges » d'un texte, à savoir le paratexte qui enveloppe et prolonge le texte, le transformant ainsi en livre[2].

La relation de voyage du XVIIe siècle est littéralement enveloppée de paratextes, dont la diversité excède largement celle de la liste proposée par Genette[3]. Celles qui sont publiées en grand format, notamment, comme l'histoire de Du Tertre, en sont remplies à tel point qu'il semble que la paratextualité doive entrer dans la définition générique de la relation de voyage. La paratextualité effectue une sorte de compartimentation matérielle du discours et donne la priorité à une démonstration qui ne passe pas par l'échange oral, mais par la lecture. « Le lecteur », écrit Henri-Jean Martin, « cesse ainsi d'*écouter* en lui-même le discours reproduit sur la page : il *regarde* celle-ci et parfois la *parcourt* un peu à la manière d'une carte[4] ». Le lecteur s'oriente lui-même dans les îlots textuels que le livre donne à voir.

---

1 Dans la mesure où la matière de l'*Histoire générale des Antilles* est l'archipel caribéen, elle prend forcément les traits d'un « recueil d'îles », racontant les îles les unes après les autres en faisant voir la singularité de chacune. Voir Frank Lestringant, *Le Livre des îles : Atlas et récits insulaires de la Genèse à Jules Verne*, Genève, Droz, 2002, ainsi que l'ouvrage qu'il a édité, *Îles et insulaires (XVIe-XVIIe) siècles*, Paris, Presses de l'université Paris-Sorbonne, 2017. Éric Fougère, *Les Voyages et l'ancrage : Représentation de l'espace insulaire à l'Âge classique et aux Lumières (1615-1797)*, Paris, L'Harmattan, 1995.

2 Gérard Genette, *Palimpsestes : La littérature au second degré*, Paris, Seuil, 1982, p. 7.

3 Sur l'importance du paratexte dans le genre viatique, voir Réal Ouellet, « Le paratexte liminaire de la relation : le voyage en Amérique », *Cahiers de l'association internationale des études françaises*, vol. 42 nº 1, 1990, p. 177-192.

4 Henri-Jean Martin, *La Naissance du livre moderne : Les métamorphoses du livre français*, Paris, Cercle de la Librairie, 2000, p. 328.

© CHRISTINA KULLBERG, 2021 | DOI:10.1163/9789004434967_006
This is an open access chapter distributed under the terms of the CC BY-NC-ND 4.0 license.

Il ne s'agit pourtant pas uniquement de la disposition du savoir. Selon Genette, le paratexte indique la zone qui lie le texte au contexte et à une certaine politique. Cette dernière, qu'elle soit articulée par l'auteur ou par l'éditeur, Genette la renvoie à un sujet de discours. Cela dit, il est difficile, voire impossible, de démêler le paratexte auctorial du paratexte éditorial d'un ouvrage écrit sous mandat. Comme le soulignent Helen Smith et Louise Wilson dans *Renaissance Paratexts*, en s'appuyant sur les travaux d'Arthur Marotti, le paratexte à la Renaissance correspond à des « zones où des sources et des autorités multiples, et quelquefois concurrentes, sont la norme[5] ». Cette pratique paratextuelle se poursuit au XVIIe siècle. La multiplication de ces seuils nous rappelle que la voix auctoriale du voyageur n'est pas seulement présente pour assurer la véracité du témoignage. Le paratexte garantit l'échange entre le texte et son lecteur, affichant une stratégie destinée à séduire le lecteur mondain, à satisfaire le savant avide d'information comme le simple amateur de curiosités, et enfin à convaincre le lecteur aventureux de se joindre à l'effort de colonisation des Îles. Moyennant quelques aménagements, la conception genétienne du paratexte en tant qu'il constitue entre « texte et hors-texte, une zone non seulement de transition, mais de transaction » s'avère donc éclairante pour la relation de voyage du XVIIe siècle[6]. Zone transitoire, espace d'échange entre le narrateur et le narrataire, mais aussi le mandataire, le paratexte apparaît bien comme le « lieu privilégié d'une pragmatique et d'une stratégie, d'une action sur le public au service, bien ou mal compris et accompli, d'un meilleur accueil du texte et d'une lecture pertinente[7] ».

Dans l'*Histoire générale des Antilles*, le paratexte ne se borne pas à l'espace préfaciel ; il imprègne le texte. La structure thématique et architecturale de l'ouvrage fait en sorte que les seuils réapparaissent chaque fois qu'une nouvelle partie est introduite, et ils peuvent se glisser à l'intérieur même d'une partie pour préparer le lecteur à une séquence narrative particulière. Il y a donc des paratextes internes qui se multiplient. Non seulement chaque chapitre porte-t-il un titre indiquant le sujet traité, mais le sujet est lui-même introduit par des passages qui se distinguent de l'histoire racontée, fonctionnant comme autant de *captationes benevolentiae*. C'est surtout le paratexte interne qui est opératoire ici, dans la mesure où il met en valeur la façon dont l'exotisme se déploie dans une stratification de la relation de voyage, dont l'organisation

---

5 Helen Smith et Louise Wilson, *Renaissance Paratexts*, Cambridge, Cambridge University Press, 2011: « zones where multiple, and sometimes competing, authorities and sources are the norm », p. 8. Notre traduction.

6 Gérard Genette, *Palimpsestes*, p. 8.

7 *Ibid.*

thématique permet au lecteur de commencer sa lecture n'importe où dans le livre et d'en reprendre ailleurs le fil, sur le mode de la consultation. Les cadres du récit invitent à cette sorte de lecture aléatoire ; ils équilibrent l'ensemble, facilitent l'orientation du lecteur et se présentent comme des frontières textuelles que ce dernier pourra franchir comme il le veut.

1 Encadrer les descriptions

L'imaginaire paradisiaque se déploie précisément dans les paratextes internes ; c'est particulièrement le cas de celui que propose Du Tertre des Autochtones. Dans l'édition Langlois de 1654, il commence par prendre position contre les fausses idées répandues en Europe, selon lesquelles la zone torride serait un « séjour d'horreur et de supplices » et « le sauvage », un monstre. Il suffit de mentionner les Amérindiens pour qu'aussitôt « la plupart du monde se figure dans leurs esprits une sorte d'hommes Barbares, cruels, inhumains, sans raison, contrefaits, grands comme des geants, velus comme des ours : En fin, plustost des monstres que des hommes raisonnables [...] », (1654, tome II : 396) nous rappelle Du Tertre. Ce qui se présente ici comme une défense de l'Amérindien est en réalité un discours bien inséré dans le colonialisme français de l'époque, et dont le propos sert une critique de la *libido dominandi* des Espagnols, mais également de l'ambition impériale anglaise qui entre en concurrence avec la France pour posséder les Îles. Le propos du missionnaire changera d'ailleurs légèrement dans la deuxième édition, celle de 1667. L'exposition des préjugés contre les « sauvages » et leur monde est maintenant remplacée par une critique de la description des Amérindiens par de Rochefort qui, d'après Du Tertre, en présente une image largement embellie :

> Ie prie pourtant le Lecteur de m'excuser, si ie ne les fais pas si polis que le sieur de Rochefort les a faits, en quelques endroits de son livre, puisque ie suivray en cela le sentiment de la pluspart de ceux qui les ont frequentez, qui m'ont protesté plusieurs fois, qu'ils ne les reconnoissoient plus dans la peinture qu'il en a faite. (1667, tome II : 355)

Le dominicain se conforme sur ce point à une pratique répandue dans les relations de voyage : il construit sa propre description en opposition à d'autres textes, afin de renforcer la crédibilité et l'originalité de sa relation[8]. Comme

8 Voir à ce sujet Réal Ouellet, « Le paratexte liminaire de la relation » : « Plutôt que concurrence mesquine, il faut voir là un trait spécifique de la relation de voyage : non seulement le

il ne peut pas accuser de Rochefort d'être un voyageur de cabinet, il met en valeur la durée de son propre séjour aux Antilles pour mieux se distinguer de son rival et faire valoir ses observations longuement mûries. Le savoir que Du Tertre veut transmettre à son lecteur est présenté comme le fruit d'un processus d'observations, de réflexions, mais aussi de discussions avec d'autres savants. C'est cette expérience patiemment acquise qui constitue la base d'un savoir à la fois solide et modéré. Contre l'idéalisation aussi bien que contre la démonisation de l'Autochtone, Du Tertre offrirait donc une description plus fidèle de la réalité.

Le discours qui suit a cependant de quoi surprendre ; dans un décor cette fois marqué par les stéréotypes, l'imaginaire du « sauvage » fait en effet irruption :

> Or comme j'ay fait voir que l'air de la Zone torride est le plus pur, le plus sain & le plus temperé de tous les airs, & que la terre y est un petit Paradis tousiours verdoyant, & arrousé des plus belles eaux du monde : il est à propos de faire voir dans ce traité, que les Sauvages de ces Isles sont les plus contens, les plus heureux, les moins vicieux, les plus sociables, les moins contrafaits, & les moins tourmentez de maladies, de toutes les nations du monde. Car ils sont tels que la nature les a produits, c'est à dire, dans une grande simplicité & naïfveté naturelle : ils sont tous égaux, sans que l'on connoisse presque aucune sorte de superiorité ny de servitude ; & à peine peut-on reconnoistre aucune sorte de respect, mesme entre les parens, comme du fils au pere. Nul n'est plus riche, ny plus pauvre que son compagnon, & tous unanimement bornent leurs desirs à ce qui leur est utile, & precisément necessaire, & méprisent tout ce qu'ils ont de superflu, comme chose indigne d'estre possedée. (1667, tome II : 356-57)

Cette partie, contenant l'histoire morale des Amérindiens, est sans doute le passage du livre qui a reçu le plus d'attention. Destiné à guider la lecture, ce discours introductif peint une toile de fond où se développera le portrait de l'Amérindien. On trouve ici une des rares occurrences du mot « paradis » dans l'*Histoire générale des Antilles*, et Du Tertre y déploie une série de topos paradisiaques. Au lieu de la description d'un site réel où habitent les Autochtones, on retrouve des références indirectes aux descriptions antérieures – on y reconnaît notamment l'essai *Des cannibales*, même si le texte de Montaigne n'est pas cité directement. Du Tertre ne se constitue donc pas dans cette introduction à la description morale comme un témoin oculaire, mais comme un lecteur ; ce

suspense narratif doit tenir le lecteur en haleine, mais encore l'exotique qu'elle déroule sous les yeux du lecteur doit apparaître comme *nouveau* […] », p. 190.

qu'il traite est l'image de l'Amérindien telle qu'elle est répandue en Europe. L'Autochtone est présenté dans un décor stéréotypé, calqué sur le modèle édénique, avec des références aux théories sur le climat et à la géographie des zones torrides.

Du Tertre opère ici entièrement à l'intérieur de la répétition discursive, et non dans le domaine référentiel normalement associé à la description dans une relation de voyage. L'accumulation des superlatifs, caractéristiques du discours paradisiaque et présentés sur un axe paradigmatique, nous éloigne de la rencontre réelle avec les Amérindiens. En renvoyant à un imaginaire détaché de la réalité décrite, les références textuelles censées renforcer la véracité du propos donnent au contraire au passage un aspect fragmentaire. Philippe Hamon l'a bien démontré : au lieu de représenter le monde comme un tout cohérent, ce type de liste d'attributs et de généralités contribue à faire éclater la réalité qu'elle est pourtant censée capturer[9].

La description suscite ainsi un monde profondément paradoxal. Le pêle-mêle des attributs, des traits et des caractères des Autochtones ne peut pas s'harmoniser au sein de ce « petit Paradis tousiours verdoyant ». De la description stéréotypée et idéalisée de l'espace naturel s'ensuit donc un portrait tout aussi idéalisé que fragmentaire de la figure de l'Amérindien. En fait, le passage finit par inscrire celui-ci dans le décor d'une nature elle-même fantasmée. L'Autochtone mérite d'être décrit, car il est tout aussi *particulier* que la nature antillaise :

> [...] en verité nos Sauvages ne soient Sauvages que de nom, ainsi que les plantes & les fruits que la nature produit sans aucune culture dans les forests & dans les deserts, lesquelles quoy que nous les appelleions Sauvages, possedent pourtant les vrayes vertus & les proprietez dans leur force & dans leur entiere vigueur, *que bien souvent nous corrompons par nos artifices, & alterons beaucoup, lors que nous les plantons dans nos jardins*. (1667, tome II : 356 ; nous soulignons.)

Tandis que la différence entre les Antilles et l'Europe est bien mise en valeur, l'analogie entre les plantes sauvages et les Autochtones fait de l'espace naturel antillais un ensemble homogène sans rupture de continuité entre les hommes

9 Philippe Hamon rappelle que le descriptif ne renvoie pas à un référent, mais à une mise en ordre, à une mise en classement sémiologique. *Du descriptif*, Paris, Hachette, 1993, p. 60. Il est difficile de ne pas penser à Bakhtine, qui analyse un style insulaire marqué par la syncope, la parataxe ou la phrase en éventail, typique du paysage idyllique. Voir Mikhaïl Bakhtine, *Esthétique et théorie du roman*, Paris, Seuil, 1978, p. 254.

et la nature. On se croirait dans une description préromantique de ce rapport, qui serait impensable s'il était question ici de l'homme européen et de son inscription dans la nature. La mise en ordre humaine ne reflète plus l'harmonie divine – c'est la *nature sauvage* qui en devient le miroir, et cette conception de la nature est intéressante pour un texte écrit au milieu du XVIIe siècle, d'autant plus qu'elle n'est pas très illustrative pour comprendre l'idée générale de la nature dans l'*Histoire générale des Antilles*, comme nous le verrons. Sauvage, le paysage ne ressemble ni à un décor façonné par l'homme ni à l'idée d'une nature parfaite, vierge, reflet idéal de la création divine. Ici, c'est l'Amérindien, le « Sauvage » dans son habitat naturel, qui vit comme les plantes produites « sans aucune culture », et qui seul peut rappeler la création de Dieu. Si sa nature semble ainsi parfaite, sa culture apparaît bien sûr perfectible aux yeux du missionnaire. Par exemple, « le front plat & le nez camus » des Amérindiens « ne [proviennent] pas d'un défaut de nature, mais de l'artifice de leurs meres, qui mettent leurs mains sur le front de leurs enfans pour l'aplatir & l'élargir tout ensemble […][10] ». (1667, tome II : 357-58) Mais à la différence du propos de Montaigne, la critique de la soumission des Caraïbes à un ordre « civilisé » s'articule ici à un projet politique colonial spécifique. La culture caribéenne est mauvaise dans la mesure où il lui manque la religion chrétienne, mais aussi en raison de l'influence pervertissante d'une autre culture dominante, celle apportée par les colons français : « ie puis dire avec verité, que si nos Sauvages sont plus ignorans que nous, qu'ils sont beaucoup moins vicieux, voire mesme qu'ils ne scavent presque de malice que ce que nos François leur en apprennent[11] ». (1667, tome II : 358)

La partie historique qui précède la description a déjà exposé les effets de cette influence culturelle qui dénature l'Amérindien. Se construit ainsi un discours de domination par bienveillance qui se donne pour but de sauvegarder

---

10 Frank Lestringant fait remarquer que le nez écrasé est dans la littérature de voyage du XVIe siècle la « caractéristique des peuples inférieurs appelés à être dominés », mais que cette malédiction ne concerne pas les Amérindiens du Brésil : « L'écrasement du nez n'est pas chez eux congénital, mais le fruit d'un usage aberrant. Les Cynocéphales ne sont pas tels "naturellement, mais artificiellement". » *Le Cannibale*, p. 53. Du Tertre semble partager ce point de vue.

11 On pourrait à ce propos s'étendre sur une thématique répandue des récits de voyage qui est celle de la religion primitive des « sauvages ». Bernard Tocanne identifie un schéma typique aux récits de missionnaires, qui esquisse une religion primitive corrompue par des « prêtres imposteurs annonçant une religion prétendue révélée ». Voir *L'Idée de nature en France dans la seconde moitié du XVIIe siècle*, p. 273. Comme le thème de la mission même est relativement absent de l'ouvrage de Du Tertre, ce schéma ne s'impose pas. Par contre, notre missionnaire évoque souvent l'influence négative des « imposteurs » européens selon un schéma semblable à celui qu'identifie Tocanne.

la nature de l'Autochtone tout en lui refusant toute transformation et en niant son inscription dans une temporalité historique. Ce qui est déploré ici, c'est le monde vierge d'avant l'exploitation coloniale, perdu à jamais.

La position du discours introductif qui entoure la description laisse comprendre que ce tableau s'élabore à partir d'autres textes et n'émane pas de l'observation directe. Il est teinté d'une nostalgie qui, selon Jean Delumeau, prend son sens dans le cadre d'une époque classique où l'on rêve de retrouver l'âge d'or parce que l'on a abandonné l'idée que l'Éden terrestre existe vraiment[12]. Ces renvois implicites à un topos contemporain montrent bien que le passage crée un espace intertextuel qui introduit une distance par rapport au monde raconté. La description anthropologique se détache ainsi étrangement du monde qu'elle se propose de décrire. C'est un éloignement conceptuel qui s'impose pour mieux rapprocher le lecteur de l'étranger. À travers les références au paradis que tout lecteur peut reconnaître se construit un espace homogène sur lequel Du Tertre pourra ensuite déployer ses tableaux des mœurs antillaises.

Cette fonction paradoxale du paratexte interne qui crée une distance par rapport à la réalité pour mieux nous en rapprocher apparaît avec plus de clarté encore dans les estampes incluses dans l'édition de 1667, où l'idéalisation d'une nature tropicale paradisiaque prend un autre tour. Dans la figuration des Amérindiens que proposent les illustrations de Leclerc, ce n'est pas l'exubérance tropicale qui règne, mais l'harmonie, ce qui nous resitue dans le cadre du jardin que Du Tertre vient pourtant de réfuter comme étant étranger à l'Amérindien. C'est, pour ainsi dire, la version visuelle classique du « bon Sauvage », dont la représentation rompt radicalement avec les illustrations de l'Amérique du siècle précédent, largement dominées par l'imaginaire de la férocité cannibale[13].

La gravure de Leclerc est fortement architecturée et centralisée ; elle impose un filtre culturel français à la présentation de la nature antillaise : un homme et une femme posent à côté d'un papayer franc. L'arbre a une double fonction ; il sert de support à la description moraliste que présente le texte – l'espèce de l'arbre est précisée avec un renvoi à la page où se trouve la description – et il

---

12 Jean Delumeau, *Une histoire du paradis : Le jardin des délices*, Paris, Fayard, 1992, p. 152-53. Cette nostalgie coïncide avec la mise en valeur du jardin. Voir aussi Jean Céard, « Avant-propos », *Voyager à la Renaissance* : « À la différence du Barbare, que la tradition humaniste et l'antiquité avaient en quelque sorte assimilé en lui conférant un statut au sein d'une dialectique linguistique et socio-culturelle de la barbarie et de la civilisation, le Sauvage est le primitif qui vit au sein d'une nature exubérante et vierge, ignorant les lois les plus élémentaires de la société – et surtout de la société urbaine, modèle européen de la société et de la sociabilité [...] », p. 14-15.

13 Voir à ce sujet Frank Lestringant, *Le Théâtre de la Floride*.

ILLUSTRATION 3 *Papayer franc, homme et femme sauvages*, Sébastien Leclerc
SOURCE GALLICA.BNRF.FR / BIBLIOTHÈQUE NATIONALE DE FRANCE, DOMAINE PUBLIC

fonctionne en même temps comme support visuel à l'illustration des hommes. La femme couvre son sexe d'une feuille de papayer alors qu'elle se tourne vers l'homme de l'autre côté de l'arbre ; l'allusion à Ève évoque ainsi le débat sur le statut de ces infidèles, dans la théologie de la création et de la chute. L'homme en revanche est nu, mais sa pose en *contrapposto* relie cette nudité à celle de la statuaire antique autant qu'à l'imaginaire de la sauvagerie. Seuls les objets – une sorte de hache, des flèches, des ornements (colliers, ceintures, bracelets autour des bras et des genoux, plumes) – et une corbeille portée par la femme permettent d'identifier l'origine ethnique des modèles. Les traits sont plutôt européens, la femme a le profil d'un Botticelli, et leurs corps musclés, grands et équilibrés correspondent à l'idéal classique ; ils ne portent pas les cheveux longs, et seule une petite plume évoque la couleur locale[14]. L'ensemble – l'arbre, l'homme et la femme – forme presque une voûte, rappelant ainsi l'idée d'un seuil vers ce monde des Caraïbes que l'arrière-plan de l'illustration nous laisse seulement deviner. Le papayer tient lieu d'élément architectural de l'illustration et joue par là le rôle de charnière entre la nature édénique sauvage et le jardin où les Français auraient « cultivé » ces « plantes sauvages », pour reprendre la formulation de Du Tertre ; s'il est plus cultivé que sauvage, l'arbre porte toutefois des fruits mûrs et succulents en abondance, rappelant ainsi le printemps éternel qui règne dans ce paradis « tousiours verdoyant » esquissé plus tôt dans l'*Histoire générale des Antilles*.

2 Retour à la fiction

Entre le passage introductif idéalisé et le contenu même de la section sur les Amérindiens, on observe un décalage au niveau de l'organisation du texte et de l'écriture elle-même, dans la mesure où le style de l'introduction est répétitif, tendant vers la généralisation, alors que la description qui suit est dominée par l'observation, souvent personnelle. Quant à l'illustration, elle obéit évidemment à d'autres règles : en tant que représentation de l'autre, elle joue à la fois sur l'étrangeté, par l'introduction d'objets exotiques américains, et sur les exigences de la représentation de la belle nature[15]. Le travail du graveur

---

14 Comme François de Dainville le rappelle à propos des gravures dans les œuvres de Thevet : « La beauté de ses sauvages, dont les anatomies et les physionomies dénotent l'influence de l'antiquité et évoquent les figures de l'école de Carrache, ont plus fait pour établir le prestige de "l'homme de la nature" que les éloges de vingt relations », *La Géographie des humanistes*, p. 160.

15 François Moureau, *Le Théâtre des voyages : Une scénographie de l'âge classique*, Paris, Presses de l'université Paris-Sorbonne, 2005, p. 38.

témoigne ainsi de ce que l'illustration du voyage commence alors à se formaliser et, comme l'a démontré François Moureau, « fait l'économie d'une "poétique de l'espace" que condamne le principe de transposition objective[16] ». Les gravures de Leclerc ne tentent pas de reproduire mimétiquement le réel ; elles sont indicatives d'une certaine conception du monde étranger.

Bien que la représentation visuelle soit soumise à d'autres codes que le passage introductif idéalisé, ces deux expressions partagent un même rapport marginal à l'histoire racontée par la relation. On pourrait dire avec Roland Le Huenen qu'elles ont une autre « relation formelle à l'ordre du temps[17] ». Mais si Le Huenen repère une distinction entre l'ordre temporel de la narration et celui de la description, la manière dont le relateur encadre les différentes parties de son ouvrage ajoute une complication temporelle au sein même du régime descriptif chez Du Tertre. Car les discours introductifs opèrent un retour à la fiction, donc à une autre temporalité que celle que l'on retrouve dans le corps du texte. L'imaginaire paradisiaque, façonné à l'image du sauvage, introduit une pause dans la narration et refuse à l'Amérindien la mobilité aussi bien que la contemporanéité, comme si la société autochtone existait dans une temporalité différente à celle de la société des habitants français. Il y aurait déjà chez Du Tertre alors ce que Johannes Fabian identifie comme le schéma temporel qui régit le fondement de l'anthropologie, à savoir un *denial of coeavalness*[18]. L'espace prend la relève sur le temps et marque le retour à une idéalisation de la nature qui affecte aussi la conception de l'homme autochtone. Le rêve de l'âge d'or propre à la pensée de l'époque est ici empreint d'un certain primitivisme : Du Tertre esquisse les traits d'un paysage statique qui tend vers le pictural et dont l'organisation visuelle ressort avec force. L'introduction ne progresse ni selon l'ordre chronologique de l'histoire de l'établissement de la colonie ni au rythme des descriptions des Autochtones, qui inscrivent un savoir dans le récit. Elle se construit sur une temporalité stagnante, idyllique, entièrement intertextuelle. Dans cet espace, le portrait stéréotypé de l'Amérindien permet au relateur à la fois d'assouvir les attentes du public et de maintenir à distance l'idéalisation qu'il vient de créer.

L'histoire morale semble ainsi soumise à deux régimes d'écriture différents : un régime littéraire et un régime factuel. Le régime littéraire ou poétique domine le paratexte interne, tandis que le factuel régit le corps de la description et de la narration qui en découlent. Dès que l'on avance dans la description

16 *Ibid.*, p. 41.
17 Roland Le Huenen, « Le récit de voyage : l'entrée en littérature », p. 48.
18 Johannes Fabian, *Time and the Other: How Anthropology Makes its Object*, New York, *Columbia University Press*, 2014 [1983], p. 17.

ou que l'on se reporte à la partie historique de l'ouvrage, on remarque que les énumérations d'idées et d'images préconçues se font plus rares, même si certains stéréotypes émergent ici également. Les scènes d'échanges avec les Autochtones sont par exemple émaillées de mentions de vieillards qui seraient âgés de plus de 150 ans, exagération qui relève du registre paradisiaque. Mais en général, l'histoire racontée nuance les généralisations stéréotypées, autant négatives que positives, en prêtant attention aux détails et en incluant des anecdotes que Du Tertre tire de ses propres rencontres avec les Amérindiens. Il convient ici de suivre Marie Maclean lorsqu'elle distingue le texte du paratexte en s'appuyant sur la théorie des actes locutoires, afin de préciser la différence de niveau qui existe entre le corps textuel d'un livre et le paratexte :

> Les paratextes impliquent une série d'actes illocutoires de premier ordre dans lesquels l'auteur, l'éditeur ou le préfacier utilisent fréquemment des performatifs directs. Ils informent, persuadent, conseillent ou même exhortent et dirigent le lecteur[19].

Même si, dans le cas de la relation de voyage, ni le texte ni le paratexte n'appartiennent pleinement à un régime fictionnel, le propos de Maclean reste utile ici. L'énonciation diffère dans les parties introductives et dans la narration. Les séquences textuelles qui ouvrent certains chapitres font clairement entendre une voix auctoriale qui cherche à instruire et à préparer son lecteur, tandis que la voix narrative rapporte les événements historiques ou les anecdotes du séjour. Autrement dit, le passage introductif ne contient pas une description de ce que le missionnaire aurait *vu*, mais offre un tableau répondant aux *attentes* du public.

Le passage qui introduit la description anthropologique, notamment, a une fonction qui évoque l'*ut pictura poesis*, au sens où sa référence n'est pas ce qui se présente aux yeux de l'observateur[20]. Puisque les descriptions visuelles et textuelles sont à ce point formalisées, la nature qu'elles donnent à voir se

---

19 Marie Maclean, « Pretexts and Paratexts: The Art of the Peripheral », *New Literary History*, vol. 22, 1991, p. 274. Aussi cité dans Smith et Wilson, *Renaissance Paratexts*, p. 10. « The paratexts involve a series of first order illocutionary acts in which the author, the editor, or the prefacer are frequently using direct performatives. They are informing, persuading, advising, or indeed exhorting and commanding the reader. » Notre traduction.

20 Reprenons à ce propos la définition de la description par Philippe Hamon : « un savoir (de mots, de choses) est non seulement un texte déjà appris, mais aussi un texte *déjà écrit* ailleurs, et la description peut donc être considérée toujours, peu ou prou, comme le lieu d'une réécriture, comme un opérateur d'intertextualité ; *de-scribere*, rappelons-le, étymologiquement, c'est écrire *d'après* un modèle ». *Du descriptif*, p. 48.

détache de la réalité et s'approche d'une *représentation*, construite sur l'effacement de tout objet original, authentique. Contrairement à ce que l'on peut croire, une telle géographie imaginaire ne nuirait pas à la constitution d'un savoir. L'historien obéit aux règles, comme le fait l'artiste ou l'écrivain classique cherchant à donner à la nature une forme intelligible. Les stéréotypes tiennent lieu de fond commun, universel, sur lequel le relateur, comme le poète et le peintre, peut communier avec le Vrai[21].

Les passages introductifs s'imposent donc, mais selon une autre discursivité que celle de l'histoire racontée. Cela explique pourquoi Du Tertre, comme tant d'autres, puise aussi bien dans les sources textuelles que dans les sources iconographiques disponibles et situe le lecteur au cœur du lieu commun d'une nature sauvage qui n'est pas sans rappeler les paysages bucoliques[22]. S'attendant à trouver ce type de paysage, le lecteur de l'époque identifiait son statut particulier dans le texte et pouvait lire cette introduction comme une *captatio benevolentiae* à cette sous-partie descriptive consacrée aux Amérindiens des Îles plutôt que comme un passage mimétique ou référentiel[23]. À cet égard, il faut également nuancer le propos de Bernard Tocanne qui, à la lecture précisément du passage introductif à la description des Amérindiens chez Du Tertre, suggère qu'« [i]nterprétant leur expérience à travers leurs souvenirs littéraires de l'âge d'or ou la tradition théologique de l'Éden, les Européens ont cru retrouver la nature[24] ». En fait, cette redécouverte de la nature n'est que formelle ; elle doit être interprétée à la lumière de la structure complexe du livre et de la variété des fonctions assumées par les différents discours qui coexistent dans la relation. Le passage introductif ne s'appuie pas sur la logique du discours savant ou de la philosophie ; il procède à une idéalisation comparable à celle que l'on pourrait retrouver dans la représentation d'un paysage bucolique dans un roman.

La relation est donc construite sur des discours contradictoires qui se déploient sur des plans narratifs distincts. Ils peuvent coexister grâce aux frontières établies dans le récit même par le truchement des parties introductives, qui jouent à la fois le rôle d'intermédiaires et de démarcations. Ainsi, le discours paradisiaque tient-il ensemble la partie historique et la partie descriptive : d'un côté, il appartient à une réflexion philosophique et théologique ; de l'autre, il sert de décor dans certains endroits précis de la relation. En gros, il

---

21 Bernard Tocanne, *L'Idée de nature en France dans la seconde moitié du XVIIe siècle*, p. 324.

22 Peter Hulme, *Colonial Encounters*, p. 32.

23 Voir Helen Smith et Louise Wilson, *Renaissance Paratexts*, p. 4-5.

24 Bernard Tocanne, *L'Idée de nature en France dans la seconde moitié du XVIIe siècle*, p. 199. Voir aussi l'analyse de Christian Marouby qui va dans le même sens, inscrivant les propos de Du Tertre dans une tradition primitiviste. *Utopie et primitivisme*, p. 109.

remplit la fonction de médiateur, et ce grâce à son détachement par rapport à la diégèse viatique, c'est-à-dire par rapport à l'histoire de l'établissement et à ce que le missionnaire a vu et vécu aux Îles. Si l'on prend en considération la cohérence même de l'oscillation qui parcourt la relation, il devient difficile de conclure qu'il s'agit d'une simple contradiction ou de la faiblesse d'un relateur qui ne se déciderait pas à prendre parti. L'image idéalisée de l'Éden sauvage trouve sa justification logique dans l'organisation interne du texte. Plutôt que de voir dans les passages itératifs une reproduction mimétique de la nature et de l'Amérindien, il faut donc conclure que le relateur produit une géographie transitoire, comme si le texte cherchait partout à faciliter le passage au monde étranger. Une fois le seuil vers l'étranger franchi, l'auteur peut s'éloigner du tableau idéalisé et itératif afin de livrer au lecteur sa version de ce qu'il a d'abord lu, avant de l'observer aux Îles. C'est cette transition que semble mobiliser l'exotisme : son objectif principal n'est pas de doter un espace réel d'attributs exotiques, mais bien de créer un passage vers un monde lointain.

CHAPITRE 5

Paradis colonial

Bien que la présence européenne aux Amériques date déjà de plus d'un siècle lorsque Du Tertre se rend aux Antilles, jusqu'à l'intervention de Colbert en 1664, l'établissement des Français aux Îles reste marqué par ce désordre, rappelant ce chaos que Serge Gruzinski décrit dans les premières étapes de la conquête de l'Amérique par les Espagnols : on cherche à dominer un territoire sur les ruines de l'ordre qui y régnait antérieurement[1]. La disparition de cet ordre crée des zones floues où ce qui est autochtone se mélange avec ce que les Européens apportent de l'Ancien Monde. Comme pour contrebalancer la démesure qui marque le début de la colonisation, la description géographique des Antilles va chercher son point de départ bien loin de l'espace archipélagique des Amériques. Ainsi commence l'*Histoire générale des Isles*, dans l'édition Langlois de 1654 :

> I'ay souvent admiré dans l'Antiquité prophane l'avanture de deux petits jumeaux nouvellement nez, qui apres avoir esté jettez dans le Tybre, recueillis par une louve, qui leur fit office de mere, & élevez dans une cabane de Berger ; ont esté comme la semence feconde qui a produit ce grand arbre de l'Empire Romain, dont les branches se sont étenduës & multipliées par l'Univers. (1654, tome I : 1-2)

En bon lecteur de Pierre le Martyr[2], Du Tertre prend du recul pour présenter les Îles à travers le filtre d'un imaginaire antique. Ce cadre familier confère du sens à l'étrangeté. Partir de la fondation de Rome n'est pas anodin : l'empire français aspire alors à prendre la place de l'empire romain comme berceau de l'Église et de la civilisation occidentale. La deuxième édition de l'*Histoire générale des Antilles*, celle publiée par Jolly en 1667, suggère que la stratégie a réussi. Il n'est plus alors question d'inscrire la colonie française dans une mythologie antique et biblique. Au contraire, l'histoire de l'établissement prend directement sa source dans la politique coloniale contemporaine. Ce changement annonce

1 Serge Gruzinski, *La Pensée métisse*, Paris, Fayard, 1999, p. 68 ; voir aussi p. 54-56.

2 Voir Antonello Gerbi, *Nature in the New World: From Christopher Columbus to Gonzalo Fernández de Oviedo*, Pittsburgh, University of Pittsburgh Press, 1985, p. 62-63. Pierre le Martyr introduit deux tropes importants : la mise en question de la critique de la nature américaine et la vision du Nouveau Monde comme continuation de l'Antiquité, p. 71.

© CHRISTINA KULLBERG, 2021 | DOI:10.1163/9789004434967_007
This is an open access chapter distributed under the terms of the CC BY-NC-ND 4.0 license.

une attitude fondamentalement différente par rapport au projet colonial. Pendant les 13 ans qui séparent les 2 éditions, la France a consolidé sa présence en Amérique et elle a changé de règne depuis la majorité de Louis XIV et la politique de Colbert. En 1667, c'est effectivement le fait colonial qui forme la base de la relation, affirmant par là aussi le succès de cette entreprise.

Le lien avec l'Antiquité a aussi une portée épistémologique. Il serait à comprendre comme une tentative pour inscrire les Îles dans l'histoire et la mythologie européennes, afin de rompre avec l'imaginaire de la Renaissance qui faisait des Amériques un espace étrange et mystérieux, un vide à remplir. « Le chroniqueur arrache l'histoire des Antilles à son enracinement flibustier pour la situer dans une perspective humaniste et providentielle », écrit Ouellet[3]. Frank Lestringant parle lui d'un mouvement circulaire, rattachant l'Ancien Monde au Nouveau : à travers les renvois à l'Antiquité, le voyageur rend compte du gouffre de l'Amérique pour l'intégrer dans une symbolique portée par le roi[4]. L'espace américain démythifié permet une description plus objective, moins fantaisiste, de la nature qui lui est propre. Un discours conquérant accompagne l'opération, marqué par l'emploi de symboles destinés à donner l'impression que le règne français est prédestiné. Signe d'une transition conceptuelle dont les Îles font l'objet, le rattachement à une histoire mythologique européenne suggère que la colonisation elle-même subit ce que Lestringant appelle ailleurs un « processus d'allégorisation ». La lutte des premiers habitants acquiert un plus haut sens, qui la rattache à l'histoire de la nation. Ce genre de passage « fait du Nouveau Monde, non pas exactement le miroir fidèle, mais l'idéal perdu de l'Ancien[5]. »

Il s'agit ici d'abord d'une sorte d'hétérochronie selon laquelle, d'après l'expression de Thomas Pavel, le missionnaire perçoit « le temps présent comme organiquement rattaché au temps de jadis[6]. » Un tel dédoublement n'est pas rare. Remarquons pourtant que l'idéal perdu de l'Ancien Monde ne fait pas chez Du Tertre l'objet d'une déploration. Au contraire, il sert à construire un pont entre les deux mondes, entre une mythologie antique et une nouvelle

---

3 Réal Ouellet, *La Relation de voyage en Amérique (XVIe-XVIIIe siècles) : Au carrefour des genres*, Québec, Presses de l'Université Laval/éditions du CIERL, 2010, p. 45. Marie-Christine Pioffet propose que le renvoi à l'Antiquité « implique toujours quelque regret du monde initial, un désir de ressourcement », *La Tentation de l'épopée*, p. 38.

4 Frank Lestringant, « Fictions de l'espace brésilien à la Renaissance : l'exemple de Guanabara », *Arts et légendes d'espace : Figures du voyage et rhétoriques du monde*, Christian Jacob et Frank Lestringant (dir.), Paris, Presses de l'école normale supérieure, 1981, p. 232.

5 *Id.*, « L'Exotisme en France à la Renaissance », p. 12.

6 Thomas Pavel, *L'Art de l'éloignement : Essai sur l'imagination classique*, Paris, Gallimard, 1996, p. 37.

mythologie coloniale à composer. Dans l'*Histoire générale des Antilles*, cela s'exprime dans des passages comparatifs où des épisodes tirés de la mythologie grecque et biblique sont convoqués pour mettre en relief une sorte de contradiction merveilleuse entre la difficulté de la vie aux Îles et la production des richesses dans la colonie. Les habitants auraient par exemple subi le même sort que les Israélites pendant l'Exode ; ailleurs, la colonie flotte sur l'océan caribéen comme Moïse sur le Nil. (1654, tome I : 17) À l'instar de toutes les figures mythiques choisies par Du Tertre parce qu'elles triomphent de leurs difficultés, la petite colonie, qui ressemble au départ à un bout de terre perdu dans l'océan entre trois continents, est appelée à dominer le Nouveau Monde[7]. On dirait en effet que, suivant le modèle de la *renovatio* de la Renaissance, le missionnaire cherche non pas seulement à reproduire l'idéal antique perdu, mais à le réinventer dans le cadre du Nouveau Monde. Ce dédoublement du temps est essentiel à la figuration de l'étranger. En effet, comme l'a bien montré François Moureau, l'exotisme « n'est pas spatial, il se fonde sur un rapport au temps qui annule celui que l'homme classique aurait pu entretenir avec l'espace – *major e longinquo reverentia*. C'est l'Antiquité qui est le point de fuite, la mise en perspective de l'ici et de l'ailleurs, plus que d'éventuels lieux ou mœurs du temps présent[8] ». L'Antiquité et la Bible (notamment l'Ancien Testament) interviennent comme un truchement entre deux ordres spatiaux incompatibles, et c'est à partir de cette mise en perspective que le relateur peut écrire un lieu où cohabitent le même et l'étranger.

Construite sur les réminiscences de l'Antiquité perdue, cette nouvelle communauté est partagée entre la France et les Antilles. De là résulte un nouveau mythe, propre à une colonisation française dont la promotion se fonde sur l'imaginaire paradisiaque. Les notions associées à l'existence « sauvage » – la liberté, l'égalité – sont ensuite utilisées pour décrire la vie des habitants français des Îles. Ici, nous promet le missionnaire, « point de difference de Noble, & de Routier, entre les habitans, celuy qui a plus de bien est plus considéré ; car il n'y a que les Officiers qui tiennent rang, ainsi les richesses seules font la distinction entre les autres ». (1667, tome II : 474) Plus loin dans le même passage, Du Tertre précise que « [l]a façon de vivre du pays est si agreable, & l'on y vit dans une liberté si honneste, que ie n'ay pas veu un seul homme, ny une seule femme qui en soient revenus, en qui ie n'aye remarqué une grande passion d'y retourner ». (1667, tome II : 476) Le même topos se laisse lire dans un proverbe plaisant, qui affirmerait que

7 L'allusion fait aussi référence au roi-enfant, Louis XIV. Nous remercions Frédéric Tinguely de nous l'avoir signalé.

8 François Moureau, *Le Théâtre des voyages*, p. 57.

> […] les Isles estoient l'enfer des hommes François, & le Paradis de leurs femmes ; & au contraire, qu'elles estoient l'enfer des femmes Sauvages, & le Paradis de leurs maris ; parce que les femmes Sauvages travaillent comme des esclaves, & font tout, pendant que leurs maris se promenent ou s'arrachent la barbe ; & que les François s'éventrent à force de travailler, pendant que leurs femmes ne se mettent en peine que de faire les belles. (1667, tome II : 475)

Le comique repose sur le filage de la métaphore paradisiaque, mais il se présente aussi comme un trope interculturel qui permet de rapprocher les différents modes de vie des habitants des Îles. On trouve en effet dans le portrait de la nouvelle communauté coloniale plusieurs passages où le mode de vie autochtone vient se superposer à la description de la société coloniale française, remodelée selon le modèle républicain hérité de Platon, et en fonction de l'image de l'âge d'or empruntée à Ovide. Ce que la société coloniale emprunte aux Autochtones, c'est surtout leur *liberté*, notion articulée en opposition au système sociétal européen et en lien étroit avec la notion de propriété. Aux Îles, la hiérarchie sociale n'est ni arbitraire ni donnée de droit ; elle est un produit de la nature : on améliore son sort et on se crée une position d'éminence grâce aux richesses accumulées par le travail et non pas par héritage. Une telle liberté sauvage se lit comme le résultat de la vie dans un espace naturel tropical et insulaire qui n'est pas territorialisé ni objet de propriété comme il l'est en Europe. Par conséquent, les Français transplantés de l'Ancien Monde aux Îles peuvent aussi espérer jouir « d'une plus grande liberté que ceux qui restaient chez eux[9]. » En s'adaptant à l'environnement, la société coloniale retrouverait le naturel que l'Europe avait perdu.

1 Construire un paradis

La vision de la nouvelle communauté coloniale sous ses traits paradisiaques apparaît, elle aussi, dans les parties introductives, pour faire écho à la représentation édénique du « bon sauvage ». Une image utopique de la vie aux Îles précède aussi la description des habitants français, comme si l'idéalisation du « sauvage » (naturel et humain) venait se greffer à la représentation de la colonisation. Il s'agit d'une fiction destinée à former ce que l'on pourrait appeler, pour reprendre l'expression du sociologue Benedict Anderson, une

9 Geoffrey Atkinson, *Les Relations de voyage au XVIIe siècle*, p. 35.

« communauté imaginaire », fondant un discours nationaliste avant la lettre[10]. Dans le cadre d'une telle reconstruction identitaire et géographique, et à travers les réitérations d'un discours sur la nature sauvage, Du Tertre élabore sa propre variante du discours paradisiaque.

Dans l'introduction à la première partie de la première édition de l'*Histoire générale des Antilles*, Du Tertre plonge en effet son lecteur dans une géographie symbolique ancrée dans l'imaginaire caribéen :

> Mais ie puis dire, sans rien donner à la flatterie, que l'establissement de nostre Colonie Françoise dans les Isles Cannibales n'est pas moins émerveillable, ny moins étonnant. Car si nous considerons avec attention son commancement & son progrez, nous la verrons naistre comme une petite source, qui se dégorgeant insensiblement par des voyes connuës seulement de Dieu, malgré les obstacles des montagnes, & les contradictions des hommes, va innonder les plus belles terres de l'Amerique. Elle vous semblera d'abord ruïnée tout à fait dans sa naissance, & vous remarquerez en mesme temps, que recueillant les pieces de son débris, elle se restablit sur ses propres ruynes contre toute sorte d'esperance, & avec tant d'avantage & tant de succez, que toute abandonnée & toute persecutée, mesme qu'elle estoit de ceux qui la devoient maintenir, elle remplit desia d'habitans François plusieurs belles terres capables de composer autant de Provinces. (1654, tome 1 : 2)

On peut ici détecter un mouvement de retour à la géographie antillaise après le détour par l'Antiquité sur lequel s'ouvre la relation. Cette nouvelle mythologie propre à la région se distingue du primitivisme qui caractérise l'imaginaire paradisiaque lié au sauvage. Le « petit paradis toujours verdoyant » est maintenant associé à la férocité cannibale. Il ne s'agit plus de saisir le décor d'une nature tropicale édénique, mais d'admirer la transformation des Îles elles-mêmes, de l'état de nature sauvage à l'état de nature cultivée.

À la différence de l'image paradisiaque brossée au début de la description des Autochtones, cette version du paradis se déroule dans une temporalité étroitement liée à la colonisation, loin de la stagnation temporelle de la nature édénique sauvage[11]. Les marqueurs temporels du futur préparent le lecteur à

10 Nous nous référons ici à l'ouvrage de Benedict Anderson *Imagined Communities: Reflections on the Origin and Spread of Nationalism*, édition révisée, New York, Verso, 2016 [1983].

11 Pour une analyse des dimensions temporelles dans l'ouvrage de Du Tertre voir Christina Kullberg, « "Like Moses on the Nile": Competing Temporalities in Jean-Baptiste Du Tertre's *Histoire générale des Antilles habitées par les François* (1654/1667) », *Time and*

ce qui va venir en même temps qu'ils orientent la description vers le progrès. « L'établissement de nostre Colonie Françoise » est comparé à une source, un élément naturel associé à l'imaginaire paradisiaque et fondamental de la fondation d'une communauté. L'analogie permet d'inscrire la colonie dans le paysage antillais, mais le site qu'évoque Du Tertre rappelle autant le paysage antique d'une toile bucolique de la Renaissance que l'espace naturel des Îles tropicales. Les éléments constitutifs de ce paysage sont des ruines architecturales, dont les morceaux et les débris suggèrent l'existence d'un passé glorieux, comme des vestiges antiques dans un paysage latin. La force du rapprochement ne vient pas tant de ce qu'il permet de donner vie aux habitants, mais de ce qu'il permet d'accumuler pour les réemployer les « pieces de son débris » – tout comme la France accumule et crée à partir des ruines laissées par les Espagnols, et améliore ainsi les Îles jusqu'à la perfection. L'opération repose sur une double temporalité : les ruines évoquent le passé avec une pointe de nostalgie, tandis que le discours lui-même s'oriente vers l'avenir. Curieusement, c'est dans l'élan vers l'avenir, la naissance (évoquée deux fois) et le lent progrès de la colonie que s'ouvre un autre espace paradisiaque, celui des « plus belles terres capables de composer autant de Provinces ».

Cette vision est aussi codifiée que l'idéalisation du bon sauvage et rompt d'avec la narration factuelle. Mais si ces parties introduisant les descriptions des Amérindiens s'inscrivent dans une tradition livresque et viatique, l'enjeu des passages offrant la vision idéalisée de la communauté coloniale est différent. Si le relateur utilise des références analogues, c'est cette fois pour fonder un nouveau discours. On le voit clairement dans la longue introduction qu'il donne à la partie consacrée à la description des habitants (français) des Îles dans l'édition de 1667 :

> L'on peut facilement juger, parce que j'ay dit dans la premiere Partie de cette Histoire, en faisant le recit de l'establissement des Colonies Françoises, qu'à les considerer dans cét estat, & dans celuy auquel elles sont aujourd'huy, il y a quelque rapport à ce qui arriva au commencement du monde : qui n'estant qu'une masse confuse, & sans agrément, n'eut pas plustost receu l'ordre & la disposition que la divine Sagesse y establit, qu'il parut un ouvrage digne de la puissance qui l'avoit tiré du neant. En effet, c'est à peu prez de cette maniere que l'on doit parler de nos Colonies, tirées ce semble du neant, à cause de la foiblesse de leurs commencemens, qui nous ont fait voir tant de confusions & de desordres,

---

Temporalities in European Travel Writing, Paula Henrikson et Christina Kullberg (dir.), London, Routledge, à paraître.

> qu'elles ressembloient veritablement à un cahos remply de tenebres, qui n'a esté démeslé dans la suite des temps, qu'avec des peines incroyables & des travaux infinis : & si nous les voyons maintenant dans un estat pareil à celuy du monde, lors qu'il fut éclairé de la lumiere du Soleil, nous en avons l'obligation à nostre triomphant Monarque, qui à guise d'un Soleil éclatant porte ses rayons dans ces Pays éloignez, par les soins extraordinaires qu'il prend de les conserver, & de les maintenir dans la paix & dans le repos, & d'y faire naistre l'abondance de toutes sorte de biens. (1667, tome II : 419-420)

L'analogie entre la fondation de Rome et l'établissement des colonies françaises paraît à présent bien modeste à côté de cette comparaison avec la création du monde. C'est en quelque sorte le « geste de découverte » (*gesture of discovery*) dont parlait Hulme[12], poussé à l'extrême : si les Espagnols découvrent de nouvelles terres, les Français créent un monde lorsqu'ils mettent en ordre la masse confuse de ces terres nouvelles. Dans cette optique, Du Tertre introduit dans sa relation une temporalité supplémentaire, qui ne serait ni celle de l'Antiquité, ni celle des îles précoloniales placées hors du temps, mais une temporalité qui relie l'historicité européenne au vide achronique dans lequel existeraient les peuples amérindiens : le temps futur de la colonisation. C'est ce temps, celui du progrès introduit par les colons (français) capables de démêler tel « cahos remply de tenebres », qui ordonnera toute l'écriture et permettra la reconfiguration de l'exotisme.

Cette forme d'historicité qui l'emporte sur le spatial afin d'introduire dans l'ordre de l'écriture la productivité et le progrès réapparaît aussi dans les passages qui introduisent les descriptions topographiques des Îles. C'est comme si Du Tertre cherchait à diminuer la portée de l'espace, qui tend à dominer le discours descriptif de la topographie, en encadrant son évocation par le récit du développement de l'Île :

> Il est vray que dans ce premier estat, ces Pays n'avoient rien que de rebutant. Les peuples qui les habitoient estoient Barbares, les Terres incultes, ne produisoient rien qu'apres un travail inconcevable, & les vaisseaux n'ayant point accoustumé de les frequenter, nos premiers François perissoient souvent, par la main de ces Barbares, succomboient sous le faix du travail, ou manquoient des choses qui leur devoient estre apportées de dehors. Mais depuis que les Sauvages ont esté rangés à la raison, que les terres ont esté défrichées, & que les vaisseaux ont fait voile de ce coste

12 Peter Hulme, *Colonial Encounters*, p. 1-2.

> là, toutes choses y abondent maintenant, & rien n'y manque, soit pour la necessité, soit pour la délicatesse de la vie. (1667, tome II : 420)

Les Îles que le voyageur tient pour chaotiques sont en effet déjà colonisées. Il ne s'agit pas forcément de montrer que les Autochtones seraient la cause du désordre répugnant qui caractérise le paysage insulaire. Certes, les Îles avaient été laissées aux mains des « Barbares » qui n'avaient pas pris soin de rendre la terre productive. Mais le terme de « barbare » reste flou dans ce contexte et semble renvoyer autant aux précédents habitants européens (conquistadors, flibustiers, engagés et gouverneurs cruels) qu'aux Amérindiens. Encore une fois, la cible de Du Tertre est la négligence des Espagnols qui, préoccupés uniquement par la conquête des continents, ont plongé les Îles dans une instabilité politique dont ont pu profiter notamment les flibustiers. L'autre cible visée par le passage est la politique des autorités françaises, lesquelles n'ont pas suffisamment soutenu la colonie. Et pourtant, malgré les obstacles et contre toute attente, celle-ci a su faire fructifier ces terres « incultes » et préparer la récolte des âmes aussi bien que celle des richesses.

Dans ces passages liminaires, le missionnaire insiste sur les difficultés et les efforts immenses déployés pour surmonter ces obstacles afin de faire de la colonie entière le héros de l'aventure. C'est la représentation imaginaire d'une stratégie réelle que Du Tertre résume ainsi dans une autre partie du livre : « L'isle se peuploit se découvroit, s'embellissoit & devenoit meilleure de iour en iour. » (1654, tome II : 58) Après des années de guerres, de famines et de maladies, la tyrannie n'existe plus et la paix est conclue avec les Amérindiens.

On en arrive donc à constater avec Geoffroy Atkinson qu'« à la base de l'esprit exotique, d'une façon plus ou moins confuse, se trouve constamment l'idée de progrès, l'idée d'améliorer la condition sociale, politique ou intellectuelle des hommes[13] ». Atkinson se réfère plus spécifiquement à un exotisme qui emprunte le regard de l'autre pour critiquer sa société dans le but de l'améliorer. Il semble qu'un esprit de progrès analogue influence aussi la représentation de la société française coloniale installée dans les pays lointains – sauf que la situation est quelque peu inversée. Dans le contexte de la relation dutertrienne, le monde extérieur ne sert pas seul de modèle pour améliorer la société européenne. C'est plutôt le contraire. Par sa puissance sublime, le roi de France « porte ses rayons dans ces Pays éloignez » et leur donne une « disposition » qui les rend florissants et fait « naître l'abondance et toutes sortes de biens » ; ses sujets, de leur côté, contribuent par les « peines incroyables » qu'ils

13 Geoffroy Atkinson, *Les Relations de voyage au XVIIe siècle*, p. 174.

subissent et par leurs « travaux infinis » aux « soins extraordinaires qu'il prend de les conserver », pour créer un nouvel âge d'or[14].

L'objet de l'étonnement et de l'admiration n'est plus alors la nature ou la société lointaines, mais le développement de la colonie : ce n'est en effet qu'avec l'arrivée des Français qui se mettent au travail et réorganisent l'espace naturel que les Îles prennent leurs traits paradisiaques et deviennent aussi harmonieuses qu'elles étaient potentiellement riches. Tout au long du texte, la portée du travail est relevée comme un éloge indirect de la politique coloniale qui achève le travail de Dieu et répand la grandeur de la France. L'idée que la France embellit les terres lointaines n'est certainement pas unique, mais Du Tertre l'intègre de façon systématique à plusieurs niveaux de sa relation et la place toujours dans un cadre édénique[15]. Les motifs propagandistes sont savamment enveloppés dans un pli du discours paradisiaque qui avait commencé à s'articuler au XVIe siècle, surtout chez les protestants, et incluent le travail dans la vie édénique[16]. Conçu sous cette forme, l'espace antillais se remplit ainsi d'autres merveilles que la licorne et l'homme à tête de chien : les merveilles du labour de l'établissement. En d'autres mots, il arrache l'exotisme américain à son origine antisociale pour y introduire l'idéal du progrès et proposer ainsi une nouvelle variante de l'Éden : le paradis colonial.

Productivité, travail et beauté sont inséparables dans cette conception de l'étranger, suggérant que la notion de production n'a pas encore pris un sens entièrement utilitaire, mais renvoie autant à la production d'un paysage qu'au profit que l'on pourrait tirer d'une terre[17]. On assiste à la transformation d'un espace naturel en territoire par l'écriture, qui configure celui-ci en un paysage-décor chargé de signification. Ainsi, l'exubérance naturelle et la douceur du climat sont remplacées par la vision d'un autre espace idéalisé, modelé par la main de l'homme. Autrement dit, l'idée d'un paradis colonial repose sur une certaine esthétique ; à son fondement se trouve le beau et elle requiert *une forme*.

L'importance de la mise en ordre ressort également dans les gravures de Leclerc qui illustrent le travail de production aux Îles. Ces illustrations

---

14 Friedrich Wolfzettel affirme que le voyageur français dénote « un sentiment de supériorité [...] sous l'impact du règne du Roi Soleil ». *Le Discours du voyageur*, p. 125.

15 Voir à ce propos François de Dainville, qui cite entre autres N. Perrot : « La terre est plus belle depuis que les Français sont venus. » *La Géographie des humanistes*, p. 477-478.

16 Jean Delumeau cite à ce propos le *Treatise of Paradise* de John Salkeld qui, lui, reprend Augustin : « Dieu dans sa bonté plaça Adam au paradis, *ut operaretur et custodiret illum*, pour qu'il puisse travailler et le garder. » Ce travail serait nécessaire au bonheur : « il n'entraînait ni fatigue ni peine mais constituait plutôt un plaisir, [...] une récréation et une jouissance de la volonté et de l'esprit ». *Une histoire du paradis*, p. 252-53.

17 Voir Bernard Tocanne, *L'Idée de nature en France dans la seconde moitié du XVIIe siècle*, p. 325.

ILLUSTRATION 4 *Ménagerie*, Sébastien Leclerc
SOURCE GALLICA.BNRF.FR / BIBLIOTHÈQUE NATIONALE DE FRANCE, DOMAINE PUBLIC

complémentent le texte en suivant les normes de l'époque et privilégient « l'esprit de classification au détriment de "l'image choc" d'animaux exotiques rocambolesques », comme le note Sylvie Requemora-Gros[18]. Leur objectif n'est pas de représenter l'étrangeté par le biais d'un spectaculaire qui frapperait l'imaginaire du lecteur, mais plutôt d'offrir l'image d'une vie quotidienne rythmée par la douceur et le calme. Leclerc saisit les modes de productivité de la jeune colonie dans un paysage classique, au fil de trois planches assez connues : la ménagerie, la sucrerie et l'indigoterie, qui représentent la série des étapes de la production du manioc, du tabac, du sucre et de l'indigo. Le travail suit l'ordre qui fait tourner la plantation. Des esclaves, hommes et femmes de tous âges, effectuent le travail ; même si des instruments et des machines sont utilisés, cette organisation mixte se distingue de la mécanisation proto-industrielle que l'on retrouve chez Labat en 1722. Toute la ligne de production, depuis la matière brute jusqu'au produit fini, reflète un mode de vie aux Îles qui serait en harmonie avec la nature.

18 Sylvie Requemora-Gros, *Voguer vers la modernité*, p. 390.

ILLUSTRATION 5 *Sucrerie*, Sébastien Leclerc
SOURCE GALLICA.BNRF.FR / BIBLIOTHÈQUE NATIONALE DE FRANCE, DOMAINE PUBLIC

La canne à sucre y est représentée, ainsi que le manioc et le pétun, comme ils le seraient sur une planche de botanique. De plus, pour économiser l'illustration, Leclerc insère au premier plan d'autres plantes et arbres exotiques identifiés et nommés. Sur le toit de la ménagerie, on observe un perroquet, dont la présence relève de l'imagerie paradisiaque. Dans chacune des illustrations apparaît un contremaître blanc, habillé à l'européenne et tenant une canne, à la fois menace et rappel de sa supériorité, tandis que les esclaves ne portent que des toiles autour des hanches et travaillent dans le calme, sans signes d'accablement ou de sévices. Toute la production est inscrite dans un paysage qui, à son tour, reflète l'ordre de la colonie et dont la nature inclut l'activité humaine. C'est l'harmonie communautaire du travail compris comme partie intégrante de l'espace naturel qui est au centre de l'attention – et non les machines, comme ce sera le cas dans les représentations de l'industrie sucrière propres au XVIIIe siècle[19].

19 Déjà, les planches illustrant la production du sucre dans la relation de Labat publiée en 1722 mettent en valeur les machines plus que les hommes qui y travaillent ou le cadre à l'intérieur duquel sont utilisées ces machines.

2 Des esclaves au paradis

Dans cet ensemble communautaire, les cases des esclaves ont aussi leur place à côté de l'habitation du colon, comme pour rappeler à la fois la beauté et la simplicité sauvages ramenées à l'ordre qui s'incarne dans les cases, et le triomphe de la systématisation de l'espace à la française. Le visuel capte la position ambigüe et profondément problématique de Du Tertre face à l'esclavage. Certes, Du Tertre ne cite pas directement la lettre sur les esclaves de Sénèque, mais l'omniprésence des références au philosophe suffit pour afficher l'ambivalence de son propos. Pour lui, l'esclavage pose problème du point de vue éthique et théologique tout d'abord, mais aussi dans la construction de sa vision du paradis colonial.

L'an 1641 marque le début de la traite des Noirs entre l'Afrique et la Martinique, mais le système esclavagiste est encore peu développé dans les îles françaises pendant le séjour de Du Tertre[20]. Il y avait à Saint-Christophe, vers la fin des années 1630, environ 500 esclaves africains achetés du Brésil ou des marchands anglais ou néerlandais, écrit-il. (1667, tome I : 61) Au début de son séjour, la paroisse où il travaille ne possède qu'un esclave, appelé Dominique. Mentionné trois fois, ce personnage n'apparaît qu'en silhouette dans l'*Histoire générale des Antilles* et, quand Du Tertre décrit les esclaves africains, c'est en termes souvent paradoxaux. On a dit que Louis XIII avait en 1642 permis l'esclavage sur le territoire français, mais à contrecœur, puisque la France, c'est la terre de la liberté. Il l'aurait finalement approuvé sous prétexte que celui-là facilite la conversion des Africains et peut donc « sauver » leur âme. Or, comme le suggère Christopher L. Miller en s'appuyant sur Jean-Baptiste Labat, il s'agit d'une manière de contourner la véritable motivation commerciale de la traite d'esclaves[21]. L'édit n'a jamais été retrouvé, souligne Miller, et il semble bien que l'on ait confondu l'édit permettant la colonisation des Îles avec la légalisation de l'esclavage[22]. L'argument évangélique pro-esclavagiste circulait pourtant à l'époque, mais il est loin d'être facilement accepté par les missionnaires. Il aurait fallu attendre la fin du XVIIe siècle, l'avènement de l'agriculture sucrière et

20 Le premier recensement des esclaves et des habitants des Îles date de 1660. Voir Philip Boucher, *France and the American Tropics*, p. 238-239. Selon Du Tertre, il n'y avait que huit ou neuf esclaves à Saint-Pierre autour de 1642. (1667, tome II : 27).

21 Christopher L. Miller, *The French Atlantic Triangle: Literature and Culture of the Slave Trade*, Durham NC, Duke University Press, 2008, p. 18-19.

22 Voir Sue Peabody, *There are no Slaves in France: The Political Culture of Race and Slavery in the Ancien Régime*, Oxford, Oxford University Press, 1996, p. 176. Voir aussi Labat, *Nouveau voyage*, vol. IV, p. 114.

le développement considérable de la traite qu'il entraîne, pour que cet argument s'impose[23].

Le regard de Du Tertre sur les esclaves reste dominé par la vision universaliste chrétienne selon laquelle tous les hommes sont égaux, partageant un destin commun, sous le regard de Dieu[24]. Du Tertre, qui suit Las Casas, soutient que les Autochtones ne devraient pas être soumis à l'esclavage ; (1667, Tome II : 454) de même, il n'est pas entièrement convaincu que la solution au besoin de main-d'œuvre se trouve dans l'asservissement des Africains. En fait, l'*Histoire générale des Antilles* oscille entre deux postures contradictoires face à l'esclavage. D'un côté, l'expression, toute en comparaisons et en métaphores, d'un sentiment d'horreur envers un système qui exploite les créatures de Dieu, et la pitié qui en résulte pour celles-ci. En même temps, il défend dans l'édition de 1667 les habitants contre les accusations qu'on leur fait en France en disant qu'ils soumettent des hommes à l'esclavage dans « un Païs où ils vivent selon les loix de France, qui abhorre la servitude sur toutes les Nations du monde. » (1667, tome II : 483) Les richesses des Îles, dont jouissent aussi les métropolitains, viennent de l'esclavage, constate-il et dénonce par-là indirectement l'hypocrisie de la position européenne comme un Voltaire. Cela dit, Du Tertre témoigne aussi de sa conviction que l'esclavage pourrait mener au salut des Africains, pourvu qu'ils se convertissent. Mais cette idée est en elle-même pleine de contradictions : si les esclaves sont convertis, il devient impossible de justifier l'assujettissement brutal auquel on les soumet[25]. C'est là un argument qui revient tout au long du siècle suivant dans les débats autour de l'esclavage, comme l'a démontré Michèle Duchet[26]. Sur les îles anglaises, ce sont les autorités civiles qui résolvent la situation en refusant aux esclaves le baptême. Les missionnaires français, pour leur part, ne sortent jamais du dilemme et restent piégés entre raison économique et impératif théologique. Mais on voit déjà chez Du Tertre que la raison économique gagne du terrain. De peur que les esclaves ne se révoltent, il conseille par exemple d'éviter de leur donner trop d'instruction ; il faut qu'ils restent à leur place. La conversion

---

23 On le voit clairement dans les lettres du jésuite Jean Mongin. Arrivé en Martinique en 1682, il fut chargé de convertir les esclaves. *Lettres du R.P. Jean Mongin. L'évangélisation des esclaves au XVIIe siècle*, Bulletin de la Société d'Histoire de la Guadeloupe, Marcel Chatillon (dir.), Point-à-Pitre, 1984, p. 61-62.

24 Voir l'excellente analyse de Joan-Pau Rubiés « Were Early Modern Europeans Racist? » *Ideas of "Race" in the History of the Humanities*, Amos Morris-Riech et Dirk Rupnov (dir.), New York, Palgrave Macmillan, 2017.

25 Voir Sue Peabody, « "A Nation Born to Slavery": Missionaries and Racial Discourse in Seventeenth-Century French Antilles », *Journal of Social History*, vol. 15 (1), 2004, p. 113-126.

26 Michèle Duchet, *Anthropologie et histoire au siècle des Lumières*.

ne doit jamais aller trop loin, au risque de nuire à la production. L'expression de la compassion à l'égard du sort des esclaves n'est donc pas rare sous la plume des missionnaires, sans pour autant que le sentiment ne débouche sur un discours contre l'esclavage en tant que tel[27].

Pour escamoter le dilemme théologique, Du Tertre construit une version plus « humaine » de l'esclavage, fournie là encore par l'imaginaire paradisiaque. Dans certains passages, le relateur contemple avec attendrissement les petits esclaves dont il décrit les jeux :

> C'est un plaisir nompareil que de voir trois ou quatres petits Négres se joüer ensemble pendant que leurs meres travaillent, car ils se barboüillent, se renversent, & sont tantost dessus, tantost dessous ; sans pourtant se faire aucun mal, si bien qu'ils ne crient point, & ne détournent point leurs meres de leurs bensonges, si ce n'est pour leur donner à téter. (1667, tome II : 509)

On est là loin des horreurs réelles du travail forcé. La description rappelle une toile bucolique où le missionnaire contemple le jeu de petits enfants noirs au lieu de moutons. Tout comme les Autochtones, les esclaves font partie intégrante de la nature selon cette vision, mais non pas de la nature sauvage. Bien au contraire, les Africains s'inscrivent dans la nature domestiquée par l'établissement et jouissent ainsi, selon Du Tertre, d'un bonheur qui se refléterait dans l'espace où ils vivent : « Leurs Cases ont du rapport à celles où se retiroient les habitans du siecle d'or, dont Seneque nous décrit le bonheur. » (1667, tome II : 517) Le discours d'Hippolyte tiré du *Phèdre* de Sénèque, souvent considéré comme la version mondaine du mythe de l'Éden terrestre, se voit ainsi plaqué sur la réalité misérable de la condition servile, afin de célébrer le profit que tireraient du paradis colonial même ceux qui sont forcés de participer par leur corps et leur travail à l'ordre qui y règne – un ordre dont la description suggère qu'il produit plus de bonheur pour ces esclaves aux Antilles que ne leur en donnerait l'état de liberté en Afrique.

Dans un autre passage, c'est un cadre biblique qui sert à édulcorer la souffrance des esclaves :

> Les femmes Négres sont naturellement fort fecondes, si bien qu'il semble que Dieu renouvelle en leur personne la merveille des femmes Iuives esclaves en Egypte : car plus elles ont de mal, & plus elles ont d'enfans ; &

27 Voir Lynn Festa, *Sentimental Figures of Empire in Eighteenth-Century Britain and France*, Baltimore, Johns Hopkins University Press, 2006.

> le seul amour qu'elles leur portent les empesche d'en avoir davantage […] (1667, tome II : 505)

Le relateur reconnaît donc l'état de misère dans lequel vivent ces femmes et le rapporte à une prévoyance divine en le resituant dans le cadre de l'Écriture ; il en transforme ainsi le résultat – la fécondité causée par le malheur – en une preuve supplémentaire de l'existence d'un paradis colonial. Le même cadre de référence revient lorsqu'il cherche à illustrer à quel point le supplice des esclaves est exceptionnel :

> Si le travail, auquel Dieu engagea le premier homme, est un chastiment de sa rebellion ; & si la justice vangeresse y a tellement obligé les mal-heureux enfans de ce Pere coupable, que Iob asseure qu'il ne leur est pas moins naturel, que le vol d'oyseau : on peut dire que les Négres souffrent la plus rigoureuse peine de cette revolte. (1667, tome II : 523)

Tout en laissant entrevoir l'atrocité du travail forcé, Du Tertre en montre le principe comme une conséquence naturelle de la chute et transforme ainsi la logique économique de l'esclavage en argument théologique[28]. À cela s'ajoute aussi un argument d'ordre protoanthropologique : si le désir de liberté est commun à tous les hommes, il le serait moins chez les esclaves, qui sont prédestinés à servir. Son raisonnement dilue la question de l'assignation à une ethnie particulière de cette caractéristique en faisant remonter l'argument à Platon, chez qui l'esclavage n'est pas déterminé par l'origine des peuples : « Un Poëte avoit bien raison de dire chez Platon, que Dieu oste la moitié de l'esprit aux esclaves […] de peur que connoissant le malheur de leur condition, ils ne s'en affligent avec excez, & ne deviennent incapables de rendre service. » (1667, tome II : 526) Au lieu d'adresser directement l'esclavage qui se déroule devant ses yeux et sous son autorité, il le déplace du contexte transatlantique et l'inscrit dans l'héritage antique.

Du Tertre ajoute pourtant une dimension à la servitude théoriquement pré-ordonnée des esclaves en suggérant que la véritable source de la souffrance de ceux-ci viendrait du fait qu'ils ont été exclus de la motivation fondamentale du projet colonial, puisqu'ils ne peuvent tirer aucun profit de leurs peines. Leur travail est infructueux et ils sont tout à fait conscients que « toutes leurs sueurs vont au profit de leurs Maistres, & que quand ils leurs amasseroient des montagnes d'or, il ne leur en reviendra jamais rien, & que quand ils

28 Voir Réal Ouellet (dir.), *La Colonisation des Antilles*, p. 528.

vivroient des siecles entiers, & qu'ils travailleroient davantage qu'ils ne font, ils ne retireroient pas un sol de profit de toutes leurs peines ». (1667, tome II : 525)

L'esclavage constitue donc un problème pour Du Tertre non seulement parce que certains esclaves sont chrétiens, mais parce que leur condition servile les empêche de prendre part à sa vision progressiste du paradis colonial. Par conséquent, les scènes touchantes montrant des esclaves heureux, même momentanément, interviennent pour créer une version alternative de la vie coloniale dans laquelle les esclaves contribueraient par leur travail physique et par leur fécondité à la prospérité générale, et seraient récompensés par l'entremise d'une habitation qui pourvoirait à tous leurs besoins. L'harmonie du paradis colonial repose alors toujours sur une hiérarchie stricte, mais présentée comme naturelle : une tâche y est assignée à chacun, et elle n'est pas le résultat d'un abus de pouvoir. Le travail dans ce cadre cesse d'être cause de souffrance, ce qui permet au missionnaire d'éviter le problème posé par la brutalité et par l'injustice de l'asservissement. Ainsi parvient-il à créer la fiction d'une servitude qui répondrait aux besoins d'esclaves prédestinés par leur nature à ce sort, niant la souffrance causée d'un côté par la sujétion forcée, et de l'autre par les mauvais traitements subis. Les passages qui saisissent le paradis colonial relèvent de l'éloge d'une vie simple et champêtre où le travail devient source de prospérité économique pour la nation et de bonheur pour l'individu, dans lequel l'imaginaire sauvage et primitif se superpose au rêve archaïque[29].

Du Tertre fait entrer le travail dans le processus de domestication qui inclut l'étrangeté et qui permet l'émergence d'une nouvelle forme de paradis. Son exotisme conjugue ainsi ce que Bernard Tocanne voit comme une dualité typique de la pensée du XVIIe siècle, dont celle-ci resterait elle-même inconsciente, et qui consisterait en « une démarche qui part des faits pour analyser les conditions réelles dans lesquelles vivent et survivent les sociétés, et une démarche critique qui nourrit des rêveries sur la nature primitive de l'homme, sur la construction d'une cité idéale conforme à une nature perdue et enfin retrouvée[30] ». La description des conditions réelles de la vie aux Îles trouve dans les parties paratextuelles internes de l'*Histoire des Antilles* un espace idéal où peuvent se déployer les scènes d'une vie coloniale utopique sur les ruines du primitivisme sauvage.

---

29 Voir Bernard Tocanne, *L'Idée de nature en France dans la seconde moitié du XVIIe siècle*, p. 199. À côté de la science naissante, il existe des rêves utopistes et primitivistes chez Fleury, Fénelon et bien d'autres.

30 *Ibid.*, p. 206.

CHAPITRE 6

Le jardin et l'écriture

On a vu comment l'ouvrage de Du Tertre détache l'histoire de l'établissement du discours de la découverte et de la rhétorique de l'étonnement. Dans la même optique, l'auteur met en valeur une nature ordonnée par la main humaine. La conception et la présentation visuelle et textuelle des Antilles s'alignent ainsi sur les canons de la beauté, qui s'incarne dans l'image du jardin, à la fois sublime (émanation du roi et de l'Église dans les terres lointaines) et productif (ce qui est beau porte de bons fruits). Pour reprendre l'analyse proposée par le *Dictionnaire du Grand Siècle*, un jardin est un « espace enfermé où se lit le travail de l'homme », ce qui n'est pas sans rappeler la vision mise de l'avant dans l'*Histoire générale des Antilles* d'un paradis colonial créé par les soins de ses habitants[1]. Ce modèle trouve d'une part un écho dans un contexte américain plus large, où le jardin fait se croiser l'esprit pionnier et l'imaginaire paradisiaque[2]. D'autre part, il revient à l'insularité, qui est le sujet même de son ouvrage. Si l'espace américain continental est associé à l'incommensurable, l'île est envisagée comme un site qui se prête à la connaissance puisqu'elle concentre dans un espace limité une variété d'éléments susceptibles de devenir objets de science[3]. Sur le plan symbolique : lieu de projection de rêves utopiques, elle est à la fois possibilité et piège, objet de désir et espace de la précarité[4]. Du Tertre puise aussi dans l'idée de l'île comme espace « cloisonné à l'infini[5] », semblable à un jardin riche et diversifié, à l'image de la création divine, tout en lui donnant les traits nécessaires à une peinture des Antilles comme lieu à explorer et à développer. Il prépare, pourrait-on dire, la transition

1 Simone Hoog, Entrée « Jardins », *Dictionnaire du Grand Siècle*, « une surface délimitée qui se développe selon un plan précis », p. 783.

2 John M. Prest, *The Garden of Eden*: « At times the challenge lay in creating a Garden in the Wilderness, and the terms employed are those of a pioneer. But at other times the wilderness itself is considered to be the real paradise […] », p. 24.

3 Frank Lestringant, « Les îles creuses de l'archipel (*L'Insulaire* d'André Thevet) », *L'Île, territoire mythique*, François Moureau (dir.), Paris, Aux Amateurs de livres, 1989, p. 19.

4 Voir Frank Lestringant et Alexandre Tarrête (dir.), *Îles et insulaires (XVI*^e^*-XVIII*^e^ *siècles)*.

5 *Ibid.*, p. 41. Voir aussi John M. Prest, *The Garden of Eden*, p. 78. Brian Ogilvie précise : « The *locus amœnus* was also constructed by enumerating plants, particularly flowering herbs in a grassy sward, which typified beauty. » Brian Ogilvie, *The Science of Describing: Natural History in Renaissance Europe*, Chicago, University of Chicago Press, 2006, p. 100.

© CHRISTINA KULLBERG, 2021 | DOI:10.1163/9789004434967_008
This is an open access chapter distributed under the terms of the CC BY-NC-ND 4.0 license.

des Îles comme terre à conquérir vers une conception des Îles comme terres à aménager et à cultiver.

En effet, ancien militaire marin, Du Tertre semble déjà pressentir en 1654 l'équation entre l'art jardinier et l'art militaire qui se développera sous le règne de Louis XIV[6]. On le voit entre autres dans la description de la Guadeloupe. Cette section s'ouvre sur une illustration en diptyque, œuvre de Leclerc, du fort de la Tortue et du château de M. de Poincy, sur laquelle est superposée en haut une bannière et en bas une gravure du fort de la Madeleine.

Le fort de la Tortue, situé au sommet d'un *morne*, domine le paysage. Derrière lui, on peut deviner une forêt composée d'arbres difficilement identifiables, soit une représentation générique de la jungle tropicale. Devant le fort s'étend la mer et, sur les plaines, un ensemble de cases amérindiennes voisinant avec des bâtiments rectangulaires à la française, entourés de quelques palmiers, près desquels on voit un homme d'apparence européenne. De manière significative, de Rochefort, dans son *Histoire naturelle*, évoque aussi une « belle symétrie dans les jardins et les avenues plantées d'arbres » dans sa description du fort[7]. C'est un lieu qui a su reproduire sur les Îles un ordre européen. Rappelons à cette occasion l'illustration de la ménagerie précédemment analysée, où l'habitation du colon est placée au centre de l'image et sert de point de référence à la perspective centrale. La présence de l'habitation et de la figure du colon mène à une configuration de l'espace qui rappelle ce que Hamilton Hazelhurst a pu voir dans le jardin classique français : « une impression d'ordre et de retenue, d'équilibre et d'aplomb ; toutes les parties sont soigneusement mises en relation dans l'ensemble. Inévitablement, le jardin est soumis à l'architecture ; il est désigné à embellir et le bâtiment est l'acteur principal sur la scène[8] ». Dans d'autres illustrations de la vie à l'époque de l'établissement également, la demeure coloniale surplombe immanquablement les autres bâtiments, soutenant l'ordre de la société. Or, cette symétrie visuelle, reflétant l'ordre idéal de la nature étrangère, est difficile à transposer à l'écrit.

---

6 Voir Chandra Mukerji, *Territorial Ambitions and the Gardens of Versailles*, Cambridge, Cambridge University Press, 1997, p. 9 ; et Elisabeth Hyde, *Cultivated Power: Flowers, Culture and Politics in the Reign of Louis XIV*, Philadelphie, University of Pennsylvania Press, 2005.

7 Cité dans Gilbert Chinard, *L'Amérique et le rêve exotique*, p. 55.

8 F. Hamilton Hazelhurst, « Jules Hardouin Mansart and André Le Nostre at Dampierre », *Tradition and Innovation in French Garden Art: Chapters of a New History*, John Dixon Hunt et Michael Conan (dir.), University of Pennsylvania Press, 2002. « The gardens of the time are marked by an all-pervasive sense of order and restraint, balance and equilibrium ; all of the parts are carefully related to one another and to the whole. Inevitably, the garden is subordinate to the architecture it is calculated to embellish, and thus the building is the chief actor on the stage », p. 44. Notre traduction.

ILLUSTRATION 6 *Fort de la Magdeleine dans la Guadeloupe*, Sébastien Leclerc
SOURCE GALLICA.BNRF.FR / BIBLIOTHÈQUE NATIONALE DE FRANCE, DOMAINE PUBLIC

On voit cependant que Du Tertre tente de soumettre sa plume aux règles de la représentation visuelle. Notamment la pragmatique des descriptions topographiques en est marquée. De manière systématique, à partir d'un point fixe duquel on peut parcourir la totalité de l'Île, le lecteur apprend où la terre est féconde, où l'on peut facilement mouiller l'ancre, où sont placés les forts, quels endroits sont les plus agréables, etc. Le relateur nous fait découvrir les sites exposés aux vents et ceux qui sont à l'abri des ouragans. Les bâtiments, les églises, les ports relèvent d'une fonction stylistique importante, dans la mesure où ils servent de points de repère pour faciliter l'orientation du lecteur et pour rendre la description de l'espace naturel lisible, belle et utile. De nouveau, on s'éloigne d'une nature sauvage et l'on s'approche d'un paysage régi et organisé par l'activité humaine. Suivant ce dispositif, le chapitre sur la Guadeloupe, par exemple, n'offre au lecteur que le plan de la Grande Terre puisqu'elle est fort peu habitée, tandis qu'il contient de longues pages sur la Basse Terre qui est, elle, habitée et fertile.

Cette technique descriptive n'a rien de nouveau en soi. Elle reflète une pratique commune à l'écriture géographique classique – révéler d'abord les constructions humaines pour aborder la nature à partir de celles-ci – en affirmant le fondement esthétique d'une histoire naturelle comme celle de Du Tertre[9]. Dans le cadre de la colonisation, cet *apriori* laisse cependant miroiter une perspective eurocentrique, excluant aussi tout paysage qui ne soit pas formé à partir des édifices européens. Autrement dit, une histoire locale, visible dans la nature, reste inconcevable. À titre d'exemple, on peut noter que le missionnaire s'abstient de proposer une description des Îles avant l'arrivée des Français, non parce qu'une telle description ferait forcément appel à l'hypothèse ou à la fiction, mais parce qu'avant l'arrivée des Français, les Îles manquaient d'aménagement. Ainsi avoue-t-il avoir eu l'intention de décrire Saint-Christophe dans son état « vierge » avant d'abandonner ce projet puisqu'à cette époque, l'Île « me sembla pour lots come ces moles informes, tellement hideuse, n'y ayant encor ny chemins, ny cases, ny forts, ny rien de tout ce qui en fait aujourd'huy la grace & la beauté, que i'apprehenday d'en donner plustost de l'horreur, & du dégoust, que de l'admiration ». (1667, tome II : 5-6) La topographie est tantôt une description, tantôt un portrait ou un tableau, suggérant une volonté d'éviter de présenter au lecteur un monde radicalement étranger[10]. « Isis tropicale », dans son état originel, doit rester voilée.

---

9 François de Dainville, *La Géographie des humanistes*, p. 280-81.

10 *Ibid.*, p. 206. Voir aussi à ce sujet Brian Ogilvie, *The Science of Describing*, p. 174.

1 L'écriture naturaliste

Reste donc à savoir comment une telle conception de la nature perce les descriptions naturalistes. Il faut bien noter que la manière dont l'écriture naturaliste est organisée reflète à la fois le genre, tel qu'il est conçu à l'époque, et le style personnel de l'écrivain. Si le modèle est Pline l'Ancien, la forme, quant à elle, est loin d'être fixée ; on retrouve en effet une grande variation en matière de présentations de la nature dans la bibliothèque française des écrits sur les Antilles. Surtout, la manière dont le savoir est fondé et construit reflète le goût stylistique de l'auteur, plutôt que de s'appuyer sur une épistémologie cohérente. Chez Du Tertre, la description naturaliste reflète justement une certaine idée du jardin : l'utilité s'associe au plaisir dans une écriture qui favorise le détail et le particulier au détriment des grands paysages, et qui adhère à un modèle privilégiant le commun dans le but de servir la mission[11]. De manière significative, Du Tertre commence avec les plantes les plus communes et inclut aussi des remarques sur les plantes importées de France. Dans la partie portant sur les arbres, il promet à son lecteur de décrire des « arbrisseaux qui servent à la médecine & dont on peut tirer l'utilité » et « des arbres propres à bâtir & qui peuvent servir aux habitants ». (1667, tome II : 82) Par ailleurs, il dépeint avec précision la raison pour laquelle les raves, les oignons et les choux ne poussent pas aux Antilles, tandis que les oranges et les citrons y croissent en abondance. Au lieu de chercher à susciter l'impression d'une étrangeté fondamentale, le modèle jardinier l'atténue et introduit le familier dans l'ailleurs tout en imposant une organisation.

C'est dans ce cadre commun que le naturaliste vient ensuite introduire les plantes et les animaux exotiques dignes d'intérêt puisqu'ils sont utiles (comme les plantes médicinales ou celles qui portent du fruit), ou parce qu'ils sont beaux ou curieux. On y retrouve la majesté de l'ananas, le miracle du vol d'un colibri ou la beauté des reflets des couleurs des poissons et des oiseaux. Le beau suffit à justifier la reprise d'une description faite par un autre voyageur, et l'écriture encyclopédique se transforme en une reproduction textuelle du paradis terrestre[12]. Dans ces cas, la rédaction naturaliste réintroduit effectivement un mélange d'admiration et de déploiement du savoir : l'écriture se

---

11 François de Dainville, *La Géographie des humanistes*, p. 121.

12 Voir Keith Thomas, *Man and the Natural World: Changing Attitudes in England 1500-1800*, London, Allen Lane, 1983, p. 53, et 66-67; et Kenneth Woodbridge, *Princely Gardens: The Origins and Development of the French Formal Style*, Lancs, Thames and Hudson, 1986, p. 97. Alice Stroup fait remarquer qu'au milieu du siècle, soit à la période de rédaction de l'ouvrage de Du Tertre, on voit naître un goût pour les plantes en elles-mêmes qui remplace l'intérêt pour leur symbolique ; *A Company of Scientists: Botany, Patronage,*

présente comme une science édénique bien ancrée dans le croisement de la religion et du savoir propre au siècle[13]. Mais chez Du Tertre, l'étonnement et la richesse ne fondent jamais seuls la justification d'une description. La raison coloniale intervient toujours comme moteur de son écriture. Le lien est explicité par Du Tertre lui-même : il y a « des thresors de merveilles, *cachés* dans les plantes de ces Isles, qu'un homme consommé dans cette science descouvriroit, au grâd profit & satisfaction d'un chacun ». (1667, tome II : 82 ; nous soulignons.) L'écriture fouille les terres et éclaircit leurs mystères pour le bien de la communauté.

Il y a donc plusieurs raisons qui expliquent la complexité de la description naturaliste dutertrienne. On retrouve sous la plume du missionnaire les formules stéréotypées du discours descriptif et ses phrases introductives impersonnelles (« il y a », « on trouve »), mais aussi l'introduction aux anecdotes ponctuées par l'apparition du voyageur-narrateur signalant sa présence (« I'ay observé », « I'ay remarqué » ou encore « Ie vis »). Les plantes cultivées et les plantes médicinales ont droit à des descriptions étoffées de leur production et de leur traitement, voire à une explication de l'usage qu'en font les Amérindiens. Dans l'ensemble, les particularités exotiques sont mises en relief, et ces plantes à la morphologie extraordinaire ou à l'abondance rare se taillent une place sur les planches de Leclerc.

L'illustration embellit la démonstration. Elle est aussi censée suppléer à l'imprécision de la description, non pas nécessairement en imitant mieux l'objet (la plupart du temps, les illustrateurs des grands voyages n'avaient pas vu ce qu'ils devaient représenter), mais en le présentant selon les codes de l'époque. Selon cette logique également, le choix des fruits et plantes illustrés semble plutôt basé sur le bon goût que sur une réflexion systématique savante.

Presque toujours rédigées au présent, les parties descriptives donnent à l'exotisme un caractère direct qui rehausse le statut matériel de ce qui est décrit. Cela est renforcé par l'emploi de la langue vernaculaire pour désigner les plantes : le *roücou*, bien sûr, mais aussi le *manioc*, vocables empruntés au vocabulaire amérindien qui font intervenir l'étranger dans le texte français. Sophie Linon-Chipon offre une belle analyse de l'utilisation des noms

---

and Community at the Seventeenth-century Parisian Royal Academy of Sciences, Berkeley, University of California Press, 1990, p. 67.

13 Voir Robert H. Grove, *Green Imperialism: Colonial Expansion, Tropical Island Edens and the Origins of Environmentalisms, 1600-1860*, Cambridge, Cambridge University Press, 1996, p. 4. Pour les jésuites, « la science s'épanouit en prière ou mène jusqu'au seuil de la prière », François de Dainville, *La Géographie des humanistes*, p. 92. John M. Prest discute aussi comment le regard religieux et le regard scientifique s'apparentent dans *The Garden of Eden*, p. 6.

ILLUSTRATION 7 *Ananas*, Sébastien Leclerc
SOURCE GALLICA.BNRF.FR / BIBLIOTHÈQUE NATIONALE DE FRANCE, DOMAINE PUBLIC

autochtones dans les récits de voyage en faisant remarquer que le vernaculaire « propose au lecteur cette immédiateté et cette simplicité stylistique qui facilitent l'accueil des nouveautés. La matière exotique ainsi présentée se détache du voyage, du vécu, du temps, de l'espace et, presque, du texte, pour apparaître métaphoriquement telle quelle »[14]. Vecteur d'étrangeté capable de nous transporter dans un monde autre, la dénomination locale pose l'objet devant les yeux, et l'écriture le rend tangible tout en stimulant l'imagination. « Pour prendre place dans l'univers culturel du lecteur », rappelle Réal Ouellet, « le nouveau doit devenir *disjecta membra* pour se reconstituer ensuite en totalité dont chaque fragment trouve sa correspondance en Europe[15] ». Mais l'insertion du vernaculaire présente également une raison épistémologique, dans la mesure où cette langue est censée incorporer la connaissance locale de la plante, souvent liée à une pratique.

En fait, Du Tertre ne s'appuie pas seulement sur l'observation directe sur place. Plusieurs plantes existantes sur les Îles, il les observe à Paris, ou bien ce n'est qu'au moment où il les croise aux jardins de la capitale qu'il arrive à les identifier. C'est le cas du gingembre, par exemple. Il construit ainsi son savoir sur l'échelle de ses propres voyages : lorsqu'il se trouve aux Îles, il anticipe les discussions qu'il aura avec les savants à Paris et, pendant ses séjours en France, il prépare ce qu'il cherchera une fois de retour aux Antilles. Sa description naturaliste se fonde sur des comparaisons à plusieurs niveaux, intimement liées au va-et-vient du voyageur et de la communication. Quant aux figures de l'analogie que l'on y trouve, elles renvoient parfois à la réalité antillaise – c'est notamment le cas d'un passage où le missionnaire compare le yucca à l'ananas –, mais pour ramener aussitôt le lecteur à un contexte connu, puisqu'il explique avoir vu pour la première fois ce fruit en France. (1667, tome II : 104) Plusieurs paramètres interviennent dans ce jeu de comparaisons et d'assimilation : il ne s'agit pas seulement de mettre en parallèle deux éléments naturels différents, mais de faire en sorte que l'espèce décrite entre en résonnance. L'analogie fait passer le lecteur d'un monde à l'autre, et les rapprochements qui parcourent l'écriture de Du Tertre apparaissent moins comme le résultat d'un défaut du langage face au réel que comme l'expression d'un besoin de mettre en relation l'ici et l'ailleurs, qui prend la forme d'un exotisme frontalier. La dimension métaphorique de ses descriptions lui permet ainsi d'orienter l'écriture du monde vers l'établissement de relations. Au lieu de dire l'ailleurs ou de trouver

---

14 Sophie Linon-Chipon, « L'Exotique dans les techniques d'écriture », p. 94.

15 Réal Ouellet, « Le statut du réel dans la relation de voyage », *Littératures classiques*, n° 11, jan. 1989, p. 265.

un décor pour l'embellir, son écriture cherche dans l'analogie une manière de problématiser les rapports de l'homme avec ce monde.

La description de l'arbre acoma se construit sur des comparaisons filantes : « ses fuëilles sont longues & larges comme celles du bois épineux, mais lissées & separées. Il porte un fruit semblable à une olive, jaune comme de l'or, dans lequel il y a un noyau plus gros que celui des olives ». (1667, tome II : 158) L'écorce de l'arbre, précise Du Tertre, est « comme l'écorce du chêne », mais son « cœur est rouge comme du bois de bresil », et ainsi de suite. La comparaison dutertrienne tend souvent à articuler un décalage tout en rapprochant deux entités de façon analogique – « ceci est comme ... » – sans pour autant les assimiler : « ceci est semblable à ... sinon que ... », ou bien « ceci est comme ... mais », ou encore « ceci a beaucoup de rapport à ... » sont autant de formules qui abondent dans la relation du missionnaire.

> Ces fleurs sont suivies de presque autant de petites gousses larges d'un pouce, & longues de trois, remplies de fruits assez semblables à nos lupins ; mais d'un goust plus savoureux sans beurre, que les nostres ne le sont avec leur saulce. (1667, tome II : 87)

On retrouve chez lui quantité de constructions semblables, qui affinent le processus analogique en soulignant les différences des éléments comparés. Les figures comparatives, qu'elles soient classificatrices ou poétiques, ont certes pour but de rendre l'altérité intelligible. Mais dans la mesure où la figure analogique donne à voir l'ailleurs, elle est aussi dotée « d'une valeur esthétique qui, par son caractère axiologique, dépasse néanmoins le caractère strictement ornemental auquel toute tradition rhétorique paraît avoir voulu les confiner », comme le remarque Alain Guyot[16]. La multiplication des comparaisons ainsi que la tentation de tout dire brouillent bien souvent la clarté et la composition de la description. Parfois, même le lexique local n'arrive pas à clarifier cette dernière :

> [les Amérindiens] appelloient [la plante] en leur langue, l'herbe aux fléches (ie n'ay pû retenir le mot Sauvage) les füeilles de cette plante sont longues d'une paulme, larges de trois poulces, d'un vert gay, licées, polies, & douces comme du satin : elle porte de petites fleurs longuettes, comme celles du lizet, mais à füeilles separées : elles sont violettes par dehors & blanches par dedans, fermées de jour, & ouvertes de nuict. (1667, tome II : 90-91)

16 Alain Guyot, *Analogie et récit de voyage*, p. 13.

Basé sur un mélange de langue locale et de dénomination pratique, le savoir glisse et la description qui suit s'efforce de suggérer une fleur qui, pour le lecteur européen, reste absente de tous les bouquets. On peut comprendre pourquoi Chupeau évoque « l'étrangeté littéralement incomparable de la flore américaine chez J.-B. Du Tertre », étrangeté suggérée par « des descriptions délirantes, presque hallucinées[17] ». Ce n'est pas seulement l'élément étranger qui échappe à la plume, mais la plume qui échappe à son auteur, et l'écriture produit alors un sentiment d'étrangeté qui a moins à voir avec le référent qu'avec les impressions et les sensations.

Cette quête d'une *naturalia* unique va jusqu'à pousser le relateur à l'aveu de ses incapacités descriptives : « Il faut que i'avouë ingenuëment, que ie me trouvay fort empeché dans la premiere édition de mon Livre, lors que ie voulus faire la description de la Galere, car ce poisson me sembla si particulier dans sa forme, que ie ne sçavois sous quelle categorie le ranger … » (1667, tome II : 225) La difficulté permet à Du Tertre d'expliciter sa démarche :

> C'est ce qui m'obligea dans mon dernier voyage d'en rechercher fort curieusement toutes les particularitez : & ie remarquay que tout ce qui paroissoit au dessus de l'eau, n'estoit qu'une evessie de la grandeur d'un œuf d'oye, claire & transparente comme une feüille de talc bien fin, toute violette et bordée par le haut (où elle s'étressit) d'un filet incarnat. (1667, tome II : 225)

En un trait, il vante la particularité du poisson et atteste de sa propre méthodologie, soucieuse de véracité. Au charme de l'invraisemblance a succédé celui d'une narration descriptive qui détaille chaque moment de l'observation. De même, la présentation de plantes nouvelles est l'occasion de courts récits mettant en scène le moment du don de l'espèce nouvelle aux Français : un Amérindien apportant le cacao à du Parquet, un esclave donnant une plante inconnue à Du Tertre comme remède à son mal de tête, ou bien des habitants chassés d'une île qui, se sauvant dans une autre, y apportent de graines d'une « sorte de Papaye. »

Si le texte procède bel et bien à une domestication de l'espace, ce processus chez Du Tertre va cependant au-delà de la dichotomie sur laquelle est fondée la conception plus moderne de l'exotisme. Le modèle jardinier ne s'impose pas *par rapport* à une nature sauvage contre laquelle il se définirait. Bien au contraire, la différence est conçue comme une tentative d'inclure la variation dans une même forme. À une politique du texte qui poserait l'étranger

---

17 Jacques Chupeau, « Les Récits de voyage aux lisières du roman », p. 546.

comme une copie presque identique au modèle, afin de confirmer textuellement le contrôle des territoires décrits, s'oppose une poétique qui produit des différences.

Du Tertre construit ainsi sa description naturaliste dans une tension entre cohérence et éparpillement, entre intérêt pour la plante en soi, intérêt pour ses usages et intérêt pour sa valeur esthétique. Elle correspond tout à fait à ce que Sylvie Requemora-Gros envisage comme un *patchwork* ou un *puzzle* typique de la description dans le récit de voyage classique[18]. À cet égard, il est intéressant de noter que c'est dans l'art de la description que le missionnaire semble joindre les préromantiques[19]. Bernardin de Saint-Pierre, notamment dans le deuxième tome des *Études de la nature*, revient aux relateurs du XVIIe siècle dans le but de critiquer ses contemporains scientifiques dont la méthodologie mécanique et la systématisation abstraite sont condamnées à méconnaître « les plans sublimes de la nature[20] ». Ce qu'apporte Du Tertre selon Bernardin, c'est la capacité de peindre « d'un coup », signe de son « génie » descriptif, qui réussit à faire valoir les ressemblances et dont la plume sait « décrire la nature à travers des images et des sensations communes[21] ». Cette appréciation en dit sans doute davantage sur l'esthétique de Bernardin lui-même que sur l'art de la description dans l'*Histoire générale des Antilles*, dont l'objectif est moins d'évoquer le sublime de la nature que d'établir un passage entre deux mondes. Toutefois, elle touche à ce que d'autres lecteurs ont aussi détecté chez le missionnaire : une description qui, faute de précision, parle aux sensations et serait un *effet* de l'emploi des analogies qui précisent la vision du voyageur[22]. Si effet il y a, il vient pourtant de l'abondance des détails, et non pas des paysages pittoresques.

2 Double nature

En un sens, le modèle jardinier, produit discursif de la tentative de dominer la nature, annonce ce que Rob Nixon appelle la « violence lente » (*slow violence*)

---

18 Sylvie Requemora-Gros, *Voguer vers la modernité*, p. 382.

19 Ses tableaux de la nature attirent d'ailleurs aussi l'attention des auteurs antillais contemporains. Édouard Glissant fonda en 1971 une revue culturelle intitulée *Acoma*, d'après un arbre aujourd'hui disparu des forêts martiniquaises, mais dont on trouve la description chez Du Tertre.

20 Henri Bernardin de Saint-Pierre, *Études de la nature*, tome 2. Nouvelle édition, revue et corrigée, Paris, Deterville, 1804.

21 *Ibid.*, p. 357.

22 Alain Guyot, *Analogie et récit de voyage*, p. 14.

qu'auraient subie et que subissent encore les (post-)colonies à la suite de l'intrusion européenne[23]. Cette attitude de domination se développe de fait au cours de la Renaissance en parallèle avec l'extension des empires coloniaux. Quand Du Tertre débarque aux Antilles en 1640, la mesure du monde est anthropocentrique, conçue à partir de la perspective centrale qui présente à l'œil humain une réalité cohérente. La nature apparaît comme une machine que l'homme peut analyser dans son ensemble, à partir de la structure de ses parties[24]. Certes, il faut attendre la fin du siècle pour que la conception mécanique de la nature soit largement répandue ; cependant, les liens de Du Tertre, d'abord avec les Montmoriens et ensuite avec l'Académie des Sciences parmi ses connaissances au Jardin du Roi, permettent de conclure que sa propre pensée de la nature tient probablement compte de ces avancées. Le missionnaire devrait être marqué par le changement de perspectives face à celle-ci, d'autant plus que la révolution mécanique de l'espace naturel que l'on doit à Descartes repose, selon Pierre Hadot, sur une interprétation du paradis mettant en relief la richesse de la Création et l'ordre donné par Dieu à Adam de soumettre la terre[25].

Comme nous l'avons vu, la description de la nature dans l'*Histoire générale des Antilles* débouche sur une problématisation des rapports entre l'homme et le monde ; sur ce point, l'écriture naturaliste de Du Tertre est amenée à refléter les deux conceptions de la nature qui dominent le Grand Siècle, ainsi résumées par Pierre Hadot :

> Si l'homme éprouve la nature comme une ennemie, hostile et jalouse, qui lui résiste en cachant ses secrets, il y aura alors opposition entre la nature et l'art humain, fondé sur la raison et la volonté humaines. L'homme cherchera, par la technique, à affirmer son pouvoir, sa domination, ses droits sur la nature. Si, au contraire, l'homme se considère comme partie

23 Rob Nixon, *Slow Violence and the Environmentalism of the Poor*, Cambridge MA, Harvard University Press, 2011, p. 6-7. Voir aussi Robert H. Grove, *Green Imperialism* ; Alfred W. Crosby, *Ecological Imperialism: The Biological Expansion of Europe, 900-1900*, Cambridge, Cambridge University Press, 1993.

24 Pierre Hadot, *Le Voile d'Isis*, p. 269. Il cite Galilée : « L'heure vient où, en quelques années, la Nature va déchoir de son rang de déesse universelle pour devenir, disgrâce encore jamais connue, une machine. [...] L'ingénieur conquiert la dignité de savant, parce que l'art de fabriquer est devenu le prototype de la science. Ce qui comporte une nouvelle définition de la connaissance, qui n'est plus contemplation, mais utilisation, une nouvelle attitude de l'homme devant la Nature : il cesse de la regarder comme un enfant regarde sa mère, prend modèle sur elle ; il veut la conquérir, s'en rendre maître et possesseur », p. 135.

25 *Ibid.* Hadot propose dans son livre que les ordres religieux contribuent au développement de la représentation mécanique de la Nature et à sa désacralisation.

> de la nature, parce que l'art est déjà présent, d'une manière immanente, dans la nature, il n'y aura plus opposition entre la nature et l'art, mais l'art humain, surtout dans sa finalité esthétique, sera en quelque sorte le prolongement de la nature, et il n'y aura plus alors rapport de domination entre la nature et l'homme. L'occultation de la nature ne sera pas perçue comme une résistance qu'il faut vaincre, mais comme un mystère auquel l'homme peut être peu à peu initié[26].

Une tension analogue parcourt l'*Histoire générale des Antilles*. Parfois, la nature étrangère y est présentée comme un ennemi à combattre (c'est le cas des passages décrivant le paradis colonial) ; d'autres fois, le relateur décrit un paysage ou des objets auxquels il reconnaît une valeur esthétique – c'est le cas des endroits qui idéalisent la nature sauvage. On pourrait voir dans cette difficulté même le témoignage de la richesse du matériau, et penser que les relations des Amériques pouvaient tirer le meilleur de deux traditions, en superposant le jardin formel à l'idéal d'un paysage « primitif ». Cependant, on l'a déjà vu, les Îles ne correspondent véritablement à aucun de ces deux pôles : elles ne sont pas tout à fait sauvages, contrairement aux vastes plaines continentales, ni tout à fait ordonnées à l'image des paysages européens, et se situent donc quelque part entre l'harmonie paradisiaque et le primitivisme sauvage.

Quand l'Île apparaît dans sa sauvagerie, elle peut être conçue tantôt comme hostile tantôt comme accueillante, belle et paradisiaque, au point que cette richesse et cette diversité mêmes suffiraient à prouver sa supériorité sur la nature européenne. Il n'y a aucune raison de plaindre les Amérindiens, dit Du Tertre, parce qu'ils n'ont pas de blé : ils ont le manioc. Ce qui, aux yeux d'un Européen, manquerait aux Autochtones, notamment parmi les richesses apportées par le progrès, ils le récupèrent grâce aux dons de la nature et à la bienveillance divine – une idée qui n'est pas sans rappeler l'état du paradis avant la chute.

> La Providence de Dieu qui ne manque jamais de pourvoir abondamment des choses necessaires, a eu soin de donner à ces pauvres Sauvages (qui n'ont ny orfevre, ny estaimier, ny industrie, ny métail pour faire de la vaisselle) un arbre qui les fournit tous les ans de seaux, de bouteilles, de cüellieres, de tasses, & de quantité d'autres petites ustencilles. (1667, tome II : 188)

Du Tertre développe ainsi une sorte de relativisme botanique, ce qui explique en partie pourquoi il est difficile d'envisager une conception cohérente de la

---

26 *Ibid.*, p. 106.

nature tropicale à partir de son ouvrage. Cela implique aussi que la nature n'est pas identique pour tout le monde ; on la vit différemment en fonction de son propre « écosystème ».

Si la nature tropicale est l'habitat naturel de l'Amérindien, l'histoire de l'établissement des Français aux Îles contient beaucoup d'anecdotes racontant comment l'homme européen a du mal à s'y adapter. Alors, l'opposition entre l'homme et la nature est bien présente dans certains contextes, mais elle est construite d'après une philosophie des climats : il n'y a pas de dichotomie universelle opposant l'homme à la nature, mais une adaptation différente à ceux-ci en fonction des zones climatiques. La nature tropicale est donc *relativement* hostile et doit être façonnée à l'image d'une nature connue, afin que les Français puissent y prendre place. Les habitants qui sauront s'adapter au nouvel environnement peuvent aussi jouir de ses aspects positifs, comme la liberté. On comprend alors pourquoi la colonisation implique un travail d'acclimatation non pas tant de la part des Français que de l'espace antillais même et de sa nature. La technique de l'agriculture, notamment telle qu'elle est présentée dans les illustrations, en harmonie avec son entourage, contribue ainsi autant à la production locale qu'à l'intégration de l'homme européen dans une nature qui lui est étrangère.

Cependant, le transfert entre les mondes ne se réalise pas sans obstacle. Le paradis colonial est souvent ravagé par des catastrophes naturelles. Le relateur aurait très bien pu diminuer la portée et les effets des ouragans dans sa fiction du paradis colonial et les transformer en un objet exotique maîtrisable. Il devient alors significatif que non seulement il conserve ces phénomènes sauvages, mais qu'il les décrive à l'envi et les évoque à divers endroits de la relation. D'un point de vue strictement narratif, cette stratégie n'est pas étonnante : l'inclusion et la répétition des tempêtes font partie des moments attendus. Elles sont le reflet de la « tentation épique », selon la belle expression de Marie-Christine Pioffet[27], et d'un penchant vers le dramatique. En outre, l'ouragan peut être analysé à la lumière de la « famille des tempêtes en mer », qui, d'après Frank Lestringant, constituent un « "lieu" particulièrement fécond de tout voyage maritime[28] ».

---

27 Marie-Christine Pioffet, *La Tentation de l'épopée*.

28 Frank Lestringant, « La famille des "tempêtes" en mer. Essai de généalogie (Rabelais, Thevet et quelques autres) », *Études de lettres*, nº 2 (avril-juin), 1984, p. 45. Voir aussi Eva Riveline, *Tempêtes en mer : Permanence et évolution d'un topos littéraire* (*XVI*^e^-*XVIII*^e^ *siècle*), Paris, Classiques Garnier, 2015.

Le chaos du monde tropical s'insère donc aisément dans un genre désormais canonique en matière d'arts et de littérature exotiques et religieux depuis l'Antiquité. Sur un plan symbolique, les missionnaires qui utilisent l'image de la tempête dans une optique évangélique et érasmienne (à l'opposé de la tradition amoureuse et courtoise) y voient une mise à l'épreuve de la foi. Le topos se répète à travers les siècles, mais subit une évolution qui s'explique en partie par les développements dans le domaine de la navigation. Les tempêtes, et de façon générale les difficultés causées par la traversée, deviennent bien moins fréquentes et moins dramatiques dans les récits relatant le voyage vers les Îles – soit parce que l'évocation de la tempête, notamment dans sa version moralisante, est moins en vogue, soit parce que la traversée est devenue plus sûre, et donc plus rapide au siècle suivant. Elles refont surface cependant pendant le retour en Europe et au large des côtes mythiques des Bermudes, à l'endroit où le navire de Jean de Léry, comme bien d'autres, avait failli sombrer 100 ans plus tôt. Et c'est justement parce que « c'est une chose ordinaire dans le retour des Indes » que Du Tertre choisit d'en décrire une. Son tableau de l'orage commence par une formule anaphorique d'amplification que l'on a vue dans bien des relations de voyage – « le vent devint si violent, la mer si horriblement émue, et l'air si obscur et si vilain ... » (1667, tome II : 51) –, pour se terminer sur le mode évangélique et érasmien : « Ie ne sçay si ce vent estoit du Saint Esprit ; mais ie suis certain qu'en un moment, il fit de plusieurs blasphemateurs, impies, lubriques, & déterminez, une troupe de penitens qui n'avoient plus que le *peccaui*, & le Miserere en bouche [...] ». (1667, tome II : 51)

La « famille des tempêtes en mer », bien inscrite dans l'imaginaire du lecteur, sera ensuite reprise par Du Tertre comme modèle des récits des catastrophes « terrestres » typiques aux Îles. Les descriptions des ouragans et des tremblements de terre sont en effet saturées de métaphores marines. Dans ces passages, l'Île se transforme en un vaisseau menacé d'être englouti par la mer. Le symbolisme et la fonction des descriptions d'ouragans diffèrent pourtant de ceux des tempêtes en mer, en ce qu'ils introduisent le sauvage menaçant dans le décor du jardin, tout en plaçant la relation dans le registre de l'aventure spirituelle aussi bien que coloniale.

Regardons cela de plus près. La description d'un ouragan en Martinique se développe en trois phases, qui voient la destruction de différentes parties de la colonie. D'abord, ce sont les bois et les habitations qui tombent : « Les forest furent renversées, les maisons abbatuës, & il n'y eût que celles qui estoient basties de pierre, qui furent épargnées, lesquelles neantmoins nonobstant leurs fortes murailles ne laisserent pas d'en estre ébranlées. » (1667, tome I : 496-497) Ensuite, ce sont les navires – les liens avec l'Europe – qui sont attaqués, et l'évocation de ce désastre est accompagnée d'un tableau spectaculaire des forces naturelles :

> Apres ces tourbillons qui durerent long-temps, le Ciel s'entreprit universellement, changea de couleur, & devint embrazé, comme du fer qui sort de la fournaise ; on entendit un craquement continuel de tonneres, les esclairs estoient si frequens qu'on estoit contraint de fermer les yeux, & de se jeter le visage contre la terre, personne n'en pouvant plus souffrir la lueur importune. (1667, tome I : 496-497)

Finalement, « le grand Oüragan commença », personnifié dans le récit par la description du massacre d'animaux sauvages et domestiques ; il déracina les arbres et « fit des ravages si horribles [...] & les *Manyocs* furent arrachez sur toutes les habitations, ce qui causa une grande famine dans la Guadeloupe ». (1667, tome I : 497)

Dès que ces phénomènes naturels destructeurs sont liés à la terre, la fureur des ouragans et des tremblements de terre prend une autre signification et offre une réflexion moins sur la condition humaine que sur la condition coloniale. Contrairement à ce qui se produit dans la « famille des tempêtes en mer », ce n'est pas en premier lieu l'homme qui périt, mais toute l'Île et, par un transfert métonymique, la société nouvellement bâtie qui risque de s'effondrer : les champs sont détruits, les maisons arrachées à la terre, le bétail mort. Toute l'entreprise coloniale est en ruines. De plus, les forces naturelles du Nouveau Monde opèrent dans l'inattendu. Prenons un passage où Du Tertre ne parle pas à la première personne, mais cite une lettre où son frère dominicain R. P. Feüillet raconte comment il vit un tremblement de terre :

> comme ie ne m'estois iamais trouvé dans ces occasions, ie souffris les premieres violences de ce tremblement de terre sans m'en apercevoir. En écrivant il me sembla que la teste me tournoit, & que nostre case s'alloit renverser sans dessus dessous ; cela recommençant quatre ou cinq differentes fois par diverses reprises, ie crus que cela me venoit de quelque éblouïssement, ie me jetté sur mon lict, mais la terre trembla si fort que j'en tombé par terre ; m'estant relevé ie ne me pouvois tenir de bout, ie chancellois de costé & d'autre, comme font les yvrognes : ie m'apperceues pour lors qu'il y avoit en cela quelque chose d'extraordinaire, principalement quand j'entendis craquer tous les pilliers de la case, & que ie vis les chevrons se heurter les uns contre les autres ; estant seul j'en sortis pour aller chez M. d'Orange nostre bon amy ; en y allant j'entendis les cris de ceux qui avoient accouru à nostre Chapelle ; de loin qu'ils m'apperceurent

> ils me crierent en pleurant que tout estoit perdu, que ce tremblement de terre alloit abysmer l'Isle : jusques-là ie n'avois pas eu peur, mais quand ils me parlèrent de tremblement de terre, & que ie vins à faire reflexion aux agitations que j'en avois souffert, & qui recommençoient de temps en temps par de rudes secousses ; ie vous avouë mon foible, j'eus aussi peur qu'eux. Ie les exhortay à implorer la Misericorde de Dieu & à faire des actes de contrition. (1667, tome I : 498-499)

Le fait que Du Tertre choisisse de ne pas paraphraser la lettre de Feüillet illustre très bien l'importance de l'expérience directe. Ce témoignage à vif engage le lecteur dans l'événement ; le missionnaire avoue sa terreur et son égarement face à cet « horrible spectacle » qu'il voit pour la première fois – en net décalage avec la règle de composition de l'épisode de la tempête, qui veut que le missionnaire se montre serein au milieu du tumulte. La lettre de Feuillet, au contraire, met l'accent sur la perception sensible de l'événement par le locuteur. Dans une sorte de sublime inversé, le séisme frappe directement l'auteur et, par le biais de l'écriture sensationnelle, le lecteur.

Placé à la fin du premier tome de l'édition de 1667, le tremblement de terre apparaît comme l'un des derniers obstacles à l'établissement des Français aux Îles, avant le récit d'une révolte sanglante des esclaves et le compte rendu des conflits avec les Amérindiens, qui mènent finalement au traité de paix entre les Français, les Anglais et les Autochtones en 1660. La période tumultueuse des premiers établissements, en passant par « l'ère des propriétaires » durant la Fronde, est terminée et, avec les Amérindiens « chassés des îles françaises », les colonies sont enfin ramenées à l'ordre ; seuls les ouragans et les séismes rappellent que les Antilles ne sont pas une simple continuation de l'Europe. La nature, dirait-on, résiste à la soumission et intervient comme puissance active, ce qui a également une fonction narrative. La représentation d'une nature violente contribue aussi à ouvrir les horizons de la description de l'espace insulaire. Selon Marie-Christine Pioffet, il s'agirait pour le voyageur de répondre à un « besoin de mise en spectacle », qui correspondrait à une dramatisation du paysage[29]. L'effet produit par cette animation du paysage est qu'à travers les lignes de l'immense ouvrage surgit l'image des Îles, non pas comme un espace vierge, mais comme un lieu imprégné de culture ; c'est le portrait d'une nature profondément historique que brosse Du Tertre. Au lieu de fixer l'ailleurs dans l'achronique, l'exotisme colonial dutertrien met alors en jeu les distinctions, les productions de différences et de transformations pour dire l'étrangeté prise dans le flot du temps. La fureur de la nature permet de transformer l'espace

---

29 Marie-Christine Pioffet, *La Tentation de l'épopée*, p. 66-67 et 102-104.

insulaire en une scène où se déploie le spectacle paradoxal d'un territoire colonisé qui se présente désormais comme à la fois étrange et connu, et où agissent les acteurs de l'établissement, peints tantôt en héros vainqueurs, perfectionnant la nature sauvage, tantôt en victimes, soumis à une nature hostile. En déployant ainsi son exotisme entre deux extrêmes, le missionnaire saisit le processus colonial comme une expérience esthétique qui sera plus tard théorisée par Kant et Burke sous la figure du sublime. L'écriture géographique et naturaliste *visualise* les paysages pour que l'écriture historique puisse à son tour les *animer* et ouvrir l'horizon du récit à ce drame, à l'action des corps qui viennent se heurter à un espace étranger.

PARTIE 3

Dramatiser l'établissement

∵

CHAPITRE 7

Faire corps avec l'étranger

Dans une lettre envoyée de la Guadeloupe et adressée au père Thomas Turco, un missionnaire anonyme promet à son correspondant une marque de sa reconnaissance pour le soutien qu'il a apporté à la mission. Elle prendra la forme de la relation que Raymond Breton est en train de composer. « Votre Paternelle Révérence », écrit le missionnaire anonyme, « y découvrira le site, la nature et le climat de cette Guadeloupe que jadis six de nos pères ornèrent de leur sang […][1] », en référence au martyre qu'auraient souffert six missionnaires dominicains espagnols sur l'Île en 1603 et en 1604. La mort de ces hommes constitue la clé de l'argumentation des dominicains pour obtenir le droit d'établir une mission aux Antilles, mais son symbolisme va bien plus loin. De simple ornement, cette inscription se transforme chez Du Tertre en une véritable prise de possession soutenue par le droit divin :

> Le choix de nos PP. pour la Mission de la Guadeloupe, fut sans doute l'effect d'une Providence particuliere de Dieu ; cette terre sembloit appartenir à l'Ordre de Saint Dominique, & le sang de ses Bien-heureux Enfans qui avoit esté répandu, ayant esté comme la semence du Christianisme qu'on y alloit establir, (pour parler avec Tertulien) il estoit juste que le fruit fût recueilly, par ceux qui avoient fourny la semence. (1667, tome I : 71-72)

On récolte ce que l'on a semé. Mais Du Tertre et les autres missionnaires français arrivant 40 ans après sont coupés de l'événement qu'est le martyre des dominicains espagnols, faute de pouvoir identifier les lieux où il s'est produit. Encore une fois, ils sont redevables à la connaissance des Autochtones : « Il y a encore des Sauvages dans l'Isle de la Dominique », raconte Du Tertre, « qui sçavent le lieu, où ces Religieux furent martyrisez, & qui ont souvent asseuré au R.P. Raymond Breton, qu'ils ont veu plusieurs fois des lumieres en cét endroit ». (1667, tome I : 72) Les Amérindiens, seuls à pouvoir identifier le site, deviennent dépositaires du sens de l'événement. Le martyre appartient désormais à une expérience historique antillaise, dépendante d'un savoir local ; l'alliance entre missionnaires et Amérindiens est scellée dans le sang des dominicains, qui a arrosé cette terre que décrivent Du Tertre et Breton.

1 Raymond Breton, *Relations de l'île de la Guadeloupe*, p. 27.

© CHRISTINA KULLBERG, 2021 | DOI:10.1163/9789004434967_009
This is an open access chapter distributed under the terms of the CC BY-NC-ND 4.0 license.

« “La terre m’appartient, je fais corps avec elle” : c’est ce que proclame tout voyageur, lorsque, de retour il rédige ou dicte sa relation », constate Frank Lestringant[2]. Au-delà de l’expérience personnelle, le martyre raconté par le missionnaire rappelle que l’histoire de la colonisation se propose également comme un récit de l’entrée du corps européen dans cet espace étranger, et une mise en scène du corps de l’Autochtone et de l’esclave au bénéfice du lecteur curieux. Et au niveau symbolique, on pourrait dire que la relation raconte comment le corps de l’État, en parallèle avec celui de l’Église, se prolonge sur le(s) corps étranger(s). En effet, le corps devient un élément central de la représentation des Antilles.

Du Tertre témoigne d’une attention presque obsessionnelle au corps, une obsession qui lui est typique, mais qui appartient également à la tradition viatique missionnaire : le voyage permet à l’homme d’éprouver la puissance divine ; la fatigue et le danger en font un chemin vers le Christ[3]. Friedrich Wolfzettel rappelle à juste titre que le voyageur missionnaire doit s’opposer à l’aventurier, en insistant sur les obstacles qu’il rencontre sur son itinéraire. Son voyage s’apparente ainsi à une passion, chaque épreuve le rapprochant du Christ en favorisant l’introspection religieuse[4]. Du Tertre s’inscrit dans le même paradigme. Il reproche aux aventuriers d’oblitérer les difficultés du séjour : « ceux qui sont les premiers Moteurs intéressez de toutes les nouvelles entreprises, ne faisant ordinairement paroistre que le beau costé de la médaille, en étallent toutes les richesses en exagerent tous les bonheurs & en déguisent à mesme temps toutes les peines & toutes les infortunes ». (1667, tome III : 10) Le discours historique prolonge cette dimension allégorique, et les sacrifices impliqués dans le projet colonial y apparaissent en filigrane. La mission est conçue comme une lutte physique à plusieurs niveaux, dans laquelle l’envoyé de Dieu accomplit son rôle en souffrant et en secourant d’autres hommes. Le corps assume aussi une fonction importante dans l’écriture, par le recours à la première personne : si l’œil assure la description de l’espace exotique, le corps en assume l’expérience.

Les rapports entre le relateur et l’espace étranger, entre les Français, les Amérindiens et les esclaves africains permettent à la colonisation d’apparaître moins comme un projet politique abstrait que comme un véritable

---

2 Frank Lestringant, « Des récits, des cartes, quelle relation ? », p. 300.

3 On retrouve la même tendance chez les jésuites. Voir Marie-Christine Pioffet, *La Tentation de l’épopée*, p. 24. Marie-Christine Gomez-Géraud, « Le corps à l’épreuve du voyage : Chronique d’une mission en Huronie », *Viatica*, numéro spécial portant sur le corps du voyageur mis en ligne le 25/03/2014, URL: http://revues-msh.uca.fr/viatica/index.php?id=363. Consulté le 16 avril 2019.

4 Friedrich Wolfzettel, *Le Discours du voyageur*, p. 168.

investissement physique dans les Îles, au risque de brouiller le cadre paradisiaque qui en constitue le décor. Ainsi, dans la partie historique de l'ouvrage, le relateur décrit les mouvements des pirogues des Amérindiens naviguant entre les Îles et se cachant dans les anses. Ces descriptions, intercalées dans la narration, font de l'espace antillais un lieu « pratiqué », pour reprendre la terminologie de Michel de Certeau[5]. La forme de l'Île, vue à travers les trajets accomplis par les Amérindiens et les Français, apparaît comme « un croisement de mobiles » ; elle est parcourue de mouvements et de relations dynamiques qui l'inscrivent dans la géographie plus vaste de l'archipel. C'est dans ce cadre que l'on peut situer la fonction théâtrale de la représentation géographique de son récit : « [...] les terres qui ont servy comme de theatre à tous ces évenemens dont i'ay fait le recit ». (1667, tome II : 1) Faire du globe un « théâtre du monde » est une métaphore répandue depuis plus d'un demi-siècle qui a des conséquences sur la figuration de l'étranger ; la dramatisation topique de l'espace peuple l'ailleurs d'acteurs[6]. Dans ces passages, l'exotisme capte l'autre et l'ailleurs comme participant à ce drame de la prise de possession du territoire. Comment ces corps blancs, basanés et noirs, ravagés par les maladies et les supplices, décrits dans la partie encyclopédique et mis en scène dans la partie historique sont-ils présentés dans l'*Histoire des Antilles*, et comment interagissent-ils ? Si la théâtralisation joue le rôle d'une instance médiatrice à cet égard, voyons maintenant comment le corps arrive à s'inscrire dans l'histoire du paradis colonial qu'esquisse Du Tertre – et à quel prix.

1 Le voyageur – une interface

Dans la relation de voyage du XVIIe siècle, la présence du corps reste néanmoins problématique. Si ce dernier vient garantir l'authenticité du témoignage, et augmente par là la valeur de la relation, sa présence risque toutefois d'évoquer les passions que le voyageur avait promis dans sa préface d'écarter de son récit – qu'il s'agisse de la tentation suscitée par les corps nus des Amérindiens qui y sont représentés ou de la tentation pratique d'agir dans son propre intérêt

5 Michel de Certeau, *L'invention du quotidien 1. Arts de faire*, Paris, Union Générale des Éditions, 1980, p. 208.

6 La théâtralisation recoupe une grande partie des traits stylistiques de ce que Marie-Christine Pioffet voit comme une tendance ou un désir chez les voyageurs d'approcher la relation de l'épopée ; *La Tentation de l'épopée*. Notre analyse doit beaucoup à l'étude de Pioffet, mais la notion de théâtralité cerne mieux que l'épique la manière dont Du Tertre conçoit la colonisation comme une scène. Le voyage n'est pas, si ce n'est dans certaines anecdotes, conçu comme une aventure chez Du Tertre.

en publiant ce récit, plutôt que de servir l'État et l'Église. Ce paradoxe explique peut-être pourquoi les relateurs, comme après eux les spécialistes de littérature viatique, tendent à privilégier l'aspect visuel de l'expérience plutôt que sa dimension corporelle[7]. Pour ceux qui cherchent à définir le genre, il est clair que la narration à la première personne constitue une base fondamentale. Et les relateurs eux-mêmes utilisent bien plus souvent la formule « I'ay remarqué » que l'expression plus physique « I'experimentay », notamment en ce qui concerne l'écriture de l'histoire morale et naturelle. C'est aussi en observateur direct ou bien à partir d'autres témoins oculaires que Du Tertre propose de raconter l'histoire de la colonisation – comme si l'œil seul pouvait témoigner d'une présence raisonnée, assurant la véracité du récit tout en faisant échec aux pulsions interdites. Or, le voyageur observe à partir d'une position dans l'espace et dans le temps ; la vue est également déterminée par le corps.

D'après Jean-Claude Laborie, cette détermination physique sera de plus en plus prise en compte par les voyageurs. Le corps dès lors intervient comme garant épistémologique :

> Les modes médiévaux d'enregistrement du savoir (la cosmographie, le thésaurus, les livres de merveilles, etc.), en vigueur jusque dans les années 1540-1550, qui faisaient du voyageur un simple regard additionnant le nouveau à l'ancien, finissent par s'épuiser. Le voyageur doit entrer dans l'arène du récit pour valider des connaissances qui ne vont plus d'elles-mêmes. Or la représentation de soi exige le recours à la fiction et rapproche le récit viatique de formes narratives parallèles et concurrentes, elles-mêmes, et cela pour les mêmes raisons, en plein réaménagement (le roman de chevalerie, la chronique historique, le roman picaresque, la nouvelle, etc.)[8].

La transition de l'enregistrement simple, qui s'inscrivait dans une tradition livresque, à la mise en scène du voyageur comme actant exige aussi une autre mise en texte qui serait, elle, littéraire, selon Laborie. Le récit transmet au lecteur non seulement ce que le relateur a vu, lu ou entendu, mais aussi ce qu'il a *vécu* dans les terres lointaines, impliquant le recours à d'autres sens. Les impressions sensorielles s'y inscrivent dans l'ensemble des ressources rhétoriques

7 À ce sujet, voir Philippe Antoine, « Le Corps du voyageur », *Viatica*, mis en ligne le 02/01/2007, URL: http://revues-msh.uca.fr/viatica/index.php?id=356. Consulté le 5 avril 2019.

8 Jean-Claude Laborie, « Récits de tortures et de souffrances : l'exemple de *Peregrinação* de Fernão Mendes Pinto (1614) », *Viatica*, mis en ligne le 25/03/2014, URL: http://revues-msh.uca.fr/viatica/index.php?id=442. Consulté le 6 avril 2019.

à la disposition du relateur et sont investies d'une double fonction ; au-delà d'une affirmation de la présence du sujet, elles servent à relayer le monde extérieur : « [la modalité du corps] n'est pas une simple émanation de la subjectivité, puisqu'elle est une réaction contrainte et éminemment physique, et elle ne s'enracine pas non plus dans le monde visité, dont elle n'est pas une caractéristique objective. Elle est plus sûrement l'effet de l'un sur l'autre et peut être comprise comme une interface[9] ». Du Tertre, on le sait, fait avant tout l'histoire des Antilles, non celle de son propre séjour ; son corps y apparaît donc comme une ressource rhétorique pour se dire tout en se niant, laissant plus de place à la construction du savoir. Dans son écriture, la sensibilité au monde extérieur que véhicule la présence du corps mène souvent, par défaut et au détour d'une phrase sinueuse, à une connaissance dont les fondements sont subjectifs. La « nécessité », dit Du Tertre, « est une bonne maîtresse qui nous découvre souvent les secrets les plus cachez ». (1667, tome II : 92)

ILLUSTRATION 8 *Comme on retourne la tortue*, Sébastien Leclerc
SOURCE GALLICA.BNRF.FR / BIBLIOTHÈQUE NATIONALE DE FRANCE, DOMAINE PUBLIC

9 *Ibid.*

La texture d'un fruit, le toucher d'une feuille d'arbre, la réaction physique qui suit la dégustation de la chair de tortue, tout cela fait partie de la constitution du monde étranger. Pour en prendre un exemple précis, quand Du Tertre décrit le moustique, il ne se borne pas à décrire l'apparence de l'insecte, mais raconte comment il perce la peau ; sa piqûre fait littéralement pénétrer l'étranger, comme substance, dans le corps. L'effet qu'elle produit fait partie de la compréhension globale de l'insecte :

> [Ils] se rüent sur toutes les parties du corps qui sont découvertes, & chacu d'eux ajuste son petit bec (qui ne pouvat estre pres que veu des plus clairs-voyans, se fait neanmoins cruellement sentir) dans un des pores de la peau, & si tost qu'ils ont rencontré la veine, vous les voyez serrer les aisles, roidir les jarets, & succer le sang le plus pur, comme un enfant qui tire le laict du sein de sa nourrice ; que si on les laisse faire, ils en tirent tant qu'à peine peuvent ils voler. (1667, Tome II : 286-287)

Malgré l'absence de la première personne, la description s'appuie sur les sens, mettant en valeur l'avidité du maringouin comme une caractéristique singulière de l'insecte, pour communiquer au lecteur un équivalent métaphorique de la sensation produite par sa piqûre. Dans l'ignorance du danger véritable auquel elle expose ses victimes, toute la description s'inscrit dans un champ lexical de la filiation et de la transmission de la vie, évoquées par l'idée du sang et du lait. Étrange symbole d'une union sanguine avec l'étranger, la piqûre du moustique est à la fois spectacle et sensation[10]. Le corps devient ici instrument : il aide à préciser une description, à discerner ce qui se dérobe à l'œil nu, enfin à l'inscrire dans un contexte plus large.

Les expériences médicales faites par le narrateur lui-même sont particulièrement intéressantes à cet égard. Du Tertre, souffrant des dents, découvre un remède grâce à un Amérindien qui le voit « travaillé, jusqu'à l'extremité de

10 Les maringouins reviennent ailleurs, mais sous le mode de l'amplification hyperbolique que l'on retrouve aussi dans les relations de la Nouvelle-France. Voir Marie-Christine Pioffet, *La Tentation de l'épopée*, p. 194. C'est notamment le cas dans la description des boucaniers : « Nos Chasseurs [...] mangeant du pain du pays, beuvant de l'eau, & couchant sous des arbres, exposez à toutes les injures du temps, & qui pis est, à la mercy des Maringoins & des Moustiques (qui viennent d'être décrits), qui leur tirent le meilleur sang du corps, & ne leur donnent pas un seul momêt de repos ; de sorte qu'ils sont contrains de passer la plus grande partie de la nuict, à l'entour d'un grand feu, assis sur leurs derrieres comme des singes, le bout de petun à la bouche, fumant comme des dragons, jusqu'à ce que la fatigue les accable, que le sommeil les charme & rende leurs corps insensibles aux piqueures de ces Maringoins & des Moustiques. » (1667, tome II : 257)

cette douleur enragée » et lui apporte une « espèce de *Solanum* fort petit » et une « *Circea* »[11] :

> Il [l'Amérindien] m'ordonna de prendre de l'une ou de l'autre racine, de la presser, & de la tenir long-temps sur la dent qui me faisoit mal ; j'experimentay que toutes deux avoient le mesme effet : car à l'instant cela me fit cesser la douleur ; mais aussi il engourdit non seulement la gençive, mais encor la moitié de la teste, du costé où il estoit appliqué. Ie crois que c'est un posion qui pourroit causer quelque paralysie, ou quelque autre accident à ceux qui en useroient souvent. Ie ne sçay si le Circea a le mesme effet en France, mais il est certain que dans les Isles ces deux plantes sont dangereuses. (1667, tome II : 93)

Le savoir sur la plante se construit à partir des sensations et dans l'incertitude de son effet. L'exemple du *circea* montre que la connaissance de l'aliment exotique se fait souvent par étapes : le voyageur identifie chez lui-même un besoin, les Amérindiens lui suggèrent une solution, lui présentent la plante, et ce n'est qu'après cette introduction que le relateur observe et goûte lui-même la plante ou en expérimente les effets, et peut ainsi la mettre en rapport avec ses connaissances et en distinguer les traits caractéristiques.

C'est donc une nécessité physique qui préside à cette *incorporation* de l'élément inconnu. Le processus interactif permet de transgresser la séparation qui est à la base de l'observation visuelle, en faisant de l'exploration de l'ailleurs un processus expérimental. Du Tertre voit la plante, mais ne peut la comprendre qu'après avoir fait physiquement l'épreuve de ses qualités, et la transformation de cette épreuve en savoir dépend en outre des Autochtones. Ainsi se forme une description sensorielle de la texture, de l'odeur, du goût et parfois de l'effet produit, notamment dans le cas des plantes médicinales. Cette expérience, qui fait du corps du missionnaire l'officine du savoir nouveau, suggère que l'exotisme n'apparaît pas comme une collection de *disjecta membra* ; il s'agit ici au contraire d'un processus d'intégration. Le corps du voyageur, métonymique de celui du reste de la colonie, se constitue comme une interface ; il filtre le connu et l'inconnu. C'est ainsi que le corps devient une figure essentielle de la poétique du voyage. Par son intermédiaire, la narration peut capter et mettre en scène l'expérience de l'étranger dans laquelle le même et l'autre s'interpénètrent.

On verra, de surcroît, que le voyageur lui-même observe l'aspect physique des autres et cherche à lire ces derniers afin de se préparer à l'expérience

11 Il s'agit probablement de la *circaea lutetiana*, autrement appelée « herbe aux sorcières ».

qui l'attend. L'exemple le plus illustratif de cette fonction du corps comme avant-texte se trouve dans le récit du premier voyage de Du Tertre. Lorsqu'il arrive aux Îles en 1640, la colonie française à Saint-Christophe vient d'être attaquée par les Autochtones. Dans un récit de bataille héroïque, il raconte que de Saboüilly et ses hommes se voient confrontés à un grand nombre d'Amérindiens : « ayant remplis ces Sauvages de sang & de morts, ils furent contrains de prendre la fuite, & de gagner le vent à force de rames, apres avoir jetté des cris & des hurlemens, qui marquoient la tristesse qu'ils avoient de leur déroute ». (1667, tome I : 149) À la lecture de l'anecdote, on pourrait croire que Du Tertre a assisté en personne aux événements ; en réalité, il n'en est que le témoin indirect : il a sauvé la vie d'un « nommé Bouline » en amputant son bras, blessé par une flèche. Ce récit de rencontre indirecte montre comment le narrateur donne à imaginer les Amérindiens par le biais d'une observation des corps de ses compatriotes, longtemps avant de croiser lui-même les Autochtones en chair et en os. Du Tertre soigne le soldat blessé et lit sur sa peau le récit d'une rencontre violente avec l'étranger, que le missionnaire n'a pas encore vécue lui-même. Au cours de ses années aux Îles, Du Tertre verra d'autres preuves physiques du conflit, qui font du corps des soldats des documents historiques : « j'en ay veu depuis quelques uns qui portoient encore des marques de leurs blessures ». (1667, tome I : 149) Le soin des blessures revient donc à une première lecture de l'espace antillais. La scène présente le corps comme surface d'interaction avec le monde extérieur, opération symboliquement essentielle dans la conceptualisation de l'étranger par l'écriture.

2 Jeux de passage

L'importance de l'expérience physique est thématisée dans la traversée de l'Atlantique. Le passage en mer constitue une première épreuve physique de l'ailleurs, et au récit des voyages maritimes de Du Tertre s'ajoute celui de la transformation de son propre corps. Aux yeux du missionnaire qui a, rappelons-le, déjà participé à une expédition militaire au Groenland, l'être humain n'est pas fait pour survivre à de longs périples. Quand il raconte la traversée vers les Antilles, les maux occasionnés par la mer prennent une dimension concrète autant que symbolique : le monde étranger met l'homme à l'épreuve dès son départ d'Europe, comme s'il devait subir un changement nécessairement pénible pour s'ajuster au Nouveau Monde qu'il va rencontrer :

> Ie ne m'arreste pas icy à vous décrire les vomissemens & les autres maux de la mer ; l'infection insupportable des navires remplis de malades,

> couchez les uns sur les autres, parmy la fange & l'ordure : sur tout le fascheux embarras des femmes, les mauvais repas qu'on y fait, la corruption des eaux, desquelles assez souvent, quoy qu'infectes & puantes, on n'a pas suffisamment pour étancher l'importune ardeur d'une soif insupportable : Les uns pour y remedier tiennent des bales de plomb dans leurs bouches, ou y mettent de temps en temps un grain ou deux de sel de Saturne, pour la tenir fraische ; & les autres par le moyen du tabac qu'ils fument, y attirent de la pituite ou salive à mesme dessein : mais tous ces remedes n'ostant pas les deux principales causes de cette soif, sçavoir les salines qui servent de nourriture, & la chaleur excessive & inévitable dans les voyages de l'Amerique, on ne laisse pas de souffrir au delà de ce qui peut exprimer. (1667, tome II : 44)

Du Tertre résume le topos de manière paradigmatique, en dressant la liste de toutes les misères du voyage. Les maux et les souffrances d'une traversée en mer – dont le relateur sait qu'ils sont des clichés du récit maritime – sont évoqués en série, ainsi que les vaines tentatives pour y remédier. Il s'agit chez lui du sort d'une communauté ; ce sont les maux de tous qui préparent l'histoire de l'établissement d'une colonie, tout le corps de cette dernière devant se montrer apte à la survie en contrée lointaine. Si héroïsation il y a, elle relève ici comme ailleurs d'un long processus plus que d'une épreuve ponctuelle. Les passagers doivent *endurer* le voyage, dans cet entre-deux provisoirement peuplé de corps souffrants qui n'appartiennent plus à l'Europe, et pas encore au Nouveau Monde.

Le symbolisme même du voyage est thématisé et mis en scène par le rite du passage de la Ligne, cérémonie toujours pratiquée aujourd'hui et traditionnellement réservée aux marins et aux voyageurs qui passent pour la première fois l'équateur. Avec l'arrivée des alizés et l'apparition des poissons volants, cette cérémonie figure parmi les trois « curiosités » de la traversée que Du Tertre inclut dans sa relation. Il l'appelle le « baptême du Tropique », une sorte de « fête » ou « plustost quelque Baccanale », que les anthropologues d'aujourd'hui classifient effectivement comme un rite de passage[12]. Datant des premières navigations transatlantiques faites par les Portugais pendant la deuxième moitié du XVe siècle, ce rite burlesque devient vite une partie incontournable du voyage. L'épisode rompt la monotonie du récit, de même que les tempêtes et les observations sur les curiosités propres à la mer. En outre, l'anecdote du passage de la

12 Voir Henning Henningsen, *Crossing the Equator*, Thèse de doctorat soutenue à l'Université de Copenhague, 1961 ; et Simon J. Bronner, *Crossing the Line: Violence, Play and Drama in Naval Equator Traditions*, Amsterdam, Amsterdam University Press, 2006, p. 27.

Ligne symbolise le dépassement de soi nécessaire pour mériter l'autre monde. C'est ainsi qu'elle a été analysée par Sophie Linon-Chipon :

> Son franchissement, lorsqu'il devient récit, revêt une dimension symbolique capitale dans la constante dialectique qui confronte deux mondes, l'ici et l'ailleurs, que ce soit dans la similitude, le renversement, le contraste, le manque, l'étrangeté, ou l'incompréhension. Frontière entre ces deux mondes, la Ligne marque le seuil de l'ultime, après quoi, l'inconnu, sans limites, infini, prend le relais. Aussi matérialise-t-elle le désir de rencontrer l'Autre[13].

L'accent est mis sur l'écriture de l'événement, qui permet à celui-ci de dépasser l'anecdote. Devenu récit, le passage de la Ligne s'inscrit dans un ensemble discursif qui réalise la transition vers le monde exotique, en matérialisant la réalité de l'ailleurs. Il ne s'agit pas seulement d'une mise en forme textuelle, mais de la représentation d'un acte concret, celui du franchissement du seuil vers le passage de l'autre côté de l'Atlantique.

Quand le contact avec le monde étranger est ainsi préparé par le récit d'une cérémonie, le corps se voit placé au centre de l'attention. Les passagers doivent se soumettre à une transformation qui met en scène le corps comme interface entre deux mondes :

> Tous les officiers du navire s'habillent le plus grotesquement, & le plus boufonnement qu'ils peuvent. La pluspart sont armez de tridents, de harpons, & d'autres instruments de marine : les autres courent aux poiles, broches, chaudrons, leschefrites, & semblables ustensilles de cuisine ; ils se barboüillent le visage avec le noir qu'ils prennent au dessous des marmites, & se rendent si hideux & si laids, qu'on les estimeroit de veritables Demons. Le Pilote les met tous en rang, & marche à la teste, tenant d'une main une petite carte marine, & de l'autre un Astrolabe, ou baston de Iacob, qui sont les marques de sa dignité. Cependant, les tambours & les trompetes sonnent en grande allegresse, & cette boufonne compagnie tressaut de joye, pendant que ceux qui n'ont pas encore passé le tropique, se dépoüillent & se disposent à estre baignez : elle fait deux ou trois tours en ce mascarade équipage, apres lesquels le Pilote prend seance sur la dunette, d'où il depéche incontinent deux de ses officiers, habillez comme ie l'ay décrit, vers le plus apparent de ceux qui doivent estre lavez ; & le

---

13 Sophie Linon-Chipon, « Le passage de la ligne ou le Carnaval de la mer : Luillier (1705), Leguat (1707) », *Dix-huitième siècle*, n° 22, 1990, p. 185.

> contraignent & tous les autres pareillement, à venir prester serment sur la carte, qu'ils feront observer les mesmes choses à ceux qui passeront en leur compagnie ; ce qu'ayant tous juré, on leur fait promettre de donner quelque aumône aux pauvres, & de contribuer à la bonne chere de deux jours, par quelque bouteille de vin, langue de bœuf, jambon, ou austres raffraischissemens. Ce qu'estant fait, on commence à baigner. (1667, tome II : 46-47)

La cérémonie contient des éléments carnavalesques, au premier rang desquels figure bien sûr le brouillement de statuts sociaux et de hiérarchies. Aucun des passagers n'est dispensé du rite initiatique ; Du Tertre et les missionnaires y passent aussi bien que les femmes et les enfants. Le carnavalesque se manifeste également à travers le travestissement festif des participants assumant physiquement une aliénation qui préfigure la rencontre avec l'inconnu à l'horizon de leur voyage. On aurait là une véritable *performance* avec des acteurs, des spectateurs, tout un rituel s'apparentant au théâtre, dont le but est de mettre en scène et en action la violence fondamentale des rencontres culturelles et de l'anticiper en même temps, préparant ainsi les voyageurs à la confrontation. L'Atlantique devient par là le berceau d'un nouveau rapport à l'étranger, dès le début de la colonisation et jusqu'à l'apogée de la traite esclavagiste.

La baignade dans l'océan – les passagers sont trempés dans l'eau ou y descendent d'eux-mêmes –, qui fait partie du rite, est tout aussi signifiante dans ce contexte : le passage dans l'autre monde revêt l'aspect d'un passage par le royaume des morts sur la barque de Charon, les passagers devant également payer leur traversée. Du Tertre fait allusion à cette valeur symbolique du rite lorsqu'il s'arrête sur l'héritage de la tradition :

> […] mon sentiment est, que cela vient de ceux qui furent assez hardis pour pousser leurs voiles jusques dans les Zones torrides, qui jusques alors avoient esté tenuës par Saint Augustin, & beaucoup d'autres pour inhabitables, se voyans entrer comme dans un autre monde firent une sorte d'allusion au baptesme, que l'on donne aux Chrestiens apres leur naissance ; & en effet on se sert encore du mot de baptiser sous le tropic, pour exprimer cette ceremonie[14]. (1667, tome II : 48)

14 Cette explication est reprise par le flibustier Alexandre Olivier Exquemelin. Nous la trouvons presque mot pour mot dans le premier chapitre de son *Histoire des aventuriers flibustiers d'Amérique*, p. 21.

Associé à l'absolution chrétienne, le rite est à la fois initiation et adhésion à une communauté, celle de la nouvelle colonie. Même si, au milieu du XVIIe siècle, franchir l'équateur n'a plus rien d'une aventure inédite, le passage marque clairement une séparation entre deux mondes. La mise en scène de son dépassement signale peut-être, comme le suggère Linon-Chipon, l'espoir d'une renaissance : « La Ligne ne serait-elle pas cette frontière qui, en marquant la fin du monde connu [...] propose une autre vie ? "Le baptême", dont la nature est ici d'exorciser le diable, est aussi cette possibilité de se ressourcer, de renaître sous une autre identité[15]. » Du Tertre ne semble pas voir dans le rite un exorcisme, mais il voit bel et bien ce baptême comme une façon de renaître.

Le changement d'identité qui marque ce passage se laisse également lire dans le récit du retour, mais dans une symbolique inversée. On retrouve les éléments performatifs, mais sans la perspective d'un avenir heureux sur les nouvelles terres promises. Les épreuves du retour ont transformé les voyageurs en rescapés de l'au-delà :

> Enfin, nous achevasme nostre voyage, qui dura en tout quarante-deux jours, pendant lesquels nous experimentasmes tant de maux, & fismes des jeûnes si rigides, qu'à nostre arrivée, les habitans de la Rochelle virent dans nos personnes de vives images de leur ancienne misere ; car nous n'avions que la peau sur les os, le plus fort d'entre nous avoit de la peine à se soutenir, & dix ou douze moururent peu de temps apres. (1667, tome II : 56)

L'établissement comporte un voisinage avec la mort qui ne laisse pas indemnes les colons et les missionnaires. Du Tertre reprend indirectement ici une image de Jean de Léry, qui avait comparé le destin de son équipage lors du retour en France à la souffrance des habitants de Sancerre lors du siège de leur ville. Mais chez de Léry, le retour signale également la fin du récit. Placé dans une position adjacente au récit de l'aller dans l'*Histoire générale des Antilles* et au début du deuxième volume, le récit antihéroïque de ce retour renforce l'idée que les transferts transatlantiques marquent les Européens dans leur chair.

Toutes ces performances – le baptême du tropique autant que la cérémonie de l'arrivée et la scène d'épouvante du retour – ont pour but de matérialiser dans la narration un espace neutre, atténuant le choc de l'étrangeté et « autorisant à la fois la communication et la séparation des deux mondes[16] ». L'espace

---

15 Sophie Linon-Chipon, « Le passage de la ligne ou le Carnaval de la mer », p. 186.

16 Jean-Michel Racault, « Instances médiatrices et production de l'altérité », p. 37. D'ailleurs, cette ligne de partage s'efface au fur et à mesure que la colonisation s'affirme. Cinquante

neutre où se joue cette conjonction entre le même et l'autre est le produit d'une mise en scène fondée sur le travestissement : les futurs habitants et les missionnaires constituent une nouvelle communauté, soudée par cette expérience de l'aliénation. Du Tertre lit aussi les Autochtones à travers le prisme de la performance. C'est ce que l'on voit lorsque l'Amérindien « joue » la rencontre avec les Français, dans un épisode qui fait désormais partie de la mythologie franco-antillaise, et qui commence au moment où les Français concluent la paix avec les Amérindiens, après une longue période de conflits au début des années 1640. Les missionnaires y trouvent une excellente occasion d'essayer de mieux les connaître, de pénétrer les mystères de leur langue et de leur culture, afin d'améliorer les techniques de conversion. Agissant à l'encontre des ordres donnés par de Poincy, gouverneur de Saint-Christophe, ils envoient secrètement de la Guadeloupe à la Dominique l'un des leurs, Raymond Breton, avec pour guide un Amérindien qui y gagnera un statut mythique dans les relations des Antilles : le Capitaine Baron. Tout ne se passe cependant pas comme les missionnaires l'avaient espéré. Du Tertre raconte comment le Diable[17]

> [...] de la bouche de leurs *Rioches* (qui sont certaines Idoles Marmousets de Coton) [leur donnant à entendre], que les François avoient dessin de leur faire le mesme traitement qu'ils avoient fait sur les autres Caraïbes dans les autres Isles, dans lesquelles ces Nations estrangeres s'estoient insinuées par de petits commencements ; s'estant acruës, elles les avoient chassé de leur pays natal, privé de leurs terres, & cruellement massacré. (1667, tome I : 201-202)

Les Amérindiens prêtent une oreille attentive aux prédictions de ces démons qui, de fait, ne sont que trop lucides quant aux intentions des colons. Baron tente de résoudre le conflit en les invitant à boire, afin de réconcilier les deux communautés :

> Les plus considerables de l'Isle estant assemblez chez luy, il [Baron] prit la parolle en faveur de ses Hostes, desquels il tiroit déja plusieurs petits presens ; & afin d'haranguer avec plus d'authorité, & se rendre le peuple plus

ans après la publication de l'ouvrage de Du Tertre, le récit du retour que l'on retrouve dans la relation du Père Labat est triomphal ; le missionnaire accoste en Espagne avec deux navires chargés de richesses en provenance des colonies, après un voyage sans événements.

17 Dans l'édition de 1667, Du Tertre substitue le mot « Diable » à « *Boyé* ou un Sorcier », dissociant le démon de la mythologie amérindienne d'avec le diable chrétien, ce qui confirme que l'orientation de la deuxième édition se focalise plus sur l'histoire naturelle et morale que sur le travail évangélique.

> attentif, il se vestit de la juppe d'une Dame Angloise qu'il avoit butiné à la guerre, en sorte que ce qui devoit estre attaché sur les reins, estoit lié autour de son col ; & ainsi ajusté, il monta sur une petite eminence de terre, commença à crier à pleine teste, & à les haranguer avec tant de prolixité, que la pluspart ennuyez de son discours, s'en allerent en murmurant ; les autres qui avoient plus d'inclinations à la paix, gouterent ses raisons, & témoignerent à nos Religieux qu'ils estoient les tres-bien venus, & qu'ils n'avoient qu'à demeurer avec eux en toute asseurance. (1667, tome I : 202)

Baron, dans son double rôle, parvient grâce à cette diversion bouffonne à repousser au moins l'assaut qui menaçait les Français. L'élément carnavalesque qui réapparaît dans sa ruse se retrouve, là encore, au cœur d'une négociation entre Amérindiens et dominicains. Son apparence, ses gestes et sa « harangue » interminable (que le récit distingue clairement de la rhétorique des missionnaires) l'aident à se démarquer des Français. Pour reprendre le vocabulaire postcolonial, Baron mime le discours et le comportement des Frères Prêcheurs ; il ne prend pas leur place[18]. Ce mimétisme bouffon diminue la portée héroïque de son geste, même si son discours contribue à sauver la vie de Breton.

L'idée que les Amérindiens imitent les Européens se trouve déjà dans les journaux de Colomb. Il peut certes s'agir là de la reprise d'un trope que Du Tertre aurait négligé d'insérer dans la première version de l'*Histoire générale des Antilles*. Quoi qu'il en soit, la notion de mimétisme revient dans d'autres parties de cette seconde édition. Un « nommé Amichon », voulant porter une « cravatte » comme le gouverneur de la Martinique, se revêt d'une « vieille toille, d'une voile de chaloupe de laquelle il se fit deux ou trois tours au col, laissant pendre le reste devant soy » et provoque les rires. (1667, tome I : 359) En décrivant le caractère des Amérindiens, Du Tertre précise de même qu'ils « se piquent d'honneur, mais ce n'est qu'à notre imitation, & depuis qu'ils ont remarqué que nous avons des personnes parmy nous, ausquelles nous portons beaucoup de respect & déferons en tout ». (1667, tome II : 339) Ainsi, le principe de l'inégalité sociale, s'il existe, parmi les Amérindiens, apparaît comme un effet de ce mimétisme. Enfin, lorsque les Français plantent le drapeau à fleurs de lys à Saint-Christophe, « [q]uelques sauvages, & entre autres un vieillard appelé Ariacan, qui fut depuis le Compere de Monsieur du Plessis, s'estant trouvez presens à cette action de pieté & de réjouissance, firent à la façon des Singes, toutes les ceremonies qu'ils virent pratiquer à nos François,

---

18 Nous reprenons ici l'analyse de Homi K. Bhabha du mimétisme colonial. *The Location of Culture*, p. 85.

s'agenoüillant & baisant la terre comme eux ». (1667, tome I : 76) Comme dans le cas précédent, cette comparaison avec les singes apparaît pour la première fois dans la deuxième édition ; elle ne figurait pas dans celle de 1654. (1667, tome I : 34)

Dans un registre analogue, Du Tertre place son propre premier contact avec un Autochtone sous le signe du travestissement et de la fausseté :

> Le premier des Sauvages qui mit pied à terre, vint droit à moy, comme s'il m'eût connu de longue main, & me prenant par le poing, il fit un signe de Croix sur ma manche, & la baisa plusieurs fois : il me demanda en langue espagnole un Chapelet, & l'ayant interrogé de ce qu'il en vouloit faire, il fit réponse que c'estoit pour prier Dieu ; quoy qu'en effet, il n'eut autre dessein que de le pendre à son col, comme les autres, & en faire parade ; car i'ay su depuis que ce mal heureux avoit esté dix ans esclave en Espagne, qu'il avoit été instruit & baptisé ; & qu'ayant trouvé moyen de se sauver, en les quitant il avoit renoncé au Christianisme. Il ne faut espérer autres choses des Sauvages, qui sont tant soit peu sur l'âge, & qui se sont desia froté au pillier de la feneantise, & trop grande liberté. (1654, tome I : 58)

L'homme parle l'espagnol sans adhérer à la religion catholique, qu'il aurait abandonnée aussitôt de retour aux Îles ; il ne se sert de la langue des Européens que pour obtenir des objets et « faire parade ». Du Tertre n'explique pourtant pas comment il a obtenu cette information supplémentaire. Le récit a surtout pour but de montrer que le déguisement est pour les Amérindiens une seconde nature, et qu'ils ne sont pas dignes de confiance. Chez les Français, bien sûr, le même geste est uniquement motivé par la nécessité d'en savoir davantage sur la culture de l'autre … Difficile de ne pas voir dans ce sophisme l'expression d'un ethnocentrisme malhonnête. Mais pour autant que cela est vrai, il faut aussi reconnaître que, du moins, le scepticisme dont témoigne ici Du Tertre montre que le missionnaire ne s'imagine pas qu'il peut saisir l'autre dans son authenticité. L'*Histoire générale des Antilles* met en scène le drame de la colonisation, non pas sous la forme d'une imitation du réel, mais sous la forme d'un jeu mimétique ; le récit constitue à cet égard une performance, qui implique déguisements et transformations. Dire l'étranger et l'ailleurs, c'est forcément s'engager dans cet espace régi autant par l'authenticité de ses propres expériences que par la duperie des autres.

CHAPITRE 8

Le corps de l'autre

Le frontispice de l'édition de Jolly représente une allégorie de la rencontre coloniale, à travers le portrait des habitants nobles des Îles, divisés en deux groupes.

Au centre de l'image, une femme est assise sur une sorte de trône, sur lequel est représentée la carte des Antilles ; elle est entourée de deux cornes d'abondance, l'une (à sa droite) remplie de fruits exotiques, l'autre (à sa gauche) contenant des livres. Les bras ouverts, elle tend d'un côté la main aux Français, arborant perruques et chapeaux à plume ; à leurs pieds, un tatou accompagné d'une tortue, attributs de l'Amérique. Du côté gauche, les Amérindiens sont représentés nus, à l'exception de bracelets au bras et au mollet et de rubans sur le torse. Près d'eux, des livres, et à leurs pieds, une barrique et un paquet difficilement identifiable – peut-être s'agit-il de tabac ou d'un autre produit colonial. Une fois de plus, la scène d'échange se répète, cette fois-ci sous le signe d'un potlatch codifié, où les Français apportent la culture érudite et militaire, et les Amérindiens, les richesses naturelles de leur terre. Au-dessus de l'allégorie, un tableau représente un missionnaire bénissant la rencontre entre une figure qui porte un manteau d'hermine, représentant la monarchie, et un Amérindien ; tous deux s'inclinent devant la croix.

Deux scènes de rencontre et d'interaction ouvrent donc l'*Histoire générale des Antilles* et établissent deux lignes de partage qui sont particulièrement intéressantes ici. D'une part, les scènes saisissent un peu schématiquement le partage entre le corps statique et le corps dramatisé, inscrit dans une action. Au premier plan, les habitants sont fixés dans des poses, tandis qu'au deuxième plan, la rencontre est représentée de façon dynamique, la France et l'Amérique venant à la rencontre l'une de l'autre à bras ouverts. D'autre part, les peuples ainsi mis en contact se distinguent les uns des autres par leurs attributs : la culture des Européens, vêtus, s'oppose à la nature des Amérindiens nus. Reprise d'une ligne de partage bien creusée depuis la toute première découverte : le 11 octobre 1492, après avoir enfin aperçu la terre, Colomb et son équipage « virent des gens nus[1] ».

Toutefois, dans la deuxième édition de son livre, Du Tertre se consacre autant aux Amérindiens qu'aux autres habitants des Îles, Français du peuple et

1 Christophe Colomb, *La Découverte de l'Amérique. I. Journal de bord et autres écrits, 1492-1493*, Paris, La Découverte, 2002, p. 126.

© CHRISTINA KULLBERG, 2021 | DOI:10.1163/9789004434967_010
This is an open access chapter distributed under the terms of the CC BY-NC-ND 4.0 license.

ILLUSTRATION 9 Frontispice *Histoire générale des Antilles*, Sébastien Leclerc
SOURCE GALLICA.BNRF.FR / BIBLIOTHÈQUE NATIONALE DE FRANCE, DOMAINE PUBLIC

esclaves africains, qui sont pourtant, eux, absents du frontispice. Cette absence est due aux contraintes imposées à la représentation visuelle par les règles de la bienséance et peut être lue à l'aune de ce que Madeleine Dobie identifie comme une mise sous silence stratégique de la colonisation et de l'esclavage français[2]. Or, ce qui est représenté visuellement ou ce que les lecteurs postérieurs ont choisi de mettre en valeur ne correspond pas tout à fait au contenu de l'*Histoire générale des Antilles*, notamment l'édition amplifiée de 1667. Ici, Du Tertre laisse en effet un espace égal à tous les habitants insulaires, y compris les Français et les esclaves. Cela dit, les portraits respectifs des différentes populations des Îles diffèrent en fonction du peuple décrit, comme nous le verrons.

1 Portrait des Autochtones et des esclaves

Partout dans l'histoire des mœurs qui suit celle de la nature dans le deuxième tome, la digression anecdotique amplifie les descriptions et les oriente plus vers le divertissement littéraire que vers la classification scientifique. Le modèle est vaguement hérodotien, mais son discours s'apparente aussi à un autre genre – le caractère classique –, tout en posant les bases d'une anthropologie. Le caractère, dit Furetière, est « un portrait ou une peinture des personnes ou des mœurs », et c'est sur ce point que ce genre semble pertinent pour rendre compte de la description des hommes aux Îles[3]. Le relateur vient de représenter l'espace physique – la topographie et la nature –, pour ensuite offrir un tableau des hommes aux Îles, s'intéressant au général et non pas au particulier. On peut d'ailleurs supposer que Du Tertre souscrit à l'idée moraliste que la nature humaine est « immuable, identique à elle-même dans tous les temps, en tous lieux », et que l'on retrouve chez certains auteurs de caractères[4]. L'inspiration de lire le discours sur les mœurs à l'aune du caractère et de l'anthropologie nous vient de Louis Van Delft[5]. Mais il faudrait toutefois modifier le modèle qu'il propose dans son livre *Littérature et anthropologie : Nature humaine et caractère à l'âge classique*. En effet, son anthropologie classique réfère plutôt à une sorte d'anthropologie du soi qui ne correspond que partiellement au projet de notre missionnaire, privilégiant les mœurs à la variation des *types*

2 Madeleine Dobie, *Trading Places*.

3 Antoine Furetière, *Dictionnaire universel contenant generalement tous les mots françois, tant vieux que modernes, & les termes de toutes les sciences et des arts*, La Haye, Leers, 1690.

4 Louis Van Delft, *Littérature et anthropologie : Nature humaine et caractère à l'âge classique*, Paris, Presses universitaires de France, 1993, p. 1.

5 *Ibid.*, p. 28.

d'hommes. Chez Du Tertre, le portrait moral a pour but de faire « goûter » au public français la différence, qui reste relative, entre ses propres mœurs et celles de ces peuples éloignés. Comme dans le *Discours de Théophraste*, on sent dans l'*Histoire générale des Antilles* une volonté de combiner l'édification du public sur ces mœurs étrangères qui peuvent l'étonner et la peinture de pratiques culturelles bien plus proches de celles que l'on retrouve en Europe, et qui, elles, peuvent toucher le lecteur[6]. Le discours de Théophraste, cependant, est consacré à l'Athénien, et celui de La Bruyère, au Français ; Du Tertre, de son côté, se trouve confronté à une forme d'étrangeté qui exige un autre cadre.

Du Tertre commente les traits typiques des Africains comme des Amérindiens ; les uns sont glorieux, vains et railleurs ; les autres sont rêveurs et mélancoliques. Mais il contredit lui-même souvent ces jugements, qui relèvent dès lors plutôt des stéréotypes que d'un échange réel. La description devient effectivement plus intéressante au moment où il quitte ce registre stéréotypé. Du Tertre oscille entre une explication naturelle et une explication culturelle de la différence entre les peuples. Contre l'idée que les Amérindiens naissent blancs et que la teinte de leur peau serait l'effet du *roücou* dont ils couvrent leur corps, le missionnaire assure « que nous avons quantité d'enfans Sauvages parmy nous, sur lesquels on n'a jamais appliqué aucune de ces couleurs, qui neantmoins ne laissent pas d'estre bazanez comme les autres ». (1667, tome II : 358) En revanche, c'est bien la culture qui apparaît comme responsable d'une telle différence physique, dans un passage particulièrement signifiant consacré aux esclaves. Observant le fils de Dominique, l'esclave de l'habitation des dominicains en Guadeloupe, né dans les Îles, Du Tertre conclut que l'enfant ressemble moins aux autres Africains qu'aux habitants français de ces Îles :

> […] aussi le premier que nous avons élevé de nostre Négre Dominique à la Guadeloupe ; a le visage aussi beau, le nez aussi aquilin, & les lèvres aussi minces que les François : en un mot il n'a rien de Négre que la couleur & les cheveux, parce qu'un de nos Peres avoit si expressément deffendu à sa mere de luy applatir le nez, qu'elle n'osa pas luy écacher. Ce bon Pere croyant qu'elle traiteroit de la mesme maniere la fille qu'elle eut en suite, il ne luy en parla pas davantage, mais il se trompa : & comme il luy en fit reproche, elle répondit que c'estoit pour la rendre plus belle que son fils, qu'elle croyoit extrémement laid parce qu'il n'avoit pas cette deformité hideuse dans laquelle ils establissent la beauté en leur pays. (1667, tome II : 508)

6 Jean de La Bruyère, *Discours sur Théophraste*, *Œuvres complètes*, Paris, Gallimard, 1951, p. 33.

Le portrait se borne à traiter l'apparence, mais elle fait signe vers l'âme. La psychologie des personnes impliquées dans ce passage apparaît comme un effet de leur différence culturelle : l'un trouve beau ce que l'autre trouve laid. En fait, la description morale chez Du Tertre saisit les hommes dans des situations de croisement culturel. C'est sans doute cela qui le rend sensible à la *transformation* de l'homme ; en cela, il se rapprocherait de Descartes, par l'entremise d'Aristote. Du Tertre propose une lecture anthropologique double de la réalité humaine qu'il observe, marquée par la constance autant que par la variété.

Le corps se place au croisement de ces deux logiques : il est en même temps ce qui unit et ce qui distingue les peuples. Le chapitre consacré aux habitants français s'intitule « Des états des colonies françaises dans les Antilles des Amériques » (1667, tome II : 419-483) et met en valeur les progrès de la société créée et de la communauté qui en est responsable. Les deux autres chapitres de l'histoire morale se focalisent sur « l'humeur des Négres », les « ornements des Sauvages » et « la manière dont ils font la guerre » et ainsi de suite. Le Français déplacé à l'étranger mérite l'attention, mais en tant qu'il participe à une organisation sociale complexe, à une extension de la société française en développement. L'étranger (Amérindien et Africain), en revanche, est intéressant aussi bien en dehors de son contexte social que dans le cadre de celui-ci ; son existence physique prime dans l'examen, qu'elle diffère de celle du Français ou lui ressemble.

Les insulaires autochtones sont les seuls à avoir droit à un portrait plus élaboré qui met en valeur leur aspect physique : ils sont « d'une belle taille, d'un corsage bien proportionné, gras, puissans, forts & robustes ». (1667, tome II : 357) Or, ce portrait apparaît en marge de la diégèse et fait partie de la fiction paradisiaque, énoncée dans le registre stéréotypé, clairement marquée par une modalité descriptive analogue à celle que l'on retrouve dans les introductions aux descriptions naturalistes et dans d'autres discours européens sur les Autochtones des Amériques. Certaines de ces thématiques réitératives rapprochent par ailleurs les Amérindiens des Africains. Notons par exemple la mention de la facilité avec laquelle les femmes accouchent et peuvent même « tracasser deux ou trois heures apres dans la Case, comme si rien ne s'estoit passé » (1667, tome II : 473)[7], vestige d'une incertitude sur le statut de ces populations par rapport à l'humanité en général (ne sont-elles pas concernées par les effets de la Chute ? S'agit-il d'hommes ou d'animaux ?), qui semble avoir affecté la perception des Africains par Du Tertre, mais dont il ne reste ici que

7 Pour la même thématique chez les Amérindiens, voir Du Tertre, *Histoire générale des Antilles*, 1667, tome II : 351.

cette observation anthropologique. Reprenant l'imaginaire de la fontaine de Jouvence, mêlé à d'autres éléments propres à l'exotisme américain, la description physique de l'Amérindien se distingue surtout par l'absence de signes de vieillesse : il ne se voûte pas, ses cheveux ne deviennent pas gris, son visage ne prend pas de rides et les femmes amérindiennes restent fécondes bien après 100 ans, selon deux anecdotes rapportées par Du Tertre. (1667, tome II : 372-373) Les Africains, au contraire, accablés par la lourdeur du travail forcé, présentent des marques de vieillesse de façon prématurée et meurent jeunes. Cependant, ils paraissent doués d'une telle aptitude à la survie qu'ils peuvent vaincre momentanément l'affaiblissement dû à l'âge, à l'instar de cette vieille femme que Du Tertre aurait vu allaiter un bébé qui venait de perdre sa mère. (1667, tome II : 507)

2 Voir la nudité

La marque la plus distincte de la réitération dans la figuration de l'autre reste pourtant la nudité. Comme l'écrit Nicole Pellerin : « Lointain ou voisin, l'Autre, c'est d'abord celui qui est vêtu différemment[8]. » L'Amérindien, c'est un homme nu, et la description fait sur ce point écho au frontispice et aux illustrations. Les Africains sont également nus, bien que leur nudité soit moins associée à leur caractère qu'à leur assujettissement, à leur « mort sociale » (*social death*), pour reprendre l'expression d'Orlando Patterson[9]. Or, quelle que soit la raison de la nudité, si tous les hommes se ressemblent selon le principe de la caractérologie classique, le fait que les uns soient nus tandis que d'autres sont habillés les distingue de toute façon les uns des autres – et dans ce partage du monde, le chrétien s'identifie par l'horreur que provoque chez lui la nudité. Rappelons à ce propos une anecdote significative, dans la partie consacrée à la description des peuples autochtones. Du Tertre y raconte à grands traits la vie d'un enfant amérindien, Alayoülé, destiné au « boucan » de la nation ennemie, mais sauvé par les missionnaires et converti à la foi chrétienne. La réussite de cette conversion est représentée par l'enfant, qui s'appelle dorénavant Raymond et se présente habillé, car il ne peut désormais plus « souffrir la nudité des Sauvages de nos Antilles », et qu'« il témoigne une horreur extrême de leur façon de vivre ». (1667, tome II : 456-457) La nudité affiche en effet l'appartenance à un monde

8 Nicole Pellerin, « Vêtement de peau(x) et de plumes : la nudité des Indiens et la diversité du monde au XVIe siècle », *Voyages et voyageurs au XVIe siècle*, Paris, 1987, p. 509.

9 Orlando Patterson, *Slavery and Social Death: A Comparative Study*, Cambridge Mass., Harvard University Press, 1982.

autre, à l'absence de religion, à la barbarie. Elle est signe d'une différence absolue, bien établie dans les récits des voyageurs du siècle précédent.

La signification de la nudité, ainsi répétée depuis plus d'un siècle, demeure-t-elle pourtant stable ? On a déjà évoqué que celle des Africains n'a pas la même valeur que celle des Amérindiens, puisqu'elle est partiellement comprise comme forcée. Les auteurs de voyages en Afrique de l'époque racontent certes y avoir croisé des hommes nus ; dans ce cadre, la nudité serait plutôt un signe naturel, comme dans le contexte amérindien. En revanche, transposée aux Antilles, la nudité des esclaves devient le signe de l'extrême pauvreté à laquelle ils sont réduits ; c'est donc un signe culturel. À l'opposé de ce qui se produit pour les Amérindiens, il se constitue comme tel uniquement par rapport au travail et au châtiment. De ce fait, il s'inscrit d'emblée dans le système sociétal imposé sur l'espace naturel de l'Île, dont il est même le résultat : c'est un corps façonné par la culture, impossible à dissocier de l'exploitation coloniale. En même temps, Du Tertre représente les Africains comme des enfants qui font partie de la nature au même titre que les Autochtones de l'archipel. Mais contrairement à ces derniers, qui sont corrompus par l'introduction du modèle jardinier, les esclaves progresseraient vers la civilisation dans ce nouveau contexte. Dans un raisonnement marqué par la contradiction, Du Tertre présente l'Africain à la fois comme celui qui paie le plus chèrement le prix de la colonisation, et comme celui qui en bénéficie le plus. Comme le remarque Joan-Pau Rubiés, l'hérésie est du point de vue catholique envisagée comme une maladie, transmise de manière sociale et culturelle[10]. La déportation des Africains rendrait plus facile leur « guérison », puisqu'elle les arrache à leur société, à leur culture et à leurs croyances traditionnelles.

On retrouve donc à nouveau une argumentation qui sert de prétexte pour défendre un système que Du Tertre trouve problématique du point de vue missionnaire, mais nécessaire pour la survie de la colonie. Il suggère que l'Africain souffrirait moins de l'exil qu'un autre homme, puisque son caractère est formé par sa situation misérable aussi bien dans sa patrie que dans les colonies. Tel un cosmopolite, l'Africain ne ressentirait pas la nostalgie :

> [...] toute la terre est leur patrie ; car pourveu qu'ils trouvent à boire & à manger, tous les Pays leur sont indifferens, & bien éloignez des sentimens des enfans d'Israël, qui estoient incapables d'aucun divertissement dans la rigueur de leur captivité, [...] ils ne sont pas moins joyeux dans leur servitude, que s'ils estoient parfaitement libres ; car ils chantent, dansent

10 Joan-Pau Rubiés, « Were Early Modern Europeans Racist? », p. 47. Du Tertre affirme effectivement que certains Africains sont « infectés des erreurs de Mohamet ». (1667, tome II : 501)

> & se divertissent bien souvent mieux que leurs Maistres, & que ceux qui leur commandent. (1667, tome II : 526)

En dépit de nombreux exemples qu'il donne lui-même et qui contredisent cette observation, Du Tertre ne renonce pas à l'idée que l'Africain possède une capacité d'adaptation particulière, due à sa force physique et à sa mentalité propre. Les Africains auraient la particularité de savoir se divertir malgré le chagrin et le fardeau, constate-t-il, sans réflechir autour de la possibilité qu'il n'est pas nécessairement dans la position de pouvoir comprendre la signification de leurs expressions culturelles. Il convient pourtant de noter que si la couleur de peau devient essentielle à la caractérologie des esclaves, c'est surtout dans la mesure où elle est un reflet et une conséquence de leur situation :

> [...] les Négres seuls en portent toute la peine [de la situation de l'homme] : & comme si la noirceur de leur corps estoit le caractere de leur infortune, on les traite en esclaves, on les nourrit comme on veut, on les pousse au travail comme des bestes, & l'on tire de gré ou de force jusqu'à leur mort, tout le service dont ils sont capables. (1667, tome II : 493)

La couleur des mulâtres aussi témoigne des abus des colons et du dysfonctionnement social du système esclavagiste. (1667, tome II : 511) La peau devient également l'expression de la situation des esclaves :

> Il est de l'humeur de la pluspart des Négres, comme de ces couleurs bizares qui paroissent tantost vertes, & tantost dorées selon la difference du iour où elles sont exposées : car ils sont gays ou melancoliques, laborieux ou faineans, amis ou ennemis, selon les traitemens qu'ils reçoivent de leurs Maistres, ou de leurs Commandeurs. (1667, tome II : 496)

Ici, la fascination pour la couleur va jusqu'à faire penser qu'elle témoigne de l'état psychologique de l'esclave ; dépourvu de parole, il n'est que signe physique. Ainsi, l'attention portée au corps par le narrateur finit-elle par témoigner d'une forme de sensibilité face au système raciste naissant. Lorsque Du Tertre constate que « c'est assez que d'estre noir pour estre pris, vendu & engagé à une servitude fascheuse qui dure toute la vie » (1667, tome II : 494), il fait référence à une distinction raciale qui fonde le caractère d'un être humain sur son apparence physique, et ce, pour le destiner à une tâche particulière dans la société. Mais son argumentation à lui est fondée sur les théories du climat et l'universalisme chrétien. La couleur ne signale pas une différence humaine ou culturelle. En revanche, elle devient signe du destin historique de l'homme noir.

Bien que Du Tertre soit sensible aux différences entre les Africains – il distingue par exemple les différents statuts qu'ont eus les esclaves dans leurs pays d'origine (1667, tome II : 495) –, le corps africain est pour lui un instrument, mais un instrument qui souffre. Dans la mesure où il comprend sa nudité comme le résultat d'une situation, elle devient moins importante à ses yeux – en effet, c'est le système qui pose problème et non l'absence de vêtements. Inversement, quand la nudité *n'est pas* un effet du système, quand elle est issue d'un choix culturel, elle trouble l'observateur, ce qui nous amène au deuxième point de la réflexion de Du Tertre sur la nudité, celle qui concerne les Amérindiens. Dans ce cas, la signification de celle-ci semble changer de valeur.

La nudité fait en effet ici l'objet de tentatives d'atténuation – peut-être parce qu'elle s'avère troublante. Selon Nicole Pellerin, les premières descriptions des Amérindiens doivent être lues à la lumière de la distinction médiévale entre les quatre significations symboliques de la nudité : *naturalis, temporalis, virtualis* et *criminalis* ; les acceptions contradictoires de la nudité chez Du Tertre pourraient ressortir sous forme de différences similaires[11]. Le naturel des enfants amérindiens et africains est présenté comme sain : leurs mères les allaitent longtemps, les portent et les gardent près d'elles, témoignant ainsi d'un amour pur et naturel. Elles laissent leur corps se développer librement, ce qui produit des enfants à mi-chemin entre nature et culture, beaucoup plus forts que les petits Européens emmaillotés et nourris à la bouillie. Quand l'enfant a grandi, la mère amérindienne le nourrit en lui donnant des légumes qu'elle a mâchés, à la manière des oiseaux. Ils courent à quatre pattes « comme des petits chiens & se vautrent dans la poussière ». (1667, tome II : 375)

Cependant, cette représentation bucolique d'une nudité glorieuse et libre ne tarde pas à s'altérer ; le temps la transforme en nudité honteuse. Au fur et à mesure que les enfants (amérindiens) grandissent, la répugnance de l'observateur devant le spectacle qu'ils offrent se fait plus marquée ; par défaut d'éducation, les adolescents s'adonnent à la débauche et « n'ont aucune vergogne de leur nudité, ils rottent, pettent & font toutes les autres nécessitez naturelles sans aucune circonspection. Les Peres & les Meres ne leur aprennent aucune chose, si ce n'est à pêcher, à tirer de l'arc, à nâger, à faire de petits paniers, & des licts de coton ». (1667, tome II : 376) L'image idéalisée d'une nature paradisiaque nourrissant des hommes nobles se dissout alors et laisse place à l'épouvante suscitée par une société réglée selon les besoins corporels.

La nudité est donc sujette à négociation. Une fois entré dans le récit consacré aux Autochtones, Du Tertre constate qu'en réalité, ils ne sont pas entièrement nus.

---

11 Nicole Pellerin, « Vêtements de peau(x) et de plumes », p. 510-511.

> Il faut un peu modifier icy ce que j'ay avancé dans le premier paragraphe de ce Traité : sçavoir, que les Sauvages n'ont aucun vestement que celuy dont la nature les a couverts : car il est tres-certain qu'ils ont presque tous les jours un bel habit d'écarlate, lequel quoy qu'aussi juste que la peau, ne les empéche ny d'estre veus comme s'ils n'avoient rien, ny de courir. (1667, tome II : 391)

Ainsi « vêtu », l'Amérindien peut être vu comme nu *et* civilisé. Le *roücou* est ici présenté comme une sorte de vêtement qui non seulement sert de protection contre les moustiques, le soleil et le sel de la mer, mais qui a également « la fonction d'inscription sociale impartie à tout code vestimentaire[12] ». La nudité se trouve ainsi atténuée par les ornements corporels. L'importance de l'ornement dans la constitution de l'image de l'Amérindien se mesure d'ailleurs à la longueur de la section qui lui est consacrée[13]. Il permet de faire la transition entre la représentation d'un être humain différent et le portrait d'un homme qui « nous » ressemble.

Or, les ornements ont une double fonction. Produits de l'artisanat, ils ramènent le corps des autres à un cadre plus civilisé. En même temps, ils servent également à marquer la différence. On le voit dans l'illustration de Leclerc, analysée dans le Chapitre 4. Certes, la représentation visuelle exige une adaptation stricte au goût de l'époque. Il est toutefois significatif que les ornements les plus étrangers évoqués dans la description soient absents de l'illustration, comme les épingles aux lèvres et la plume de perroquet passée dans la narine ; par ailleurs, on ne distingue pas non plus la couleur rougeâtre de la peau couverte de *roücou* dont fait mention la description. Dans le texte, ce sont les ornements plutôt que la différence absolue entre le nu et le vêtu qui représentent ce qui relèverait de l'exotisme, dans la mesure où ils servent d'interface entre les deux dimensions. Une parure est reconnaissable, elle suscite l'intérêt en faisant du corps un objet d'admiration tout en témoignant d'une spécificité, d'une différence irréductible au connu. Entre étrangeté et identité se produit cette double sensation d'éloignement *et* d'interaction. Du Tertre raconte plaisamment comment un capitaine amérindien « vestu tout de neuf », c'est-à-dire nouvellement « roücoué », tache la futaine et le banc de la famille qui l'avait invité. Gêné par l'impair commis, l'Amérindien croit pouvoir utiliser son assiette comme protection, la pose sur sa chaise et s'assoit dessus, ce qui provoque le rire des Français. La scène, destinée à mettre en évidence la difficulté

---

12 *Ibid.*, p. 513.

13 Dans son *Dictionnaire caraïbe-françois*, Breton décrit en détail la manière dont les Autochtones peignent leurs corps, p. 47.

des rencontres interculturelles, se termine sur la colère de l'Amérindien, qui déclare par le truchement de notre auteur qu'il « ne sçavoit en quelle posture se mettre parmy les François, & qu'il n'y reviendroit plus de sa vie[14] ». (1667, tome II : 392) Le *roücou* est ici bien plus qu'un simple ornement : il marque un échange culturel sur un mode ludique.

Les esclaves sont aussi caractérisés par la parure qui couvre leur corps, mais celle-ci n'oriente pas le lecteur vers un monde lointain. Tout comme la valeur de leur nudité est déterminée par leur condition servile, leur vêtement est un signe de leur misère. Pour se parer, il leur faudrait travailler encore plus, afin de gagner l'argent nécessaire à l'achat d'autres tissus. À en croire Du Tertre, ils préfèrent que ces tissus soient blancs, afin de faire valoir la couleur de leur peau. (1667, tome II : 521) Sinon, le seul ornement qu'ils peuvent se permettre vient directement de la nature : les femmes se frottent d'huile de palmier pour souligner cette noirceur « en quoy elles mettent leur plus grande beauté ». (1667, tome II : 522) De même les Noirs cherchent-ils à mettre en valeur leurs muscles, comme si, faute de possessions et de liberté, leur corps devenait ornement autant que machine dans le paradis colonial. Plutôt qu'un truchement entre nature et culture, la parure de l'esclave témoignerait alors d'un sujet pris en otage dans un contexte où il n'est qu'un corps. Ces hommes, ou ces « migrants nus » pour reprendre l'expression de Glissant[15], sont dépouillés non seulement de leur liberté, mais aussi de leurs artefacts culturels. Tout ce qui reste de leur pays d'origine est préservé dans et sur leur corps, à l'instar des cicatrices au visage que portent certains d'entre eux, de leurs danses ou de l'usage qu'ils font de certaines herbes.

De longs passages décrivent l'effet accablant d'un travail pénible sous le soleil tropical. L'observateur s'arrête sur les détails de la sueur qui coule en abondance, « de sorte que l'on prendroit l'entre deux de leurs épaules pour une goutiere » (1667, tome II : 524), et il consacre une section entière aux punitions corporelles dont les esclaves sont continuellement accablés. Frappé à coups de liane, démembré en châtiment d'un vol ou d'une évasion, l'esclave africain émerge alors des pages de l'*Histoire générale des Antilles* comme un corps souffrant donné en spectacle ; c'est au versant sombre, à la face violente de cette idéalisation du paradis colonial que l'on va consacrer les remarques qui suivent.

---

14 Le jésuite Adrien Le Breton, connu comme le dernier des missionnaires chez les Amérindiens, reprend et amplifie cette anecdote. *Relation historique sur l'île caraïbe de Saint-Vincent, en indien Youroumanyn*, Annales des Antilles. Bulletin de la Société d'Histoire de la Martinique, nº 25, 1982, p. 86.

15 Édouard Glissant, *Discours antillais*, p. 111-112.

3 Le corps en spectacle

C'est bien la différence établie grâce à la nudité qui permet de faire du corps de l'Amérindien et de l'Africain un corps autre, un objet de curiosité et un objet de représentation. Donné en spectacle, il est là pour faire impression et frapper l'imagination, cette « puissance qu'on attribue à une des parties de l'âme pour concevoir les choses & s'en former une idée sur laquelle elle puisse asseoir son jugement, & en conserver la mémoire », selon Furetière[16]. Or, c'est la « nouveauté des objets » qui « frappe l'imagination », toujours selon le *Dictionnaire* : celle-ci est nécessaire pour que le lecteur puisse comprendre une réalité étrangère, tandis que ceux-là, en retour, servent à la stimuler.

Le corps nu et orné suscite à la fois horreur et admiration. Si ce dernier est idéalisé dans le frontispice et dans les passages reprenant les propos de Montaigne sur les cannibales, la nudité, dans d'autres contextes, provoque le dégoût. Le corps idéalisé cependant tend à être moins spectaculaire, comme si sa fonction était de rassurer le lecteur plutôt que de l'émouvoir. À l'inverse, le corps spectaculaire, qui s'impose au regard, exige un autre type de description, orientée cette fois vers le mouvement. On entre alors dans le régime de la théâtralisation, du tableau vivant, capable d'évoquer un objet censé agir sur le lecteur en lui faisant presque toujours horreur : le corps de l'autre en mouvement, alliant menace et séduction.

Du Tertre observe ainsi les corps musclés des Africains, qui prennent « des postures si contraintes, & [font] des contorsions de corps si violentes en dansant », et s'étonne qu'ils puissent « se remüer, apres avoir cessé ce penible exercice : cependant en sortant de là ils sont si frais, & paroissent si peu fatiguez, qu'on ne diroit pas à les voir, qu'ils ayent dansé ». (1667, tome II : 527) On retrouve l'esclave représenté sous un aspect semblable dans d'autres passages, comme lorsque les Français attaquent un village anglais à Saint-Christophe : « Les Negres Esclaves qui estoient bien au nombre de cinq ou six cens […] gagnerent le haut des Montagnes, borderent les lizieres des bois, qui regardoient les habitations des Anglois, & parurent aussi effroyables que des demons avec leurs serpes luisantes & leurs flambeaux allumez […] » (1667, tome I : 61) Au lieu de se contenter d'une description de la prise du village anglais, Du Tertre peint les Africains sous des traits diaboliques dans la préparation de leur assaut, et il est fort probable qu'il exagère le nombre d'esclaves dans cette scène.

On retrouve un cadre imaginaire semblable lorsqu'il narre dans la partie historique du livre les raids des esclaves marrons, qui s'allient aux Amérindiens pour attaquer les colonies. (1667, tome I : 468) Dans ce passage, on voit

16 Antoine Furetière, *Dictionnaire universel.*

comment le corps représenté en mouvement rompt avec l'idéalisation de la figure du bon Sauvage. Ce sont certaines pratiques culturelles qui semblent provoquer une telle représentation, comme on le note dans la description des festins des Amérindiens. Ceux-ci se font

> [...] frotter par tout le corps d'une eau gommée & colante, pour faire tenir des plumes sur eux, & paroistre comme des mascarades dans toute l'assemblée. Ils font mille postures, dansent d'une façon barbare, qui lasse plustost qu'elle ne recrée ; [...] jusqu'à ce qu'apres avoir bien fait rire toute l'aseblée par ce spectacle boufon, on leur fait apporter par des femmes à chacun une callebasse de Oüycou, qui tient environ deux quartes de Paris, & il faut, quelques saoüls qu'ils puissent estre, qu'ils la vüident ou qu'ils crevent : quand ils n'en peuvent plus, un des plus forts de la compagnie les embrasse par derriere, leur serrant si fort le ventre, qu'il leur fait vüider ce qu'ils ont de trop, par haut & par bas, & les contraint d'achever leur callebasse. Cela fait, ils recommencent à danser. (1667, tome II : 387)

On retrouve ici l'idée du déguisement comme instrument de performance, comme dans le passage de la Ligne, autre « spectacle boufon ». Les ornements des Amérindiens ne sont pas ici conçus comme les signes d'une civilisation ; ils ne sont ni religieux ni rituels, mais appartiennent à une mascarade dont le relateur a du mal à saisir la portée. Soudainement, les corps nus deviennent les acteurs d'un drame grotesque. Ils boivent et vomissent pour pouvoir boire encore.

Ces exemples nous permettent de constater que, si le corps statique prend place dans un exotisme marqué par la beauté, le corps en action relève au contraire du macabre. À cet égard, on pourrait parler d'un exotisme pittoresque, lié à l'imaginaire pastoral et paradisiaque, et d'un exotisme spectaculaire et grotesque. Bien que les représentations de l'anthropophagie au XVIIe siècle prennent forme sous l'influence des relations illustrées du siècle précédent – celles de Théodore de Bry ou de Jacques Le Moyne de Morgues, entre autres[17] – elles laissent seulement entrevoir le cannibalisme dans le texte ; cette pratique n'y est jamais représentée visuellement. L'écriture trahit une tension entre la puissance inhérente à ces corps et le grotesque qui les oriente vers la déformation et le démembrement.

Si l'action fait apparaître le corps étranger dans toute sa puissance, elle le montre en même temps à la limite de sa propre dissolution. Le grotesque assume alors une fonction paradoxale : tout en s'adressant à l'imagination, il sert

17 Voir Frank Lestringant, *Le Théâtre de la Floride*.

à limiter la menace latente qu'évoque ce corps en pleine action. La description de la manière dont les Amérindiens font la guerre, liée aux propos sur l'anthropophagie, est particulièrement intéressante à cet égard. L'Amérindien y est donné en spectacle aussi bien vivant que mort. L'accumulation de détails qui caractérise ce passage et le distingue des autres semble destinée à suppléer l'absence du témoin oculaire qui, lui, s'éclipse du récit ; le spectacle est en effet raconté d'un point de vue extérieur. Il faut citer le récit tout entier :

> S'il y a de leurs ennemis morts sur la place, ils les mangent sur le lieu, apres les avoir bien boucanné à leur mode, c'est-à-dire, rostis bien sec. Mais ils emmenent en triomphe en leur pays ceux qui sont vivans : & après les avoir bien fait jeusner, ils font une assemblée generale, dans laquelle ils les font comparoistre tous liez, là, ils leur disent milles injures, & font mille bravades, faisant à tout moment semblant de leur décharger le Boutou sur la teste. Ces mal-heureuses & infortunées victimes, endurent pour l'ordinaire tout cela d'un visage serain & constant, sans s'estonner en façon quelconque ; ils les défient mesme, & se vantent hautement d'avoir mangé de la chair de leurs Peres, leur disent qu'ils ne mangeront que ce qu'ils ont mangé, & qu'ils ont de parens & des amis qui sçauront bien vanger leur mort. En fin, le plus ancien commence, & leur donne un coup de Boutou, & les autres les achevent. Ils s'abstiennent maintenant de mille cruautez, qu'ils avoient accoustumé de leur faire avant de les tuër, mais ce n'est pas du consentement de leurs femmes, lesquelles leur feroient endurer tous les tourmens imaginables, s'ils estoient en leur puissance.
>
> Après les avoir tuëz, ils les démembrent, coupant la chair avec des Cousteaux, & les os avec une Serpe, puis jettent tous ces membres coupez sur un gros Boucan, sous lequel il y a un grand brazier, qu'ils ont fait voir au patient pour le faire mourir par ce spectacle effroïable, avant que de l'assommer.
>
> Apres que cette bonne viande est cuite, les plus valeureux font griller le cœur & le mangent : les femmes ont pour partage les jambes & les cuisses, tous les autres mangent de toutes les parties indifferemment. Ils mangent cette viande par rage & non pas par apetit, pour se vanger & non pour se repaistre, ny pour le plaisir qu'ils trouvent en son goust : car la pluspart deviennent malades après cét execrale repas.
>
> Sur tout, c'est une chose prodigeuse & estonnante, de voir la manie, ou plustost la rage des femmes, en mangeant la chair de leurs ennemis : car elles la maschent, remaschent, la serrent entre leurs dents, &, ont si peur d'en perdre quelque chose, qu'elles léchent les bastons sur lesquels est tombé quelques goutes de graisse. Apres qu'ils ont mangé de cette

> chair dans l'assemblée, chacun en remporte chez soy & la garde pour en manger de fois à autres. (1667, tome II : 405-406)

On retrouve l'oscillation entre une vision montaignienne du « bon sauvage » et une lecture au contraire négative du même phénomène, dominée par le dégoût et signifiée par l'usage du grotesque. Du Tertre reprend l'image stéréotypée des vieilles femmes qui dévorent la chair humaine jusqu'à lécher la graisse qui coule sur l'os de la jambe, que l'on retrouve dans presque chaque description du cannibalisme[18]. Les « malheureuses & infortunées victimes » ne se détachent pas nettement des bourreaux. Elles acceptent leur sort le « visage serain et constant » et se vengent en assurant que, puisqu'elles ont déjà mangé les ancêtres de leurs bourreaux, ceux-ci s'exposent à consommer la chair de leur propre famille – autre topos de la description cannibale. Nous avons donc un mélange de morale civile (la vengeance) et d'absence de morale patente dans la rage qui marque la manière dont les vainqueurs mangent leurs victimes. Mais dans les deux cas, le cannibalisme reste contre nature. On ne devient pas cannibale par besoin, mais par vengeance et par rage – et la preuve en est que « cet exécrable repas » les rend malades.

Ici peut-être plus que dans d'autres passages à base intertextuelle, Du Tertre assume à la fois le rôle de l'écrivain et celui du lecteur. Lecteur non seulement d'autres textes qui ont décrit l'anthropophagie, mais aussi de son propre récit, qui semble le fasciner lui-même, comme si la description du cannibalisme s'autoaffirmait et se transformait en machine à produire des images. Car il n'a jamais lui-même assisté à un tel spectacle. Son seul contact avec le cannibalisme est plutôt bref, comparé à la description que l'on vient de reproduire. Il raconte en effet qu'un Amérindien serait venu lui offrir dans sa case ce qui aurait pu être une jambe rôtie. (1667, tome II : 406) Du Tertre refuse la proposition, de crainte qu'il ne s'agisse de chair humaine ; on ne saura cependant pas le fin mot de l'histoire. L'anecdote vécue, censée ajouter de la crédibilité aux éléments rapportés dans le livre, ne fait que marquer davantage l'écart entre les Amérindiens et les Français, les premiers étant de plus en plus marginalisés dans une histoire des Îles qui ne leur laisse pour rôle que celui d'objets d'un discours anthropologique en marge de cette histoire.

La « vraie » rencontre avec le cannibale se distingue ainsi de la description accumulative propre au récit du boucan qui, elle, produit une tout autre impression. La description, juxtaposée à la rencontre réelle, situe les *realia americana* à la fois dans la tradition philosophique et dans le prolongement d'une

18 Voir Frank Lestringant, *Le Cannibale*, p. 127.

certaine poétique, celle de l'exotisme spectaculaire qui use de l'étrange essentiellement pour faire impression sur l'imagination.

Or, la différence entre le même et l'autre n'est jamais nette. Le tableau du cannibalisme, qui peint à la fois ce qu'il y a de plus étrange et ce qu'il y a de plus banal dans les représentations de l'Amérique, s'achève lui aussi sur une scène d'intégration. Le passage se clôt en effet sur une réflexion relative au goût qu'aurait la chair des Européens, où l'on retrouve un étrange propos sur l'identité nationale que Du Tertre a emprunté à Montaigne et à Jean de Léry : la chair des Français serait plus savoureuse que celle des Espagnols[19]. Cependant, les Amérindiens qui auraient mangé un chrétien en seraient tous tombés malades :

> […] la pluspart d'entre eux moururent, & ceux qui resterent furent en suite affligez de tres-grandes maladies. Plusieurs Sauvages qui vivent encore, disent qu'ils n'en mangerent point du tout, mais qu'ils le laisserent tout rosty sur le Boucan sans y pouvoir toucher ; ie crois qu'ils ne disent cela que par vain respect, car les plus simples d'entre eux, avouënt ingenuëment qu'ils le dévorerent. Depuis ce temps-là, ils n'ont plus voulu manger de Chrestiens, se contenant de les tuër & de les laisser dans le mesme lieu. (1667, tome II : 407)

Somme toute, le corps des Européens est partie prenante, au même titre que celui des indigènes, de ce double processus d'intégration et de séparation qui marque la relation avec l'étranger : si les étrangers le consomment, ils ne peuvent cependant pas le digérer. C'est aussi ce que suggère Frank Lestringant, qui considère que Du Tertre voit le cannibalisme comme un signe, à l'instar de de Léry :

> Signe répugnant dans sa substance matérielle, mais combien réjouissant, combien salutaire dans le message qu'il véhicule. L'appétit du Cannibale pour le missionnaire français, son dégoût pour l'Espagnol, ne manifestent-ils pas, de manière directe et limpide, la préférence politique, ethnique et religieuse qu'il accorde au premier ? C'est là, à n'en pas douter, dans cette communion des corps et cette fusion des chairs, un heureux présage de la réussite de l'établissement colonial et de la moisson spirituelle qui doit l'accompagner[20].

19 *Ibid.*, p. 213.
20 *Ibid.*, p. 214.

L'idée de fusion anime la figuration de l'étranger dans son ensemble : fusion des corps entre eux, et fusion entre eux et la terre. Ce processus d'incorporation se reflète autant au niveau symbolique qu'au niveau textuel – émouvoir le lecteur est un moyen de le faire entrer dans le texte. L'élan de pitié qu'il manifeste pour ces corps souffrants rapproche le narrateur et, par ce biais, le lecteur, des êtres humains qu'il décrit. La compassion comme la sympathie établissent un lien qui, ici, dépasserait le discours identitaire pour annoncer la communauté à venir, ce paradis colonial dont on vient de décrire les traits.

CHAPITRE 9

Corps touchants, corps transgressifs

Tout au long de la première partie de l'*Histoire générale des Antilles*, le corps des Blancs occupe le centre de l'attention. Les ouragans, les maladies et la famine menacent les habitants, les autres nations européennes, les flibustiers, et les Autochtones les harcèlent : le danger les guette en permanence. Les nouveaux arrivés surtout, affamés et épuisés, sont également en butte à la négligence de leurs compatriotes (y compris celle des compagnies, qui ne prévoient pas de nourriture en quantité suffisante dans la cargaison des vaisseaux) et aux agressions de la nature tropicale, puisqu'ils ne sont pas encore accoutumés au climat de la zone torride. Les Français, écrit Du Tertre dans la description des habitants, ne sont pas suffisamment attentifs à leur alimentation, ce qui compromet leur capacité d'adaptation physique à un milieu étranger et les expose à une multitude de maladies : « […] car la parfaite santé de l'hôme consistat dans la liberté du mouvement du sang, & des esprits, qui contiennet la vie, & la distribuënt dans toutes les parties du corps, l'empéchement ou le déreglement de ce mouvement, fait des obstructiôs qui sont les veritables causes des maux […] ». (1667, tome II : 479) La théorie des climats confirme ainsi l'idée selon laquelle l'Européen doit s'accoutumer progressivement à la vie à l'étranger.

En effet, déplacé de l'autre côté du monde, le Français est aussi transformé en corps exposé dans le récit. Ainsi, dans cette scène à laquelle Du Tertre n'a pas lui-même assisté, mais qu'un témoin oculaire « très fiable » lui aurait racontée :

> […] les personnes qu'on débarqua n'estoient pas en meilleur estat que ceux que Monsieur du Rossey leur avoit amenez ; plus de trente qui estoient comme agonisans, n'ayant pas la force de se traisner dans quelque case, furent inconsiderement laissez sur le bord de la mer ; & personne ne s'estant mis en peine de les aller querir le soir, ils y furent mangez par les *Crables*, qui estoient pour lors descenduës des montagnes en une si prodigieuse quantité, qu'il y en avoit des monceaux aussi haut que des cases par dessus ces pauvres miserables : & huit jours apres il n'y eut personne qui ne fut saisi d'horreur en voyant leurs os sur le sable, tellement nets, que les *Crables* n'y avoient pas laissé un seul morceau de chair. (1667, tome I : 24)

© CHRISTINA KULLBERG, 2021 | DOI:10.1163/9789004434967_011
This is an open access chapter distributed under the terms of the CC BY-NC-ND 4.0 license.

Le récit des souffrances provoquées par la négligence des compatriotes fait partie d'un discours d'appel à la loyauté et au soutien de la métropole pour permettre aux nouveaux arrivants de faire face aux épreuves qui les attendent. Cependant, l'évocation du repas des crabes appartient aussi à un autre registre, celui de l'horreur. Ce sont les traces de ce terrible festin qui provoquent l'émotion des survivants, saisis « d'horreur en voyant [les] os sur le sable ». L'épouvante des témoins devant ce *memento mori* doit provoquer celle du lecteur, en lui rappelant le sort de ceux que la France envoie sous ce climat hostile et expose à de pareils dangers[1]. Sans doute ces vestiges humains sont-ils là pour pallier ce que Derek Walcott appellera quatre siècles plus tard l'absence de ruines propre à l'expérience historique antillaise[2]. Du Tertre combine ici un discours moral sur les fondements de la communauté coloniale avec l'exhibition à titre de curiosité des monceaux de crabes – qui ne manquent pas d'ailleurs de rappeler une célèbre gravure de Théodore de Bry – dont ont été victimes ces « pauvres misérables ». Le passage montre surtout que sous l'influence du milieu étranger, le corps du même devient autre et, donc, peut lui aussi prendre la position d'un objet spectaculaire qui parcourt la relation.

1 Le cannibale français

Examinons cela de plus près dans le passage racontant la famine qui ravagea la colonie française en Guadeloupe pendant cinq ans vers la fin des années 1630 – un passage si central de l'histoire que Du Tertre va en amplifier le récit dans la deuxième édition de son livre. Mais ce n'est pas seulement la famine qui tue : plusieurs Français meurent du *coup de barre* (la fièvre jaune), tandis que d'autres, poussés par la faim, mangent de la chair de tortue crue, ce qui leur donne de telles diarrhées qu'ils finissent par « ressembler plus à des squelettes qu'à des corps vivants ». Dans la version de 1654, l'impact de l'imagination dans un lieu inconnu et ressenti comme hostile est vivement mis en scène : les habitants sont pris d'une « telle terreur panyque, que toute chose leur faisoit peur,

1 Comparons cela à l'évocation des os comme témoins de la cruauté des Espagnols vis-à-vis des Amérindiens chez Exquemelin. Sur Saint-Domingue, écrit le flibustier, on trouve « encore aujourd'hui, sous quelques rochers, des cavernes voûtées toutes remplies des ossements de ces peuples massacrés. Ce qui fait connaître que les Espagnols ont exercé de grandes cruautés dans ce pays-là et qu'ils n'en sont pas demeurés maîtres sans beaucoup de peines », Alexandre Exquemelin, *Histoire des aventuriers flibustiers*, p. 42. Plus loin, il confirme que l'on peut toujours voir sur la plage les os d'Anglais naufragés, *ibid.*, p. 72.

2 Derek Walcott, « The Muse of History », *What the Twilight Says*, London, Faber, 1998.

comme autrefois à l'infortuné Caïn. Les feüilles rouges du bois, leur sembloient estre des Sauvages, & leur faisoient donner l'allarme à toute l'Isle ; un arbre flottant sur la mer, estoit pris par eux pour une Pirogue chargée de leurs ennemis ». (1654, tome I : 47) N'étant pas encore arrivé aux Antilles, Du Tertre s'imagine à leur place, saisi d'une peur pétrifiante qui transforme l'Île en enfer.

Les événements autour de la famine guadeloupéenne sont déjà devenus quasiment mythiques au XVIIe siècle et se trouvent racontés dans pratiquement toutes les relations des Antilles. La version dutertrienne de cet épisode sombre est introduite par un commentaire qui annonce un changement de registre et prépare à une histoire dramatique. Le ton neutre du relateur renonçant à ses passions se dissipe d'emblée en faveur de l'hyperbolique et du pathétique propres à la théâtralisation :

> Il faudroit que j'empruntasse icy ce que l'Historien Ioseph nous a laissé par écrit de la famine horrible qui fit perir plusieurs milliers d'hommes dans Ierusalem, pour representer les miseres effroyables, où la Colonie Françoise se vit reduite, peu de temps apres son establissement, dans l'Isle de la Guadeloupe : si vous n'y voyez pas des meres barbares manger leurs propres enfants, & leur donner pour tombeau les mesmes entrailles, où ils ont receu la vie, vous verrez des hommes affamez, brouter l'herbe comme des bestes, manger leurs propres excremens ; & se voyant empeschez de se procurer quelque nourriture pour rassasier leur faim, s'exposer volontairement à la severité des supplices, aymant mieux finir leurs miseres par la main d'un Bourreau, que de traîner plus longtemps une vie que la famine leur rendoit plus cruelle que la mort. (1667, tome I : 77-78)

Le passage fait partie des paratextes internes. Le relateur reprend ici son souffle, cherchant à créer le suspense et demandant au lecteur de mobiliser toute son imagination pour se représenter le drame qui va suivre. Renvoyant au siège de Jérusalem, Du Tertre comble la distance entre l'ici et l'ailleurs et prépare le lecteur à l'épisode. Enfermés dans le fort, les Français se trouvent doublement isolés dans une « île dans l'Île », et doublement menacés, autant par la terre qui les entoure que par la mer.

Le récit enchâssé continue ensuite avec la même modalité théâtrale et visuelle que le passage introductif, dominé par l'hyperbole et articulé dans une syntaxe paradigmatique qui renforce le spectaculaire de la scène. Deux pages plus loin, le thème de l'anthropophagie (« si vous n'y voyez pas des meres barbares manger leurs propres enfants ») réapparaît, cette fois sans évoquer l'infanticide ; par contre, l'anthropophagie s'inscrit maintenant dans le contexte antillais puisqu'elle est mise en rapport direct avec les événements en Guadeloupe :

> On en a veu quelques-uns brouter l'herbe, d'autre manger les excremens de leurs camarades, apres s'estre remplis dés leurs : on a mesme crû qu'un certain jeune homme de Dieppe, avoit mangé de la chair d'un sien Compagnon, & qu'à ce dessein il luy avoit coupé le bras auparavant que de l'enterrer : l'on dit en effect que l'on apperçeut sa bouche ensanglantée, & que l'on vit toutes les marques qu'il avoit mordu à belles dents, dans ce bras qu'il avoit separé du corps. L'on a souvent veu la terre des fosses, où nos Peres avoient enterré les morts, toute bouleversée le matin, avec beaucoup d'apparence qu'on les avoit foüillées, pour déterrer les corps, & pour en couper quelque membre pour vivre. (1667, tome I : 80)

La scène présente l'épisode sous une forme vivement dramatique, et c'est le Français affamé qui anime le passage. L'évocation du jeune homme à la bouche ensanglantée après avoir mordu à pleines dents le bras de son ami mort saisit le lecteur par son caractère visuel macabre : la couleur rouge du sang, les fosses ouvertes par les mains des affamés, et ainsi de suite. Ici, on voit clairement que la transmission de l'étranger ne passe pas toujours par l'entremise d'objets exotiques, mais aussi par la représentation d'un élément connu – la souffrance du corps blanc – pris dans le monde étranger.

Du Tertre montre les habitants subissant successivement un devenir autre, qui va de l'animalité (brouter l'herbe) en passant par le grotesque (manger ses propres excréments et ensuite ceux des autres), pour arriver de nouveau au comble de l'exotisme de l'horreur aux Amériques : l'anthropophagie. Le corps mort et démembré ne fait pas autant horreur que les actions des corps vivants, surtout celles de l'homme de Dieppe qui s'attaque à son camarade mort tel un cannibale. L'acte est toutefois motivé par le désespoir et non par la morale de vengeance ou par la rage qui seraient derrière le cannibalisme des Amérindiens. Il n'en reste pas moins que dans ce passage précisément, les Français ne sont que corps, tout comme les Amérindiens et les Africains. Ils sont dépourvus d'instruments aussi bien que de volonté et ne sont guidés que par leur instinct animal : on « broute » l'herbe, on mange avec les mains, on mord à pleines dents. Cet imaginaire cannibale revient tout au long de la partie historique aussi bien par rapport aux Français qu'aux Amérindiens. Dans un autre passage racontant le conflit entre le Général et le sieur de Hoüel, Du Tertre dit par exemple avoir entendu des menaces d'ordre anthropophage des habitants qui, dans la « consternation générale » du village, voulaient « avoir la teste [du Général] avec celle du sieur Boisfaye, pour boire dans leur crane ». (1667, tome I : 346)

L'imaginaire cannibale, ainsi que nous le rappelle Sébastien Jahan, reflète « l'extrémité de la sauvagerie[3] ». Articulé comme aux antipodes de la civilisation, le cannibalisme revient cependant pour hanter l'image de l'Européen comme un être civilisé. « Loin de rassurer en posant l'Autre en négatif de soi », écrit Jahan, « l'image du cannibale bouleverse les certitudes en "intériorisant" la barbarie[4] ». C'est précisément ce qui se passe dans ces scènes, ce qui nous permet de constater que l'exotisme de l'horreur ne se situe pas à l'opposé de la communauté française ; il infiltre au contraire son univers. La différence entre le même et l'autre se dissout dans ce corps blanc et pauvre, corps qui, désormais, et par cette menace même, paraît étranger.

À cet égard, il est significatif que ce ne soit pas en premier lieu sur les Amérindiens qu'est modelée la métamorphose du corps français, de même qu'ils ne sont pas non plus responsables de la crise en Guadeloupe. La première cause de la misère est naturelle (comme la mauvaise nourriture ou la maladie), mais elle est le résultat des choix humains. Les Amérindiens n'auraient pas attaqué la colonie si les gouverneurs français avaient su traiter avec eux. À l'origine des maux dont est affligée la colonie, on trouve donc la mauvaise gouvernance des propriétaires et des gouverneurs qui agissent non pas pour le bien de la colonie ou même de la patrie, mais en vue de leur profit personnel. Et cela ne concerne pas seulement cet événement malheureux. Songeons également à « ces pauvres engagés » qui, bien qu'ils « fussent extraordinairement affaiblis par la misere & par la faim, on les traittoit plus mal que des esclaves, & l'on ne les poussoit au travail qu'à coups de bâtons & de halle-bardes ». (1667, tome I : 81) Du Tertre n'hésite d'ailleurs pas à juxtaposer ce traitement cruel à la générosité des Caraïbes qui viennent soulager la colonie française et chez qui certains habitants s'enfuient (1667, tome I : 37 et 79), préférant la vie sauvage à la cruauté de leurs supérieurs. Prenant ces exemples comme repoussoir, le missionnaire fait la promotion d'une « bonne » colonisation et préconise une politique coloniale active basée sur des principes communautaires. L'exotisme *horribilis* apparaît ainsi comme un moyen de traiter l'impact des Français eux-mêmes dans la formation du rapport au monde étranger. Il ne s'articule pas à partir d'une séparation entre le même et l'autre, mais sur la ligne de partage où il négocie un rapport à l'ailleurs. La figure de l'étranger n'est plus esthétisée dans le premier sens du terme – elle n'a rien à voir avec la beauté, elle sollicite au contraire des pulsions plus sombres. Elle signale la possibilité d'un

3 Sébastien Jahan, *Les Renaissances du corps en Occident (1450-1650)*, Paris, Belin, 2004, p. 51.
4 *Ibid.*, p. 52-53.

ordre inverse où la domestication de l'espace étranger cède la place à un devenir sauvage du corps français.

2 Confrontations sur la scène de l'archipel

Les événements du siège en Guadeloupe sont présentés dans des scènes où l'amplification et l'hypotypose animent l'histoire. La conjonction entre la portée visuelle du récit et l'action dans ces passages montre bien qu'au moment où le corps spectaculaire entre dans ce régime représentatif, il accède à l'activité et devient apte à transgresser le statut d'objet. Il *prend place* et *intervient* dans la dramatisation de l'histoire de la colonisation.

Chez Du Tertre, la théâtralisation de la relation sert à saisir divers échanges interculturels et transnationaux – violents et amicaux, religieux et mondains, échanges non seulement entre Français et Amérindiens, mais aussi entre les différentes nations européennes. Les Anglais et les Espagnols remplissent des rôles assez bien définis dans ce drame : les uns sont plus cruels envers les esclaves, les autres envers les Amérindiens, que les Français. Mais ce qui retient l'attention ici, c'est la représentation des confrontations avec les Amérindiens. Plus fréquentes et moins grandioses que les batailles entre nations européennes, elles sont présentées comme une sorte de tension perpétuelle qui risque d'éclater à n'importe quel moment. Or, contrairement à ce qu'a pu observer Pioffet dans les relations de jésuites[5], Du Tertre ne fait preuve d'aucune prédilection pour la guerre. Il ne décrit que rarement les missionnaires comme les soldats du Christ et, quand il le fait, ce n'est pas dans le contexte d'une bataille contre l'influence du diable amérindien, mais « pour maintenir dans cette isle la foy Orthodoxe ». (1654, tome I : 61) Pour lui qui, rappelons-le, a passé une partie de sa vie dans l'armée, la guerre semble être d'abord une affaire séculaire et, si les missionnaires interviennent, c'est pour soigner les blessés et prier les combattants d'avoir pitié de leurs adversaires.

Cela affecte la manière dont les batailles sont rendues. Ancien militaire marin, Du Tertre plus que d'autres devrait savoir décrire les batailles, et notamment celles qui se déroulent en mer, même s'il n'est plus un témoin actif et participant. Comme pour la plupart des relations de voyage, Du Tertre reprend la structure générale des récits d'aventures : chaque fois que les Amérindiens attaquent les Français, c'est à la suite de mauvais desseins d'un individu, souvent censé être possédé par le diable. La violence est rarement généralisée ou attribuée à un groupe ou à la politique coloniale, et il en va de même pour

5 Marie-Christine Pioffet, *La Tentation de l'épopée*, p. 24.

les Français, qui eux aussi amorcent le conflit sous la pression d'un méchant gouverneur. Mais là où Du Tertre se distingue, c'est par son penchant littéraire, qui se traduit moins par le ton presque burlesque d'un Thevet ou par la rhétorique guerrière des jésuites que par l'évocation des émotions et par la mise en scène de la souffrance comme spectacle[6]. Plus qu'un ton triomphant, épique, on remarque jusque dans les scènes de guerre une tendance vers le pathétique.

Regardons de plus près une de ces scènes de guerre contre les Amérindiens. Lors d'un voyage de la Martinique à Saint-Christophe dans l'objectif de trouver un vaisseau qui pourrait le ramener en France, Du Tertre se trouve impliqué dans une bataille en mer. Le récit fait partie des derniers chapitres du premier tome de l'édition de 1667. Il rompt ainsi avec le plan des éditions selon lequel les voyages du narrateur lui-même seront placés au début du deuxième volume. Avant d'en commencer le récit, il se voit obligé de justifier l'inclusion de cette digression à la première personne dans la partie historique de sa relation ; l'épisode contient « certaines aventures, si particulieres à mon Histoire, qu'elles en sont inséparables, cela m'oblige absolument d'en faire icy le récit, & de tout ce qui m'y est arrivé ». (1667, tome I : 505) Nous sommes en 1658 et Du Tertre, qui ne voyage plus comme missionnaire, mais comme envoyé du comte de Cerillac, qui a l'intention d'acheter Marie-Galante, se prépare pour achever son dernier voyage de retour des Îles. Le récit est inséré à titre exemplaire des derniers conflits avec les Amérindiens, qui vont mener à leur expulsion des îles françaises et anglaises en 1660.

L'anecdote prend son point de départ chez l'instigateur du trouble : un esclave amérindien qui, en guise de vengeance des souffrances qu'il avait subies chez sa maîtresse, incite ses compatriotes à massacrer des Anglais. (1667, tome I : 508) Ayant ainsi préparé le lecteur au conflit, Du Tertre continue sur le mode du suspense et brosse un décor quasi mystique pour mieux déployer les événements qui vont suivre, alors qu'il quitte la Martinique en bateau avec d'autres passagers :

> [...] à la pointe du iour nous eusmes comme un presage de ce qui nous devoit arriver ; ce fut un Metheore qui s'enflamma vers la poupe de nostre barque, & qui passant avec grand bruit à la hauteur de nos masts, comme un dragon de feu, s'alla dissiper & se perdre vers le lieu où les Sauvages parurent un quart d'heure apres. (1667, tome I : 508-509)

Les astres indiquent le lieu du drame avant qu'il n'éclate, annonçant le désastre de ce qui va venir. S'ensuit un tableau vif de la bataille, qui met littéralement

6 Sylvie Requemora-Gros, *Voguer vers la modernité*, p. 45.

en scène le conflit violent entre Français et Amérindiens. Comme toute description de luttes militaires, celle de Du Tertre s'inscrit dans une tradition rhétorique épique tout en puisant des éléments exotiques liés à son contexte antillais : une pluie de flèches, une multitude de pirogues sur lesquelles les guerriers rament debout en poussant des cris et des hurlements. (1667, tome I : 509) Les Français tuent une vingtaine d'Amérindiens ; la « Mer devint toute sanglante autour de nostre barque […] ; & ceux qui estoient réchapez de ce coup nous voyant à découvert, tirerent quantité de flêches […] ». (1667, tome I : 509) Les Amérindiens répondent à l'assaut, la bataille continue et Du Tertre nous en donne un récit saturé de détails macabres, pathétiques et, surtout, corporels.

Si la perspective narrative peut être localisée du côté français qui, d'ailleurs, prend vite le dessus dans la bataille, ce sont pourtant les Amérindiens qui s'illustrent comme les vrais héros du récit. Au milieu du passage, une « sauvagesse » devient l'actrice principale de la scène. Les Français tentent de secourir les prisonniers européens des pirogues amérindiennes quand cette femme fait son entrée :

> […] nous estans mis en estat d'en retirer une fille Angloise, une vieille Sauvage la mordit à l'épaule, & luy enleva autant de chair, que sa bouche en avoit pû mordre ; mais en mesme temps un Sauvage Chrestien que nous avions dans nostre barque, & ennemy iuré de ceux de sa Nation, luy porta un coup de demy picque dans le col qui luy fit lâcher prise : cette blessure pourtant n'empescha pas qu'elle ne se jettât derechef sur elle, & ne la mordit une seconde fois à la fesse […]. (1667, tome I : 510)

Deux variantes de l'autre se confrontent ici sous les yeux du lecteur : la vieille idolâtre qui attaque et le converti qui se dresse contre son peuple. De nouveau surgit l'image de la femme cannibale à la bouche ensanglantée léchant les os. Or, dans le cadre de ce passage racontant la guerre, il ne s'agit pas de la simple réitération d'un stéréotype. L'imaginaire cannibale est utilisé comme le fond d'une réécriture créative. Par la force des renvois intertextuels à la mythologie amérindienne et des renvois intratextuels, comme au récit de la tentation du cannibalisme chez les Français lors de la famine en Guadeloupe, Du Tertre fait en sorte que la menace des ennemis soit plus palpable, plus vive et plus excitante pour le lecteur. Il choisit de prendre la posture d'un narrateur omniscient et suit le drame des personnages impliqués du début à la fin. Il s'avère que la rage de la « sauvagesse » n'est pas insensée : elle agit d'une part en se défendant, d'autre part en vengeant son fils, que les Français viennent de tuer. La fureur cannibale qu'elle représente peut donc, à l'aide de l'analyse de Lestringant, s'inscrire dans un système d'honneur familier au lecteur européen. « La morale chrétienne du pardon des offenses », écrit Lestringant, « entre ici en concurrence avec une autre, d'essence aristocratique et qui tend à valoriser la notion de vengeance, œil pour œil, dent pour dent[7] ».

La vieille se présente comme une sorte d'anti-héroïne et ne disparaît pas de la scène après cet épisode. Bien au contraire, elle réapparaîtra en véritable amazone lorsqu'elle s'empare d'un enfant français et exécute sa vengeance avec force :

> La vieille Sauvage qui avoit receu un coup de picque dans le col, & un autre au dessous de la mammelle, s'y sauva aussi à la nâge ; & la premiere chose qu'elle y fit pour contenter sa vengeance & sa rage, ce fut de prendre un petit François âgé de douze ans, de le lier par le milieu du corps, & de le traisner le long de la coste parmy les rochers, iusqu'à ce qu'il mourût dans ce tourment. (1667, tome I : 511)

Cette femme mutilée par les Français fait preuve de férocité, certes, mais aussi d'un courage et d'une force effrayants et, il faut le dire, surréels, qui l'élèvent à un statut mythique et héroïque. Surtout, la douleur physique que doivent lui causer ses blessures est directement concentrée sur l'action. La puissance de la vieille femme devient elle-même une sorte de curiosité, dans la mesure où elle est justement extraordinaire dans sa colère incontrôlable.

On dirait que la vieille puise sa force de la mer ; elle est dans son élément, ce qui expliquerait pourquoi elle arrive à tuer le garçon malgré ses blessures. Ici, l'autre en action apparaît comme un corps aquatique qui surgit de la mer avec élan. Le rapport presque intime que Du Tertre observe entre les Autochtones et l'eau peut être comparé à sa propre expérience de la mer. Ayant passé une bonne partie de sa jeunesse sur les navires de l'armée, il constate que l'homme n'est pas fait pour les océans. (1654, tome I : 52) Il n'est pas propre à l'homme de naviguer sur les vastes océans. La position des Amérindiens est l'inverse : le monde archipélagique leur appartient ; ils sont nomades et semblent *habiter* la mer aussi bien que la terre[8].

L'environnement aquatique marque ainsi une différence de culture et de constitution entre les colons et les Autochtones, relevant à la fois des théories miasmatiques sur l'être humain et du symbolisme chrétien. C'est aussi la mer

---

7 Frank Lestringant, *Le Cannibale*, p. 159.

8 Raymond Breton fait aussi remarquer que les Amérindiens maîtrisent la mer, *Dictionnaire*, p. 314-315.

qui domine la scène la plus violente de la chute de l'Amérindien dans l'imaginaire dutertrien. Toujours dans le même récit de bataille :

> Pendant que nous estions occupez à sauver ces pauvres miserables, nostre vieil Capitaine Sauvage tout blessé qu'il estoit vint à nous, & sortant à demy corps hors de l'eau comme un Triton, tenant deux flêches dans la corde de son arc, les tira dans la barque, & se plongea en mesme temps dans l'eau ; il revint ainsi genereusement cinq fois à la charge, & les forces luy manquant plûtost que le courage, nous le vismes renverser & couler à fond. (1667, tome I : 511)

Même blessé aux côtes par un coup de fusil, le vieil Amérindien s'apparente à Neptune par la force de son héroïsme et offre un spectacle sublime. À la même page, il est raconté comment une jeune fille anglaise périt en mer dès que le coffre sur lequel elle s'est momentanément sauvée est renversé, alors qu'un enfant amérindien d'à peine deux ans, tombant du même coffre, remue « ses petites mains » et nage. (1667, tome I : 511) À la consternation du narrateur, il « fut impossible de le sauver » dans le chaos de la guerre. Ce n'est pourtant pas là l'intérêt du passage. En effet, ce qui attire surtout l'attention du missionnaire, c'est que ce petit enfant fasse déjà preuve de ses capacités de nageur. Un peu plus loin, les Amérindiens, effrayés par le feu des Français qui approchent, se réfugient sur une petite île adjacente. Or, même au moment de la défaite, leur appartenance à l'élément aquatique les sauve : les Français jettent les Amérindiens blessés dans l'eau, pensant qu'ils vont y mourir. Mais malgré les blessures de guerre, ces hommes « s'y retirerent aussi apres avoir demeuré sur l'eau, les uns jusqu'au soir, & les autres jusqu'au lendemain ». (1667, tome I : 511) La mer leur est un baume.

Une scène semblable, rapprochant l'Amérindien et la mer, revient encore dans le prochain récit des derniers conflits entre les Français et les Autochtones précédant le traité de 1660. De nouveau, le missionnaire n'hésite pas à parler de « massacre » des Amérindiens, en présentant les Français comme les auteurs du sang répandu. Comme dans les autres exemples, il élit un acteur dans un drame : le Capitaine Nicolas, le « plus beau et le plus vaillant » des Amérindiens, boit de l'eau-de-vie en paix avec les Français lorsqu'un homme « cruel » nommé Beau-Soleil l'attaque sans raison apparente. (1667, tome I : 543) Le coup provoque une bataille, remportée par les Français. Du Tertre se focalise alors sur le destin de ce Nicolas :

> Nicolas se sauvant vers la Pirogue, receut un coup de mousqueton dans le corps, mais ne se laissa pas de se ietter dans l'eau, où ayant esté poursuivi

> de la pluspart des François, ils tirerent tous sur luy ; mais il plongeoit avec tant d'adresse qu'il évita la pluspart des coups, & autant de fois il revenoit sur l'eau il rapportoit des roches qu'il jettoit courageusement à la teste de ceux qui estoient les plus avancez ; ainsi bien que la mer fût autour de luy tout rouge de son sang, nos François estoient au desespoir de le pouvoir achever, si un habitant ne luy eût donné un coup de mousqueton dans l'œil : car on le vit en mesme temps flotter sur l'eau. (1667, tome I : 543)

Un héroïsme épique, directement lié à sa maîtrise de l'eau, caractérise les actions de cet homme. Il mourra digne d'admiration et doté d'agentivité, ce qui ne suffit pourtant pas à le sauver. Peut-être pourrait-on même avancer que c'est seulement en tant que mort que l'Amérindien peut obtenir le statut d'agent. Du Tertre le revêt dans ces passages de traits héroïques, calqués sur un code d'honneur européen, sans que cet héroïsme ne mène jamais au salut du personnage. L'Amérindien devient ainsi, sous sa plume, doublement aliéné ; sublimé et ensuite abîmé, il ne pourra jamais revenir et hanter le récit. Sa chute reflète pourtant le destin de son peuple qui, on le sait, finira par périr sous le joug des Européens. Toujours est-il que dans ces passages théâtralisés, l'Amérindien est individualisé, obtient une forme, adopte un rôle d'opposant digne. Comme le dit Requemora-Gros, le voyageur au XVIIe siècle

> [...] appréhende la mer et l'ailleurs en général comme un théâtre où règne une sorte de *fatum* nautique et exotique, et il analyse les véritables représentations théâtrales qui lui sont données à voir en contrée étrangère à la fois comme des révélateurs de ces nouvelles cultures qu'il découvre et comme les signes d'appartenance de ces peuples au vaste théâtre du monde où les êtres humains ne sont que des êtres d'ombre s'agitant en vain, surtout dans ces contrées dont il ne comprend pas toutes les significations[9].

Tous les hommes sont des acteurs dans ce théâtre du monde, dans cette sorte de fatalité universelle et égalitaire qui semble aller à l'encontre du discours propagandiste d'une colonisation triomphante. C'est comme si la mer, plus que d'autres paysages, pouvait fournir l'espace neutre temporaire qui laisse de la place aux interactions. Mais il faut aussi une discursivité qui soit apte à transformer la représentation du corps de l'autre et à faire de lui un acteur. Car bien que l'Amérindien apparaisse ici dans sa différence, on ne peut guère dire qu'il est réduit à n'être qu'un objet exotisé. On ne peut pas dire non plus

---

9 Sylvie Requemora-Gros, *Voguer vers la modernité*, p. 258.

qu'il assume le rôle d'un sujet ayant une voix dans la relation. Il occupe plutôt une position entre ces deux extrêmes : il y est un personnage et, ainsi mis en scène, il dépasse le rôle de simple spectacle pour devenir acteur – que cela ait été ou non l'intention de l'auteur de la relation. À un niveau conceptuel, la représentation théâtrale des corps blancs comme des corps bruns réactualise la tension centrale de l'exotisme de Du Tertre, qui est de dire la différence tout en problématisant les frontières et en construisant une nouvelle communauté.

CHAPITRE 10

Membres de la famille coloniale

En arrivant aux Antilles, Du Tertre et les autres missionnaires s'estiment « heureux de souffrir quelque chose pour la gloire de Jésus-Christ en secourant ses membres ». (1667, tome I : 155) L'un endure les maladies et la faim tandis que l'autre souffre en aidant ses frères, et ces formes de supplices contribuent toutes deux à révéler la présence sublime de Jésus-Christ dans le Nouveau Monde et à constituer la communauté coloniale. La notion de membre est ici à comprendre dans son double sens physique et communautaire. Dans son livre *Les Renaissances du corps*, Jahan esquisse l'histoire de la métaphore corporelle, qui est monnaie courante dans la littérature chrétienne et dans la relation de voyage missionnaire : « Hérité des temps médiévaux, le thème du corps mystique représentait la société chrétienne comme un assemblage organique où le Christ est bien évidemment la tête, tandis que les différents groupes sociaux occupent une place déterminée par référence aux fonctions et aux hiérarchies corporelles[1]. » Mouvement, mortalité et communauté se croisent dans la définition même du corps à partir de l'analogie entre ce terme et « le total d'une communauté[2] ». Veines du corps-État, les missionnaires assurent la circulation des ressources littérales et métaphoriques : ils portent secours aux membres lointains et retransmettent les richesses de ces contrées au cœur du corps du roi. Au champ lexical sanguin s'ajoute la métaphore de l'œil pour souligner que le corps-État surveille aussi ses membres. Le missionnaire se présente comme une sorte de gond, liant ensemble le monde, l'État et l'Église. À en croire Jahan, le corps sert de mesure et structure l'organisation du monde et de la société ; il offre une forme à l'abstraction de l'organisation civile, qui se reflète dans l'ordre plus grand de l'univers[3]. Et c'est précisément ce qui se produit dans la relation de Du Tertre.

Il faudrait dès lors se poser la question, à savoir comment est constitué ce corps communautaire colonial. D'abord, on peut noter qu'à la conceptualisation symbolique du corps s'ajoute une dimension concrète, physique : les habitants s'écroulent sous le poids du travail laborieux et s'affaiblissent à la suite

1 Sébastien Jahan, *Les Renaissances du corps*, p. 15.

2 Nous nous référons ici au *Thresor de la langue françoyse, tant ancienne que moderne*, de Jean Nicot (1606), http://portail.atilf.fr/dictionnaires/TLF-NICOT/index.htm.

3 Sébastien Jahan, *Les Renaissances du corps*, p. 15.

© CHRISTINA KULLBERG, 2021 | DOI:10.1163/9789004434967_012
This is an open access chapter distributed under the terms of the CC BY-NC-ND 4.0 license.

de maladies. Dès leur arrivée aux Îles, Du Tertre et les autres missionnaires doivent soulager une colonie entière qui se trouve dans la misère :

> [Nicolas de la Mare] nous receut comme des Anges descendus du Ciel ; & apres nous avoir mené dans nostre Chapelle de Nostre-Dame du Rosaire, & qu'on eut chanté le *Te Deum* en action de grace de nostre heureuse arrivée, il envoya chercher de la *Cassave* pour nous donner à manger, n'en ayant pas un morceau dans sa case ; nous fusmes tous plus consolés de cette pauvreté, que si nous eussions trouvé toutes les mines d'or des Indes, chacun de nous s'estimant heureux de souffrir quelque chose pour la gloire de Iesus-Christ, en secourant ses membres. (1667, tome I : 152)

Les expressions imagées situent l'arrivée à l'intérieur de la conception officielle et hiérarchique de la mission : Du Tertre et ses compagnons sont reçus « comme des anges descendus du Ciel ». Sont ensuite insérés dans le discours religieux des topoï antithétiques relatifs au Nouveau Monde : face à l'or des Indes est posée la pauvreté de la cassave. La mention de l'or fait bien sûr de nouveau allusion à la rapacité des Espagnols, mais sert surtout à illustrer l'idée que la richesse ne vaut rien en regard de la générosité d'une communauté d'amis. Du Tertre transforme ainsi savamment la pauvreté en argument propagandiste. L'image de la communauté misérable mais égalitaire, de concert avec l'évocation de la plante tropicale, devient le signe même de la promesse d'une communauté coloniale à venir comme partie constituante du corps du Christ. Inscrite dans une telle scène touchante, la motivation coloniale sous-entendue dans ce passage n'est pas de s'enrichir, mais de contribuer au bien-être des membres de l'Église.

La tranquillité de cet accueil modeste est aussitôt interrompue par une visite aux malades :

> Cependant c'estoit la chose la plus pitoyable du monde à voir. Il y avoit presque 100. malades au logis de M. de la Vernade, tous couchez sur la terre, ou au plus sur des roseaux, dont plusieurs estoient reduits aux abois, veautrez dans leurs ordures, & sans aucun secours de personne. Ie n'avois pas plûtost fait à l'un qu'il falloit courir à l'autre. Quelques fois pendant que j'en ensevelissios un dans des feüilles de Bananier, (il ne falloit pas parler de toile en ce temps-là) je n'entendois par toute la case que des voix mourantes qui disoient, Mon Pere, attendez un moment, ne bouchez pas la fosse, vous n'aurez pas plus de peine pour deux ou pour trois que pour un seul : & le plus souvent il arrivoit ainsi, car j'en

> enterrois assez communément deux ou trois dans une mesme fosse. (1667, tome I : 152-153)

Le passage est clairement marqué par la théâtralisation : il commence sur le mode de l'hyperbole, se focalise ensuite sur les corps malades avant de situer le sujet-narrateur au centre de la scène et de continuer sur le mode descriptif, où sont alors insérées les voix des mourants. Devant nous s'étale la scène larmoyante d'une foule de malades, abandonnés, déshumanisés, et au milieu desquels intervient le missionnaire. La maladie leur a ôté toute force ; il ne leur reste que les mots pour exprimer de la pitié envers leurs confrères et l'espoir de recevoir l'extrême-onction. Les membres de la colonie ne sont que des corps, réduits à l'état d'automates en raison de la maladie. Dans ce monde de désespoir, le missionnaire effectue de son mieux son travail pour soulager les esprits. La pauvreté qui touche aussi les matériaux à disposition (feuilles de bananier au lieu de toiles) renforce l'image d'une colonie primitive obligée de recourir aux ressources et au savoir locaux. Du Tertre anime lui-même le passage en accourant tantôt auprès de l'un des mourants, tantôt auprès d'un autre. Puis, des voix suppliantes interviennent, moins pour crier désespérément au secours que pour manifester leur reconnaissance à l'égard du missionnaire et de la communauté coloniale.

Désormais, la mise en scène des colons souffrants ne fait plus seulement horreur, mais vise le cœur : Du Tertre semble chercher à *toucher* son lecteur par l'effet d'un mélange de dégoût et de sentimentalité éloquente par le biais de la voix dramatique des mourants. Nous sommes ici face à un autre type de drame colonial : un spectacle touchant qui sert en premier lieu à montrer que les habitants méritent le soutien de la France. L'argumentation s'effectue sans faire appel à la raison ou à la promesse d'une prospérité économique. En revanche, le missionnaire entend persuader grâce au *pathos* dont sont empreintes les voix agonisantes. En d'autres mots, l'exotisme se conjugue à une fonction pathémique : il s'agit de convaincre par le truchement des passions et d'aller « outre la raison », les voix mourantes touchant directement le cœur du lecteur. Et on peut juger de l'efficacité de ce procédé par la reprise qu'en fait un autre missionnaire dominicain, Chevillard, dans sa propre relation[4].

4 André Chevillard, *Les Desseins de son Éminence de Richelieu pour l'Amérique*, p. 49-50.

1 Pères de famille

La scène précédente n'est pas la seule où les habitants français se présentent comme des enfants sollicitant un père. On pense aussi à celle où ces derniers viennent de s'installer à Saint-Martin, alors qu'ils se croient abandonnés par leur gouverneur Esnambuc, le fondateur des Antilles françaises. La colonie se trouve perpétuellement sous la menace des Anglais et des Amérindiens, et les habitants n'ont pas encore appris à cultiver la terre. De cette situation aussi, Du Tertre tire un tableau larmoyant, représentant des enfants délaissés par leur père : désespérés, les habitants « eurent recours aux larmes et aux regrets, & passerent toute la nuict dans une tristesse qui n'est pas concevable ». (1667, tome I : 33) Plus loin, à propos de la mort d'Esnambuc, il cite les mots qu'utilise Virgile pour louer César : « Les habitants l'ont pleuré comme leur Père ... » (1667, tome I : 119-120) Contrairement aux jésuites qui font surtout allusion à César en tant qu'empereur guerrier[5], Du Tertre utilise encore l'analogie du père de famille.

En effet, toute la première partie historique est dominée par la métaphore corporelle, qui saisit la structure de la communauté et la fait correspondre à celle d'une famille. Patriarcale et hiérarchique, elle offre un ordre aux événements chaotiques des premiers établissements tout en attachant le nouveau membre au corps primaire et original. Selon Christopher L. Miller, le modèle familial représente une structure de pouvoir symbolique – l'Europe étant le père, l'Afrique la mère et les sociétés coloniales leurs enfants – qui non seulement se présente comme naturelle et éternelle, mais, qui plus est, se concrétisera plus tard dans le commerce triangulaire[6]. La hiérarchie sur laquelle repose cette configuration transforme le trope du père en une mise en abîme, posant les différents gouverneurs ou missionnaires en tant que pères et les habitants en tant qu'enfants, mais en esquivant le rôle de la mère. Le modèle de la famille se répète ensuite et s'autoconfirme à l'infini.

À maintes reprises, Du Tertre s'attribue lui-même la place du père, ce qui n'est guère étonnant étant donné sa profession. Mais plus que cela, cette place renvoie à une position narrative qui lui permet de mieux construire une sorte de psychologie de l'établissement. Dans un passage où il raconte la mort d'un nombre considérable d'habitants de Saint-Christophe, on voit par exemple que Du Tertre ne se contente pas de causes externes. Au lieu d'interpréter cette

---

5 Marie-Christine Pioffet, *Le Tentation de l'épopée*, p. 24, p. 40-41 et p. 116.

6 Christopher L. Miller, *The French Atlantic Triangle*, p. 5. Voir aussi Doris Garraway, *The Libertine Colony*, p. 127-128, pour une analyse de la notion de famille dans un contexte colonial.

tragédie comme résultant uniquement de la famine et de la maladie, il tente de la cerner aux termes d'une problématique d'ordre psychologique : « Ie pense qu'il y avoit un peu de l'un et de l'autre : surtout je crois que la tristesse, que les nouveaux venus de Saint Christophe eurent de se voir empeschez de faire leur profit, comme on leur avoit promis, en fit plus mourir que toute autre chose. » (1667, tome I : 152) Les membres de la famille coloniale – les habitants – sont présentés comme des enfants suppliants qui ont besoin de la protection et de la direction de leur père, mais ils ont aussi certaines exigences ; ils veulent profiter de nouvelles terres. En jargon moderne, il s'agirait d'une sorte de dépression à la suite de rêves non réalisés qui leur aurait ôté le goût de la vie. Pour Du Tertre, la santé physique est liée à la santé mentale, et ces enfants de la colonie sont déçus puisque leur père n'a pas tenu sa promesse d'une vie prospère. On pourrait traduire le profit de la colonie par l'idée du sang de ce corps français maintenant étendu aux Amériques. Sans le profit qui motive les habitants à faire circuler le sang, ce nouveau membre risque d'expier.

Il est ainsi significatif que Du Tertre configure les obstacles de la colonisation comme un drame familial plutôt qu'une guerre. La narration – depuis l'établissement précaire jusqu'à l'aboutissement d'une véritable colonie – repose sur cette structure. Les souffrances physiques, les scènes larmoyantes et pathétiques, les anecdotes spectaculaires relatives aux corps des autres forment bien le drame de la colonisation. Et à travers ce drame, Du Tertre ne cherche pas seulement à mettre en scène le spectacle des corps interagissant dans un ailleurs lointain ; son but est également d'en appeler aux sentiments du lecteur. La mise en abîme de la hiérarchie politique catholique française s'inscrit dès lors dans l'écriture sur un mode sentimental. Reposant sur un certain degré d'identification, les passions, provoquées d'abord par la pitié, contribuent à rapprocher les mondes, comme dans une sorte d'exotisme à rebours.

2 La voix touchante de l'autre

Qu'en est-il des Amérindiens et des Africains dans ce drame familial de l'histoire coloniale ? Leurs destins peuvent-ils émouvoir le lecteur ? On retrouve en effet une fonctionnalité analogue au cadre familial dans la description des Africains, bien qu'elle soit beaucoup moins élaborée que dans les passages relatifs à la colonie française. Du Tertre souligne de plusieurs manières à quel point les esclaves tiennent à la famille et distingue cette qualité comme un trait de caractère (plutôt que comme le résultat des circonstances extérieures et historiques) qu'il inscrit dans le registre de la pitié. Ils ne supportent pas que l'on punisse leurs enfants « & ne témoignent un extreme déplaisir du mal qu'on leur fait, car ils aymeroient mieux qu'on leur frappast qu'eux, & ie n'ay iamais veu les esclaves moins maistres de leur colere, que quand il s'agit de l'interest de leurs pauvres enfans». (1667, tome II : 510) Il raconte en détail comment l'esclave de sa paroisse en Guadeloupe, Dominique, amène ses enfants pleurer devant la tombe de sa femme (1667, tome II : 509) et comment les esclaves aident d'autres esclaves qui souffrent sous le joug d'un méchant maître. (1667, tome I : 528) La fidélité profonde dont témoignent les Africains les uns aux autres selon Du Tertre s'étend aussi aux Blancs, à condition qu'ils soient de bons maîtres. Dans des scènes larmoyantes, il décrit par example comment plusieurs esclaves seraient venus au secours des missionnaires lors de la grande famine de la Guadeloupe. (1667, tome I : 498)

Dans un autre passage, Du Tertre insère une anecdote morale relatant les aventures d'une jeune esclave qui refuse de se marier parce qu'elle ne veut pas mettre au monde un enfant destiné à l'esclavage. Son maître se moque d'elle et l'amène à l'église pour un mariage forcé, mais elle y échappe grâce à son éloquence :

> [...] elle respondit avec une fermeté qui nous étonna ; non mon Pere, je ne veux ny de celuy-là, ny même d'aucun autre : je me cotente d'estre miserable en ma personne, sans mettre des enfants au monde, qui seroient peut-estre plus malheureux que moy, & dont les peines me seroient beaucoup plus sensibles, que les miennes propres. (1667, tome II : 505)

Dans ce passage, c'est la jeune esclave qui s'exprime sur le mode sentimental à travers sa voix pathétique, dynamisant le discours pour susciter l'émotion du lecteur[7]. La scène remplit de toute évidence une fonction exemplaire, et le discours direct de l'esclave est fictionnel. Mais le but est clair et fait écho à une certaine forme de sentimentalité : l'auteur cite la femme pour que le lecteur ait pitié d'elle. Loin d'intervenir comme marque linguistique de différence, sa parole est rendue dans un français impeccable et sert plutôt à diminuer la distance entre le monde étranger et le lecteur. Du Tertre renforce et étend ainsi le portrait de la famille coloniale patriarcale à l'intérieur de laquelle les gouverneurs tiennent le rôle de pères veillant sur leurs enfants français, africains et amérindiens[8].

---

7 Marc Bonhomme, *Pragmatique des figures du discours*, Paris, Honoré Champion, 2005, p. 166-71.

8 Voir Édouard Glissant, *Poétique de la Relation*, Paris, Gallimard, 1991, p. 59-75. Cela marque le commencement de ce que Glissant catégorisera quatre siècles plus tard comme une obsession de la filiation dans la pensée occidentale, étroitement liée à la colonisation.

Les Autochtones jouent un rôle particulier dans la saga familiale du paradis colonial. Étant originaires des Îles, ils luttent pour leur droit à la terre. À ce sujet, arrêtons-nous sur un événement central de l'établissement français qui a inspiré plusieurs relateurs à en rapporter les événements. Il s'agit d'une guerre en Martinique, guerre contre les Amérindiens et provoquée par la mauvaise gouvernance de monsieur de l'Olive à la suite de la disparition du gouverneur Du Plessis en 1638, donc à l'époque où les Français partageaient les Îles avec les Autochtones et deux ans avant l'arrivée de Du Tertre aux Îles. L'importance de l'épisode est bien cernée par André Chevillard qui, dans ses *Desseins de son Éminence de Richelieu pour l'Amérique*, adopte un ton grandiloquent en préparant le lecteur à un épisode dramatique lorsqu'il annonce qu'il faudrait « un Amphithéâtre beaucoup plus grand que celuy des Romains, pour vous faire voir au iour les pieces diverses qui se passerent dans la conduite du Gouvernement de de l'Olive[9] [...] ». Dans la version de Chevillard, Du Plessis meurt de désespoir en voyant souffrir son peuple. Quand Du Tertre relate le même épisode, il lui donne un ton à la fois tragique et galant : le bon gouverneur Du Plessis, s'opposant aux mauvaises intentions de son compagnon de l'Olive, meurt d'un excès de mélancolie après le décès de sa femme et la décimation de son peuple.

Du Tertre transforme les personnages historiques en personnages littéraires qui semblent agir selon une logique narrative et descriptive plutôt que selon la causalité d'un récit historique. Au lieu d'informer simplement le lecteur que Du Plessis refuse de participer au projet de de l'Olive d'attaquer les Amérindiens afin de s'emparer de leurs réserves de nourriture, Du Tertre préfère citer les paroles attribuées à Du Plessis. Ce « brave gentilhomme » dit à son compatriote qu'il « n'y pouvoit consentir, & qu'il aymoit mieux perir avec tout son monde, que de se sauver par une voie si injuste & si contraire aux intentions de sa majesté, & aux desseins des seigneurs de la Compagnie ». (1667, tome I : 82) Le discours indirect, inséré dans des phrases à structure anaphorique, a ici pour effet de remplir une rhétorique politique de sentimentalité héroïque : Du Plessis aurait préféré la mort et celle de ses proches plutôt que de trahir sa tâche première officielle qui n'est ici nullement de s'enrichir, mais d'évangéliser les infidèles. Déçu par la réponse de Du Plessis, de l'Olive se tourne vers Esnambuc. Celui-ci résiste aussi en disant qu'il « n'y avoit rien de plus contraire aux ordres du Roy, & des Seigneurs de la Compagnie, qui ayant pour but principal la conversion de ces infideles, vouloient surtout qu'on entretint la paix avec eux ». (1667, tome I : 83) Les paroles de Du Plessis et d'Esnambuc sont censées

9 André Chevillard, *Les Desseins de son Éminence de Richelieu pour l'Amérique*, p. 31. Charles de Rochefort raconte aussi cet épisode : *Histoire naturelle et morale des îles Antilles de l'Amérique*, p. 281.

convaincre tant par les sentiments que par la raison. La vivacité qui caractérise le récit détaillé de la partie historique de la relation dutertrienne sert d'abord à établir ce lien permettant de capter le réel en touchant le lecteur plutôt que de raconter ce qui s'est réellement passé.

De l'Olive et Du Plessis représentent chacun une des facettes de la gouvernance coloniale : l'un sert le bien de la communauté et facilite le travail de peuplement en cherchant l'accord avec les nations voisines (les Amérindiens et les Anglais), tandis que l'autre agit en tyran en favorisant l'enrichissement personnel rapide, le bien de l'individu plutôt que celui du collectif, et la quête vaine de la gloire. Il n'y a pas de doute : la cible de la critique de Du Tertre, c'est de l'Olive, et la raison derrière l'antipathie qu'il lui voue est à trouver dans la politique missionnaire : ce gouverneur s'est emparé des terres des Frères Prêcheurs[10]. Mais cela, le relateur ne le dit pas ouvertement. Dans la deuxième édition, il amplifie le portrait de de l'Olive en lui conférant une sombre psychologie. À l'occasion de la négociation d'un traité avec des marchands de Dieppe contre l'avis du gouverneur de Saint-Christophe, de Poincy, de l'Olive tombe malade et doit se rendre à l'île de Niève, où il est atteint d'une « melancholie si estrange, qu'elle passa jusqu'à la phrenesie. On luy voyoit rouler les yeux à la teste, grinçant les dents, & tous ses membres changez de posture par des convulsions épouvantables ». (1667, tome I : 144) Avec un tel portrait, qui n'est d'ailleurs pas sans rappeler les descriptions des danses des Amérindiens et des Africains, le lecteur ne s'étonnera pas qu'il abuse de son pouvoir. Créant ainsi un personnage malveillant et inconstant, Du Tertre personnalise sous forme de drame l'abus du système colonial, qui n'en est qu'à ses débuts, et l'oppose à la bonne gouvernance d'autres personnages comme Du Plessis et d'Esnambuc.

Après la mort de Du Plessis, de l'Olive retourne à la Guadeloupe, prend le pouvoir et ne manque pas l'occasion de partir à la recherche des Amérindiens[11]. En apprenant son dessein, ceux-ci prennent la fuite. Et quand les Français arrivent au village, ils ne trouvent « qu'un bon vieillard nommé le Capitaine *Yance*, âgé de plus de six-vingt ans, avec trois de ses fils & deux autres jeunes sauvages ». (1667, tome I : 85) L'adjectif ainsi que la mention du nom propre du capitaine amérindien indiquent l'orientation de la sympathie de l'auteur.

10 Voir à ce sujet « Le Père Raymond Breton et ses manuscrits », introduction à Breton, *Relation de l'île de la Guadeloupe*, p. 12.

11 Tous les missionnaires donnent cette version des événements. Mais dans un article intitulé *Les Exploits et logement des Français dans l'île de la Guadeloupe*, et publié dans la *Gazette* le 30 mai 1638, Théophraste Renaudot prétend au contraire que ce sont d'abord les Amérindiens qui auraient attaqué les Français. Voir Ouellet (dir.), *La Colonisation des Antilles I*, p. 142.

Du Tertre continue son récit en jouant sur le registre visuel, dramatique et sentimental :

> [Yance] estoit sur le poinct de s'embarquer ; mais comme il vit les François venir à luy, il leur cria plusieurs fois, *France non point fasche*, ne se pouvant mieux expliquer : on luy dit qu'il n'avoit qu'à venir avec ses enfans en toute asseurance, & qu'il ne luy seroit fait aucun tort. Sur cette promesse il y vint aussi-tost. (1667, tome I : 85)

L'inclusion du discours direct en italique dans le « baragouin », langage étranger, mais autre que la langue autochtone et plus proche du français, contribue à augmenter la tension dramatique de l'épisode. Il se crée un point de correspondance avec le lecteur propre au registre sentimental et d'autant plus fort que Yance s'exprime en une forme de français, même si ce n'est que d'une façon simple et « corrompue », comme disaient les relateurs, et se présente clairement comme un ami. Le capitaine est rapidement transformé en enfant naïf victime du complot des Français, ce qui le place dans la ligne de la famille coloniale, tout en présentant les soldats de de l'Olive comme des traîtres.

Les mots énoncés par Yance avec sincérité agissent comme repoussoir face aux actions de de l'Olive et de ses gens, qui se saisissent de lui et de son groupe afin de les forcer à leur révéler où se trouve le reste de la nation caraïbe. Quand Yance et sa compagnie arrivent vers lui, de l'Olive change de « face & de discours. » S'ensuit un échange rapporté au discours indirect : « [de l'Olive] l'appella plusieurs fois traître, luy reprocha que luy & tous ses Compatriotes avoient conspiré contre la Colonie, & resolu d'égorger tous les François : ce pauvre vieillard luy fit entendre que cela n'estoit point, qu'il n'y avoit jamais pensé [...] ». (1667, tome I : 85) Bien que le dialogue entre de l'Olive et Yance dynamise le passage, il y a une différence quant à la façon dont leurs points de vue sont transmis. Tandis que de l'Olive « l'appelle traître » et lui fait « reproche », Yance pour sa part « fait entendre », ce qui suggère que sa façon de communiquer se base autant sur des gestes que sur des mots. L'absence de langue propre est en quelque sorte compensée par l'adjectif « pauvre » et par la rapide focalisation interne (« il n'y avait jamais pensé ») qui oriente la sympathie du côté de Yance, bien que celui-ci n'ait pas accès à la parole.

On ne saurait surestimer l'importance de cet épisode, d'autant plus que Du Tertre l'étoffe dans la deuxième édition de son livre en y ajoutant un vocabulaire visuel et pathétique. Il s'agit du passage à l'intérieur duquel de l'Olive ordonne à l'un des fils de Yance d'aller chercher les femmes de son peuple, et ce dernier, au lieu de suivre les ordres des Français, s'enfuit avec elles. Nous avons affaire à une histoire enchâssée, encadrée par un commentaire introductif, et vivement dramatisée par le biais d'insertions de discours direct et indirect. De l'Olive a ici pris tous les traits d'un tyran : il complote, change d'humeur, abuse de la confiance d'autrui et ment afin de réaliser ses desseins. Aussi, Du Tertre attribue-t-il les qualités barbares aux Français, tandis que les Autochtones sont humanisés et individualisés : le capitaine amérindien a un nom et devient, face au mauvais comportement des Français, « ce pauvre vieillard », épithète répétée tout au long du passage. Puis, lorsqu'il assiste au meurtre brutal de son fils, il est présenté comme un « père affligé », pour magnifier le pathétique du passage.

Ce qui suit cette trahison mérite d'être cité dans son intégralité et avec ses variantes, bien que le passage soit long. Les phrases soulignées ont été ajoutées dans la deuxième édition. Lorsque Du Tertre a beaucoup modifié une phrase, la première version est mise en italique, entre parenthèses :

> [de l'Olive] fit lier le vieillard, & le fit monter dans sa Chaloupe avec un de ses Fils, lequel on poignarda un moment apres aux yeux de ce pere affligé. Cela fait, ces assassins, les mains rougies de sang, s'acharnerent sur ce pauvre vieillard, qu'une cruauté si barbare avoit également saisi & de crainte & d'horreur ; & apres luy avoir furieusement enfoncé cinq ou six coups d'épées & de coûteaux dans l'estomach & dans le ventre, ils le jetterent lié, la teste en bas dans la Mer (*Cela fait, ils vinrent au pere, qui estoit demeuré tout saisi d'une si horrible cruauté, & après lui avoir don- cinq ou six coups de cousteau, & cinq coups d'espée au travers du corps ; ils le jeterent tout lié dans la mer, la teste en bas*) : mais comme il estoit d'une forte constitution pour son âge, & qu'il faisoit encor quelque effort pour se sauver, s'estant délié un bras par son agitation, il nagea vers la Chaloupe, implorant par ses larmes & ses cris la misericorde de ces impitoyables ; mais ces tygres au lieu de s'amolir, par cruauté horrible l'assomerent à coups d'aviron.
>
> Ils lierent les deux autres Sauvages, plus morts que vifs, & leur firent commandement de les conduire au lieu où les femmes avoient fait leur retraitte ; *l'un des deux appellé Marivet, fils du Capitaine Baron, si connu dans les Isles par l'inclination qu'il a tousjours eu pour les François*, jugeant bien qu'il ne seroit pas plus favorablement traité que les autres, qu'il avoit veu massacrer, prit l'occasion d'une falaise, d'une hauteur prodigieuse, de laquelle il se précipita en bas dans des haziers, & dans des ronces, sans se rompre aucun membre. Quoy qu'il se fut déchiré tout le corps, il ne laissa pas de se rendre le mesme jour à cinq lieuës de là, où estoient les autres Sauvages avec les femmes & les enfants ; il les avertit de ce qui s'estoit

> passé, *& de la resolution furieuse des François, qui ne les cherchoient que pour les mettre à mort.*
>
> Ie ne puis oublier la douceur & la bonté naturelle de ce jeune Sauvage, qui montre bien qu'ils ne le sont que de nom, & que le dereglement de la cholere rendoit nos gens plus sauvages & plus barbares qu'eux. Ayant rencontré au milieu de tous ces Sauvages un garçon François ; il ne luy témoigna aucun ressentiment de l'outrage qu'il avoit receu de ceux de sa nation ; & au lieu de se venger sur luy, du sang qu'ils avoient si cruellement répandu, il se contenta de luy dire dans son baraguoin, *ô Iacques, France mouche fâche, l'y matté Karaibes*, c'est-à-dire, ô Iacques, les François sont extrémement fâchez, ils ont tué les Sauvages. (*Remarquez icy un trait signalé de debonnaireté en ce Sauvage, qui contrecarre la cruauté & barbarie des nostres. C'est qu'ayant rencontré au milieu de tous ces Sauvages un garçon François, sans luy tesmoigner aucun ressentiment, se contenta de lui dire dans son baragoin, ô Iacques, France mouche fasche, ly matté Karaïbes ; c'est à dire Iacques les François sont extremément fâchez, ils ont tué les Sauvages.*) (1654, tome I : 42-44 ; 1667, tome I : 86-87)

La sympathie du narrateur est clairement orientée du côté de la victime, tandis que les compatriotes de Du Tertre sont métamorphosés en animaux qui ne s'expriment qu'à travers la brutalité de leurs actions[12]. On voit que le modèle du corps familial se transpose sur la représentation de l'autre, tandis que les Français sont des « assassins, les mains rougies de sang ». « Le barbare », écrit Requemora-Gros, « est celui qui ne comprend pas cette nouvelle esthétique et est étranger à cette forme d'*ethos* français[13] ». Dans le passage cité, ce sont les Français qui jouent le rôle des barbares, qui manquent de sensibilité et sont incapables de pitié. Et le lecteur qui aurait compris la nouvelle esthétique basée sur l'éthique regarderait avec horreur ses compatriotes et se tournerait vers les Amérindiens, comme si leurs voix s'adressaient directement à lui. Ce n'est que dans le dernier paragraphe que Marivet, le fils du Capitaine Baron qui s'est miraculeusement sauvé des Français en se jetant d'un rocher dans la mer, s'exprime en baragouin et interrompt la narration pour se faire entendre.

---

12 Du Tertre emploie ici une stratégie opposée à celle qu'utilisent les jésuites dans la Nouvelle-France. Les relations des jésuites tendent plutôt à animaliser les Amérindiens. Voir Marie-Christine Pioffet, *La Tentation de l'épopée*, p. 84. Charles de Rochefort aussi tend à animaliser les Autochtones et les appelle, entre autres, « tygres » : *Histoire naturelle et morale des îles Antilles de l'Amérique*, p. 424.

13 Sylvie Requemora-Gros, *Voguer vers la modernité*, p. 441.

L'apparition de « ce jeune Sauvage », descendant du Capitaine Baron, connu pour son amitié avec Raymond Breton et figure mythique dans la littérature des Îles, est intéressante. Il s'agit d'un ajout à la deuxième édition. Curieusement, on le retrouve cependant dans le manuscrit de 1648, ce qui veut dire que la rencontre entre Du Tertre et le fils de Baron eut lieu avant la première édition en 1654. Il faut probablement mettre l'omission sur le compte de la rédaction rapide de cette version de l'ouvrage. Quoi qu'il en soit, l'inclusion de Marivet a pour résultat de consolider la dramaturgie de l'anecdote et de la rendre plus cohérente. L'échange entre l'Amérindien et le missionnaire clôt celle-ci et renforce sa portée émotionnelle par les paroles énoncées et la mémoire évoquée. De surcroît, cette tournure finale fait passer l'anecdote d'une énonciation narrative historique (par l'entremise du relateur-compilateur) à une énonciation discursive à la première personne mettant en scène Du Tertre lui-même comme témoin oculaire au deuxième degré. Ce changement constitue davantage une précision d'ordre rhétorique qu'une correction factuelle. Du Tertre n'était en effet pas encore arrivé aux Îles au moment des faits, mais il nous fait comprendre à travers le discours direct à quel point un des survivants du drame, Marivet, le fils de Baron, l'a marqué : il ne peut oublier la bonté naturelle dont témoignaient ses paroles.

Tout comme Du Tertre est touché par l'échange avec l'un des survivants du conflit, le lecteur devrait être affecté par le récit. Aussi passe-t-on d'un style plutôt commentateur à une description vive, exemple de cette figure de style que l'on appelle l'*energeia*, plaçant le drame directement sous les yeux du lecteur. Le passage inspire l'imagination et va droit au cœur au lieu de convaincre par un raisonnement logique ou moral, donnant au lecteur l'impression d'assister à la scène. Ruth Webb souligne cette capacité particulière de l'*energeia*, figure qui semble baliser le chemin qui mènera à l'avènement de l'esthétique et du sensible. L'effet de la figure de style n'est pas sentimental en soi, dit Webb, mais en affectant physiquement le lecteur, elle fait en sorte que ce dernier traverse un *pathos* similaire aux personnages impliqués dans les événements décrits[14].

La présence de ces stratégies rhétoriques souligne à quel point l'écriture dutertrienne est orientée vers l'impact sur le destinataire. L'univers étranger n'est pas seulement intéressant comme objet à décrire ; l'*expérience* de l'ailleurs est tout aussi propice, pour ne pas dire davantage propice, à captiver le

---

14 Ruth Webb, *Ekphrasis, Imagination and Persuasion in Ancient Rhetorical Theory and Practice*, London, Routledge, 2016, p. 100. « Even when the effect is not what we might strictly speaking call "emotional", the physical understanding of the impact of *energeia* means that a reader/listener who conceives an image of any kind in his or her mind is still undergoing a *pathos* of some kind as he or she experiences the word's effect. »

public que les curiosités exotiques. Les stratégies d'écriture à base répétitive, qui dominent les illustrations et les passages introductifs, ne semblent donc pas suffire pour dire l'étranger. Bien au contraire, il faut combiner ces scènes douces avec des scènes macabres pour s'assurer de produire un effet de l'étranger sur le lecteur. Consciemment ou non, Du Tertre semble en effet devancer le goût de son temps. Car, comme l'a si bien démontré Requemora-Gros, « plus on approche du siècle de la sensibilité et plus l'esthétique de la pitié, proche du goût larmoyant, est développée[15] ». Au lieu d'évoquer directement les richesses ou bien de faire appel à la gloire impérialiste, son écriture se rapproche du mélodrame avant la lettre, anticipant un Diderot. Dans un sens, on pourrait dire que, s'il y a un Autre dans cette relation de voyage, c'est bien son destinataire – et le relateur veut à tout prix le séduire.

Cet effet n'est pas sans implications symboliques. Si le lecteur est touché par le destin de l'étranger, cela veut également dire, par extension, que l'autre peut aussi trouver sa place dans la grande famille coloniale, telle une première articulation de l'assimilation, qui deviendra le trait caractéristique de la politique coloniale française. L'exotisme fait impression ; il parle à l'imagination tout en proposant de penser une communauté coloniale. Il marque à la fois une fusion et une séparation d'avec des corps étrangers, exposant sa fonction symbolique aussi bien que stylistique et politique. Certes, la simplicité du langage et des mœurs autochtones dans la représentation qu'en fait Du Tertre placera l'étranger à un niveau inférieur de la hiérarchie globale du récit et de la société coloniale en général, mais son honnêteté correspond bien à l'éthique française et le rend digne d'appartenir à cette famille. Évidemment, il s'agit là d'une chimère. En réalité, on ne le sait que trop bien, l'actualisation de la nouvelle communauté mène à la disparition des Amérindiens et se construit sur le dos des Africains, qui ne seront pas, eux, inclus dans la famille du paradis colonial.

---

15 Sylvie Requemora-Gros, *Voguer vers la modernité*, p. 179.

Conclusion

On connaît l'ambivalence de Descartes par rapport aux voyages. Au même titre qu'il est indispensable de lire les Anciens, il est utile de voyager, mais, dit Descartes dans son *Discours de la méthode*, il vaut mieux rester raisonnable et ne pas vagabonder trop loin, et surtout, ne pas s'absenter trop longtemps, au risque de devenir « étranger dans son pays[1] ». Descartes voyageait en Europe, dans un autre contexte et avec un objectif différent de celui des missionnaires et des aventuriers aux Antilles. Toutefois, son principe s'étend à chaque voyageur du XVIIe siècle et s'actualise au moment où le voyage devient écriture : non seulement le voyageur doit-il, dès son retour, bien digérer le lointain et la connaissance acquise pendant le périple, mais il se voit obligé de transmettre son expérience au public. L'étranger est doublement filtré. Ce que la relation offre à son lecteur, c'est un tableau de l'ailleurs adapté aux goûts européens et intégré dans une harmonie codée par les normes de l'époque. Et les préfaces aux ouvrages ne démentent pas cette idée. André Chevillard, qui passa brièvement aux Îles pendant le séjour de Du Tertre, place sa relation sous l'égide de Mme de Montmoron. S'adressant directement à sa protectrice, il écrit :

> Vous luy [l'ouvrage] avez déja servy de Phare pour repasser l'Océan ; & lors que ce furieux Element a voulu luy donner un sepulcre pour berceau, le Ciel, dont vous faites les delices, a toujours entrepris sa defense, pource qu'il vous estoit consacré. C'est pourquoy il se croirait criminel s'il s'avoüoit d'autre que de Vous. Et comme une mesme Planette domine au commencement & au progrès de la vie ; il est raisonnable qu'ayant formé pour vous les premieres idées de cet ouvrage, vous soyez l'Astre favorable qui preside à la naissance. Elle ne peut estre que fortunée sous une si heureuse constellation : Son horoscope me promet déjà, qu'à la faveur de vostre Nom il verra les meilleures Compagnies ; il entrera dans le Cercle des Dames, dont vous faites le centre & le cœur ; & se flate d'un aveu general de ces Illustres, s'il ne merite seulement vostre estime[2].

Si ce type de louange de la protectrice de l'ouvrage est un « jeu préfaciel », pratique commune à tous les livres publiés, il devient le signe ostentatoire de la situation paradoxale du voyage lointain au milieu du XVIIe siècle. L'objectif du texte est gouverné par sa destination finale, à savoir sa réception auprès du

1 René Descartes, *Discours de la méthode*, Paris, Gallimard, 1997, p. 79 et p. 83.

2 André Chevillard, *Les Desseins de son Éminence de Richelieu pour l'Amérique*, NP.

© CHRISTINA KULLBERG, 2021 | DOI:10.1163/9789004434967_013
This is an open access chapter distributed under the terms of the CC BY-NC-ND 4.0 license.

« Cercle des Dames », plutôt que par une exigence de reproduire fidèlement les contrées lointaines. Aussi, Chevillard raconte-t-il la mission comme une aventure tendant vers la galanterie. Il se déclare le « paranymphe » des qualités angéliques de Mme de Montmoron qui, « comme un amant a attiré ces nouveaux convertis de l'Amérique pour venir apprendre de vous les plus beaux principes de la Religion », et un code précieux, mélangé à la vocation évangélique, détermine ici entièrement la figuration de l'étranger.

Ce n'est donc pas un hasard qu'à la base de l'argument qu'évoquent les voyageurs en signalant, souvent avec une fausse modestie, dans les préfaces des relations, qu'ils n'ont pas su peindre avec justesse la richesse des pays parcourus, on ne trouve pas un appel à la *mimesis*. Le « défaut » qu'ils annoncent ainsi à travers les jeux préfaciels n'est pas dans quelque décalage entre les mots français et les choses étrangères, mais dans la difficulté de faire en sorte que l'image du lointain réponde aux attentes du lecteur. Et ce dilemme s'impose à tous les voyageurs. Contrairement au style fleuri de Chevillard, de Rochefort, dans son *Histoire naturelle et morale des îles Antilles*, par exemple, se vante de s'en tenir à la description des faits véridiques et des curiosités qu'il a réellement observées, en prenant la posture d'un historien et en combinant, comme Du Tertre d'ailleurs, l'observation directe avec la compilation. Toutefois, pour des raisons diverses, parmi lesquelles il faudrait effectivement compter l'accusation de plagiat par Du Tertre, il accumule dans la préface plusieurs éloges de son ouvrage. Notamment une lettre d'Edouard Graeves, gouverneur d'une colonie en Floride, incluse parmi les paratextes, laisse entendre que la qualité littéraire est aussi importante que la véracité, ou, plutôt, que sans style, l'ailleurs ne peut être ni dit ni transmis. Instruire est certes essentiel, mais l'étranger n'est pas intéressant en soi :

> Bien que le sujet que vous maniez soit souvent assez sterile & languissant, voire méme quelquésfois Sauvage & obscur, vous le polissez par la douceur de vos expressions, vous l'éclairez de vos belles lumieres, vous le soûtenez par la force de vos raisonnemens, vous l'animez par la vigueur de vos pensées […] & vous le revêtez de tant de precieus ornemens, qu'on y trouve par tout un dous aymant, & des chaines invoisibles, qui lient les cœurs, & atirent les affections de tous ceus qui le considerent.
>
> Il est vray, que vôtre modestie, dans la preface qualifie toutes ces beautés, ces graces, & ces riches observations, des bordures de fleurs, de fruits, & d'oiseaus, qui ne sont point de l'essence mais de l'ornement du Tableau : Mais quant à nous, nous les priserons toûjours comme une ravissante broderie, qui rehausse la valeur de la matiere, ou si vous nous permettez de nous exprimer encore plus richement, comme autant de

> perles, de diamans, de rubis, & d'autres pierres precieuses que vous y avez semées, pour donner à tout le corps de cette Histoire, tout l'éclat & toute la pompe, qu'on pourroit desirer pour son accomplissement[3].

Comme chez Chevillard, mais de manière moins prononcée, l'écriture est ici conçue à travers la galanterie. Dans ce cas-ci pourtant, la beauté du style est directement associée à une politique revêtue d'éclat et de pompe. Les mots prennent la forme de chaînes liant les cœurs, et les rapports médiatisés par ces chaînes sont déterminés par l'ici. Entre les lignes, on comprend que la distance spatiale qui sous-tend une relation de voyage est aussi une distance *culturelle* – celui qui s'éloigne de chez soi (la France) s'éloigne de l'art. Un bon relateur est celui qui, en dépit des obstacles que pose le sujet exotique, présente une écriture soignée et une lecture agréable.

Aussi voit-on que la figuration de l'étranger est enveloppée de plusieurs couches d'une rhétorique qui manipule la représentation du réel étranger bien souvent trop rude et « sauvage » pour le présenter sous un aspect plus charmant, plus aventureux ou plus tragique, en enrichissant le tout d'informations scientifiques, anthropologiques, religieuses et historiques. C'est précisément dans cette optique que le concept d'exotisme s'est avéré pertinent, malgré son anachronisme : il attire l'attention vers la dimension largement codée de l'écriture de l'altérité tout en prenant en considération l'exigence d'authentifier le vu et le vécu de l'étranger. Opérant par le biais des instances médiatrices, il actualise un détachement partiel de l'objet étranger et le moule dans un discours.

Il demeure tout de même difficile d'opter pour *une* définition de l'exotisme du XVIIe siècle. Surtout, il ne faut pas croire qu'il fait école. Bien qu'il soit codé, il s'adapte au contexte du monde décrit et aux conditions de production. Un exotisme missionnaire, issu des Antilles, se distinguerait de celui d'un aventurier en Orient. Celui d'un Chevillard n'est pas équivalent à celui que l'on retrouve dans les *Dialogues avec un sauvage* de Louis-Armand de Lahontan écrivant dans un contexte canadien. Plutôt que de parler d'un exotisme, il convient de l'analyser en situation, en tant que dispositif de la figuration de l'étranger. Ce qui ressort néanmoins comme trait caractéristique, c'est que l'exotisme du début de la période moderne, notamment dans un contexte colonial comme celui des Antilles, se développe dans une sorte de contresens, dans la mesure où il s'agit partiellement de mitiger l'étrangeté. Cela est en effet symptomatique de l'exigence de suivre les codes de représentation. Surtout, dans le cas de Du Tertre, comme on l'a vu tout au long de l'analyse, l'exotisme ne se limite pas à l'étranger. Le missionnaire raconte certes ce qu'il a vu et vécu

---

3 Charles de Rochefort, *L'Histoire naturelle et morale des îles Antilles*, NP.

aux Îles, mais il cherche en premier lieu à donner une image du processus de la colonisation. C'est pourquoi sa vision des Îles comprend le fait français (et, par extension, le fait européen). Tout en créant la fiction d'un établissement triomphant, il dit comment les Français, la société coloniale aussi bien que le relateur lui-même, sont soumis aux changements de l'ailleurs tant ils sont pris par et dans l'étranger. La double visée aboutit à un texte qui cherche la cohérence, mais débouche en définitive sur une mise en question des rapports entre les différences et une problématisation de leurs limites.

Dès lors, la question se pose, à savoir où situer Du Tertre par rapport aux théories contemporaines ? Et quel est l'héritage laissé par le livre de ce dernier ? En bout d'analyse, il paraît effectivement que sa figuration de l'étranger est à la fois ce qui distingue son écriture de l'exotisme tel qu'il s'est articulé depuis le romantisme et ce qui les réunit. Car l'importance des intermédiaires pour dire l'étranger montre bien que le point nodal du concept se trouve dans une articulation des rapports entre l'ici et l'ailleurs. En même temps, l'exotisme tel qu'on l'a envisagé ici n'enferme pas l'altérité dans une essence. Il n'y a pas une seule image des Îles, de l'Amérindien ou de l'Africain, mais des facettes d'un portrait qui change en fonction de sa place dans la narration et de l'intention spécifique derrière chaque représentation. Il en va de même pour l'espace étranger qui est tantôt hostile, tantôt accueillant. Et c'est sans parler des passages faisant montre de travestissement et de duperie ou bien de tous les épisodes qui font voir comment la survie de la colonie dépend du savoir des Autochtones.

La « vraie » altérité échapperait donc forcément à la mise en récit. Mais du point de vue de l'époque, cela n'est pas nécessairement problématique. Peut-on même présumer du fait que Du Tertre prétend à saisir l'altérité ? Ou que son lecteur s'attend à retrouver la Guadeloupe profonde, peuplée d'Amérindiens authentiques ? Tout porte à croire que non. À l'intérieur de ces couches textuelles dont est constituée une relation comme celle de Du Tertre, la différence n'est ni fixée ni absolue. Elle survient comme un effet narratif et dépend de sa place dans la structure globale et de l'effet visé dans le passage en question. Il ne s'agit pas, pour reprendre Todorov, d'un universalisme basé sur un « ethnocentrisme ignorant » qui serait propre au Grand Siècle[4]. Pour Du Tertre, l'altérité n'existe pas en elle-même, ni même l'idée d'authenticité, devenue si centrale dans le discours identitaire de nos jours et dans la critique de ce même discours. Ce n'est que plus tard que l'on verra l'exotisme se développer, en un éloge de la différence et de l'opacité. À la question cruciale posée par Requemora-Gros, à savoir si l'on peut dire que le XVIIe siècle voit

4 Tzvetan Todorov, *Nous et les autres*, p. 26-27.

l'Autre, l'analyse de l'histoire de ce missionnaire nous amène à répondre par la négative[5]. Celui-ci ne voit pas l'Autre ; ce moment se perd dans les strates de l'écrit, s'il a jamais existé. Il est difficile de voir si cela est dû à la vocation missionnaire et colonisatrice qui cherche à convertir et à dominer l'autre ou au fait que l'altérité n'existe pas comme catégorie au XVIIe siècle. Ce qui est pourtant sûr, c'est que dans l'*Histoire générale des Antilles*, la frontière entre le même et l'autre est souvent floue, créant un relativisme culturel mouvant. La différence est conçue comme le fruit d'un processus plutôt qu'en termes ontologiques et elle s'articule en termes spatiaux de rapprochement et d'éloignement, et en termes formels d'appartenance ou de distanciation par rapport à un ordre.

Cela ne sauve cependant pas Du Tertre de sa complicité envers l'exploitation coloniale. Bien au contraire, la vision coloniale et évangélique gouverne la construction de la différence, et c'est précisément pourquoi l'image de l'autre est aussi changeante. Alors, pour le meilleur et pour le pire, l'écriture historique, naturaliste et anthropologique de Du Tertre ne saurait se borner à tenir un simple registre. Toute lecture attentive aux fonctionnements de l'exotisme le confirmerait : en passant à travers des instances médiatrices, le relateur, imbibé d'idéologies, de doxa et de normes, d'un point de vue politique aussi bien qu'esthétique, se tourne vers l'étranger sans jamais le rencontrer, et cela pour mieux pouvoir le présenter au public. Il n'y a donc aucun doute que l'objectif est colonial, et il serait absurde de parler d'un respect de la différence. Si la différence est intéressante, c'est toujours dans une optique utilitaire, qu'elle soit coloniale, savante, évangélique ou même littéraire.

Force est de constater que l'exotisme est, et a toujours été, une poétique impossible, une aporie. Dès que l'on essaie de dire l'étranger, on l'inscrit forcément dans un système qui l'enferme dans l'essence ou dans la réduction. Mais conceptuellement, le terme a malgré tout un potentiel négociateur grâce à la variété de stratégies employées. Il est le résultat d'un contexte culturel et historique et des intentions conscientes ou inconscientes du relateur et de son public. Forcément, un exotisme formulé à une période où la présence coloniale est précaire, les régimes esthétiques rigides et les sciences naturelles encore au berceau pose d'autres problèmes que celui que nous retrouvons chez les écrivains de la période du « haut colonialisme » à partir de la fin du XVIIe siècle. À l'époque de l'établissement, il s'est avéré crucial pour le relateur de présenter la conquête française comme étant différente de celle d'autres nations européennes. Du Tertre construit ainsi l'image d'un processus d'établissement qui se fait partiellement avec le soutien consenti des Amérindiens, qui transmettent aux Français un savoir vernaculaire que les Néerlandais, les

5 Sylvie Requemora-Gros, *Voguer vers la modernité*, p. 657-58.

Anglais et les Espagnols n'ont pas su apprécier. Cette stratégie affecte la figuration de l'étranger, dont l'objectif n'est plus seulement de raconter la soumission de l'autre et de l'ailleurs à un ordre français et chrétien, mais également de dire la vision d'une nouvelle communauté dont la création dépend des autres. C'est pourquoi la représentation devient l'expression d'une négociation.

En fait, la manière dont le missionnaire déploie l'exotisme pour dire les interactions transitoires et processuelles fait écho à ce que Charles Forsdick a pu trouver chez les auteurs d'expression française contemporains[6]. À l'encontre de la critique postcoloniale, Forsdick propose de le considérer comme un concept embrayeur (*shifter*) qui ne se limite pas à une opération de domestication de l'étrangeté. L'exotisme mobilise dans l'écriture une problématisation du rapport au monde et recouvre différentes stratégies pour dire l'étranger ; c'est une modalité « embrayant » l'écriture du monde[7]. Paradoxalement, quelle que soit son imbrication dans le colonialisme, on voit donc curieusement se former un pont entre notre époque contemporaine et le relateur-missionnaire. Du moins en ce qui concerne les îles colonisées – ses manifestations sont sans doute différentes en Orient, en Afrique ou dans le Grand Nord –, l'exotisme au XVIIe siècle correspond à un processus relationnel qui va jusqu'à déterminer l'écriture. Du Tertre, rappelons-le, prévenait son lecteur que non pas lui-même, mais son style est devenu « aussi sauvage que les pays qu'il décrit ». (1654, tome I : NP) Il s'agit là bien sûr d'un autre topos du voyage, mais Du Tertre donne à cette idée une profondeur qui touche justement aux rapports transculturels. Contrairement à Descartes, il pose le danger de l'étrangeté sur le fond d'un relativisme dans lequel il s'imbrique lui-même.

Entre les lignes de l'*Histoire générale des Antilles* émerge ainsi une problématisation tout à fait actuelle des rapports entre mondes et que les écrivains du début du romantisme avaient d'ailleurs pressentie. Quand Bernardin de Saint-Pierre et Chateaubriand redécouvrent Du Tertre, c'est précisément sur la complexité des rapports entre l'homme et la nature, l'ici et l'ailleurs qu'ils s'appuient en se tournant vers les parties descriptives de sa relation pour y détecter

---

6 Charles Forsdick, « Travelling Concepts: Postcolonial Approaches to Exoticism », *Paragraph*, vol. 24, nº 3, 2001, p. 14. Frank Lestringant suggère que l'on puisse penser un « exotisme réversible, comme l'imagine déjà Montaigne [...], un exotisme mobile où l'initiative ne viendrait pas toujours du même côté, où le point de vue varierait sans cesse et où la manipulation prendrait au piège le manipulateur même », « Faut-il en finir avec l'exotisme ? Réflexions d'après-coup », *Hypothèses*, vol. 11, nº 1, 2008, p. 74.

7 Charles Forsdick, « Travelling Concepts: Postcolonial Approaches to Exoticism », p. 24. « The epithet "exotic" can operate as a shifter and even [...] exoticism itself as a form of radical otherness can accordingly function, in phenomena such as cultural opacity, transculturation and contrapunctual approaches to interculturality, as a mode of resistance. »

une *écriture* descriptive. Peut-être malgré eux arrivent-ils à capter le noyau de l'exotisme de Du Tertre : une poétique qui sert à forger, à l'intérieur même de la relation, une spatialité qui puisse mettre en scène la rencontre entre les deux mondes. Il fournit à l'écriture géographique et naturaliste un cadre à la fois esthétique et politique qui permet au relateur d'articuler le rêve propagandiste d'une communauté coloniale à venir en continuation avec l'Ancien Monde, mais adaptée au Nouveau.

Mais, surtout, procédant ainsi d'une figuration ambiguë de l'étranger cherchant à capter les interactions, Du Tertre tend vers une sentimentalité qui semble appartenir à un autre siècle que le sien. Non pas que son moi soit sentimental, mais à travers la narration émergent des passions ambivalentes, mélangeant horreur et pitié, identification et rejet. En effet, l'*Histoire générale des Antilles habitées par les François* repose sur une esthétique pathétique : la colonisation ne se réduit pas aux récits héroïques de guerres et d'exploits, elle est aussi transmise comme une expérience sensible. Chateaubriand avait noté cette particularité dans l'ouvrage et suggérait que c'est par là que le missionnaire ouvre le chemin vers un autre exotisme, plus proche de nous, basé sur le désir de l'autre et sur la nostalgie. Du Tertre utilise à plusieurs reprises le terme « mélancolie » et, toujours selon Chateaubriand, son usage du mot s'apparente à sa définition romantique[8]. Le passage qui invite Chateaubriand à faire ce rapprochement entre mélancolie classique et mélancolie romantique est une scène hautement stéréotypée, que l'on retrouve dans d'autres variantes chez les relateurs écrivant des Amériques, et dans laquelle Du Tertre brosse le portrait d'un Amérindien solitaire qui se retire sur un rocher pour contempler la nature. On peut soupçonner que Chateaubriand pouvait se miroiter dans l'homme sur son rocher qui, seul, laisse l'esprit vagabonder face au spectacle du paysage. Cependant, à la différence d'une mélancolie romantique, repliée sur soi, celle que Du Tertre détecte chez l'Autochtone, même s'il est inspiré par des descriptions antérieures, est le résultat d'une observation de l'autre et du monde étranger ; il se dirige non pas vers l'intériorité de l'observateur, mais vers le monde.

Sur ce point, l'œuvre de Du Tertre se distingue également du ton que l'on retrouve chez d'autres admirateurs du « bon sauvage », notamment chez son prédécesseur Jean de Léry. Car, contrairement à ce voyageur protestant écrivant du Brésil au XVIe siècle dans le contexte d'une tentative de colonisation échouée, le missionnaire colonialiste n'exprime jamais ouvertement

8 René de Chateaubriand, *Le Génie du christianisme*, p. 1001. Il dit à propos de Du Tertre : son « imagination vive, joint un génie tendre et rêveur ; il se sert même, ainsi que La Fontaine, du mot de *mélancolie* dans le sens où nous l'employons aujourd'hui », p. 726.

une sensation de perte ou de nostalgie relativement à ses années aux Îles : il ne regrette pas les jours passés chez les Amérindiens. Et s'il n'y a pas d'adieu aux voyages, c'est pour la simple raison que son récit ne laisse pas de place à l'introspection et qu'il privilégie l'histoire d'une colonisation précaire qui se veut triomphante. Et ce procédé s'articule à l'inverse de celui que produit notre exotisme contemporain, dont la nostalgie et l'aliénation sont également les produits de l'intériorité, menant à l'idéalisation d'un autre désormais perçu comme une part de nous que nous avons perdue. En revanche, l'exotisme dutertrien joue sur les émotions *parce qu*'il doit être intégré dans une négociation entre l'identifiable et le nouveau. C'est à cette fin que son écriture vise la participation et met en abîme la complexité des relations interculturelles violentes et forcées de la colonisation. Voici le véritable héritage que l'*Histoire générale des Antilles* transmet à la postérité. Dicté par la nécessité de présenter l'étranger comme un drame pour séduire le spectateur et pour mieux capter la complexité de l'établissement et du début de la colonisation, cet exotisme de l'interaction et des rapports devient l'un des fondements d'une poésie descriptive et fait écho dans une conceptualisation contemporaine des Antilles comme un lieu de croisements culturels.

Bibliographie

Ouvrages étudiés

Du Tertre, Jean-Baptiste, *Histoire générale des Isles de Saint-Christophe, de la Guadeloupe, de la Martinique et autres dans l'Amerique, où l'on verra l'establissement des Colonies Françoises, dans ces Isles ; les guerres Civiles et Estrangeres, & tout ce qui se passe dans les voyages & retours des Indes. Comme aussi plusieurs belles particularitez des Antisles de l'Amerique : Une description générale de l'Isle de la Guadeloupe : de tous ses Mineraux, de ses Pierreries, de ses Rivieres, Fontaines et Estangs et de toutes ses Plantes. De plus, la description de tous les Animaux de la Mer, de l'Air, et de la Terre : & un Traité fort ample des Mœurs des Sauvages du pays, de l'Estat de la Colonie Françoise et des Esclaves, tant Mores que Sauvages*, Paris, Jacques et Emmanuel Langlois, 1654.

Du Tertre, Jean-Baptiste, *Histoire générale des Antilles habitées par les François, divisée en deux tomes, et enrichie de cartes et de figures*, Paris, Thomas Jolly, 1667-1671.

Du Tertre, Jean-Baptiste, *Histoire de la Guadeloupe*, BnF, ms. NAF 9319.

Voyages

Acosta, José de, *Histoire naturelle et morale des Indes tant orientales qu'occidentales*, traduite en français par Robert Regnault Cauxius, Paris, M. Orry, 1598.

Bertaud, François, *Journal du voyage en Espagne*, Paris, Denis Thierry, 1699.

Biet, Antoine, *Voyage de la France équinoxiale en l'isle de la Cayenne, entrepris par les François en* MDCLII, Paris, Clouzier, 1664.

Bouton, Jacques, *Relation de l'establissement des François depuis l'an 1635 en l'isle de la Martinique, l'une des isles de l'Amerique, des mœurs des sauvages, de la situation et des autres singularitez de l'isle*, Paris, Cramoisy, 1640.

Breton, Raymond, *Relations de l'île de la Guadeloupe*, Basse-Terre, Éditions de la société d'histoire de la Guadeloupe, 1978.

Breton, Raymond, *Dictionnaire caraïbe-français*, Paris, Karthala, 1999 [1665].

Breton, Raymond, *Grammaire Caraïbe*, Auxerre, Gilles Bouquet, 1667.

Breton, Raymond, *Petit catechisme ou Sommaire des trois premieres parties de la doctrine chrestienne*, Auxerre, Gilles Bouquet, 1664.

Chevillard, André, *Les Desseins de son Eminence de Richelieu pour l'Amérique*, Basse-Terre, Société d'histoire de la Guadeloupe, 1973 [Rennes 1659].

Colomb, Christophe, *La Découverte de l'Amérique. I. Journal de bord et autres écrits, 1492-1493*, Paris, La Découverte, 2002.

Coppier, Guillaume, *Histoire et voyages des Indes Occidentales*, Lyon, Jean Huguetan, 1645.

Du Puis, Mathias, *Relation de l'establissement d'une colonie francoise dans la Gardeloupe isle de l'Amerique, et des mœurs des sauvages*, Caen, Martin Yvon, 1652.

Exquemelin, Alexandre Olivier, *Histoire des aventuriers flibustiers de l'Amérique*, Paris, La Découvrance, 2012 [1686].

Herrera, Antonio, *Description des Indes Occidentales qu'on appelle aujourd'hui le Nouveau Monde, translatée de l'espagnol en français ; à laquelle sont ajoutées quelques autres descriptions des mêmes pays, avec la navigation du capitaine Jacques Lemaire et de plusieurs autres*, Amsterdam, Michel Colin, 1622.

Labat, Jean-Baptiste, *Nouveau voyage aux isles de l'Amérique contenant l'histoire naturelle de ces pays, l'origine, les mœurs, la religion et le gouvernement des habitants anciens et modernes, les guerres et les événements singuliers qui y sont arrivez … le commerce et les manufactures qui y sont établies … ouvrage enrichi de plus de cent cartes, plans et figures en taille-douce*, La Haye, P. Husson, 1724.

La Borde, Sieur de, *Relation de l'origine, mœurs, coutumes, religions, guerres et voyages des Caraïbes sauvages des Isles Antilles de l'Amérique, in Receuil de divers voyages faits en Afrique et en l'Amérique qui n'ont point esté publiez*, Paris, Chez Louïs Billaine, 1674.

La Colonisation des Antilles : Textes français du XVIIe siècle, tomes I-II, Réal Ouellet (dir.), Paris, Hermann, 2014.

Le Breton, Adrien, *Relation historique sur l'île caraïbe de Saint-Vincent, en indien Youroumanyn, Annales des Antilles*. Bulletin de la Société d'Histoire de la Martinique, n° 25, 1982.

Léry, Jean de, *Histoire d'un voyage fait en la terre du Brésil, autrement dit l'Amérique*, La Rochelle, A. Chuppin, 1558.

Missionnaires dominicains, vol. 1, Bernard Grunberg, Benoît Roux et Josiane Grunberg (dir.), Paris, L'Harmattan, 2016.

Mongin, Jean, R. P. *Les Lettres du R.P. Mongin. L'évangélisation des esclaves au XVIIe siècle*, Bulletin de la société de l'histoire de la Guadeloupe, présentation de Marcel Chatillon, vol. 61-62, 1984.

Oviedo y Valdés, Gonzalo Fernández de, *L'Histoire naturelle et generalle des Indes, Isles et terre ferme de la grande mer Oceane*, traduite en français par Jean Poleur, Paris, M. de Vascosan, 1555.

Pelleprat, Pierre, *Introduction à la langue des Galibis, sauvages de la terre ferme*, Paris, S. & G. Cramoisy, 1655.

Pelleprat, Pierre, *Relations des missions de P.P de la Compagnie de Jésus dans les isles et dans la terre ferme de l'Amerique meridionale*, Paris, Cramoisy, 1655.

Plumier, Charles, *Description des plantes en Amérique, avec leurs figures*, Paris, Imp. Royale, 1693.

Rochefort, Charles de, *Histoire naturelle et morale des Isles Antilles de l'Amérique*, Rotterdam, Arnould Leers, 1658.

Rochefort, Sieur de, *Relation de l'Isle de Tabago, ou de la nouvelle Oüalcre, l'une des Isles Antilles de l'Amerique*, Paris, Louis Billaine, 1666.

Thevet, André, *Les Singularitez de la France antarctique, autrement nommée Amérique, & de plusieurs terres et isles découvertes de nostre temps*, Paris, Maurice de la Porte, 1558.

Ouvrages et articles cités

Adams, Percy, G., *Travelers and Travel Liars 1660-1880*, Dover, Dover Edition, 1980.

Adams, Percy, G., *Travel Literature and the Evolution of the Novel*, Lexington, KY, University Press of Kentucky, 1983.

Affergan, Francis, *Exotisme et altérité : Essai sur les fondements d'une critique de l'anthropologie*, Paris, P.U.F., 1987.

Anderson, Benedict, *Imagined Communities: Reflections on the Origin and Spread of Nationalism*, édition révisée, New York, Verso, 2016 [1983].

Anonyme, *Le Père du Tertre, son œuvre et sa vie*, ANOM, BIB SOM d/Br/1844.

Anonyme, *La Nouvelle Amérique ou le Mercure amériquain*, Rouen, 1678.

Antoine, Philippe, et Gomez-Géraud, Marie-Christine (dir.), *Roman et récit de voyage*, Paris, Presses de l'université Paris-Sorbonne, 2001.

Antoine, Philippe, « Le Corps du voyageur », *Viatica*, mis en ligne le 02/01/2007, URL: http://revues-msh.uca.fr/viatica/index.php?id=442.

Antoine, Régis, *Les Écrivains français et les Antilles : Des premiers pères blancs aux surréalistes noirs*, Paris, Broché, 1994.

Antoine, Régis, « The Caribbean in Metropolitan French Writing », *A History of Literature in the Caribbean*, vol. 1, James A. Arnold et J. Michael Dash (dir.), Philadelphie et Amsterdam, John Benjamins Publishing Company, 1994, p. 349-362.

Atkinson, Geoffrey, *Les Relations de voyage au XVIIe siècle et l'évolution des idées : Contribution à l'étude de la formation de l'esprit du XVIIIe siècle*, Paris, Champion, 1924.

Auroux, Sylvain, et Queixalos, Fransisco, « La première description linguistique des Antilles françaises : le Père Raymond Breton (1609-1679) », *Naissance de l'ethnologie ?*, Claude Blanckert (dir.), Paris, Cerf, 1985, p. 107-124.

Bakhtine, Mikhaïl, *Esthétique et théorie du roman*, traduction du russe par Daria Olivier, Paris, Seuil, 1978.

Bernabé, Jean, Chamoiseau, Patrick et Confiant, Raphaël, *Éloge de la Créolité*, Paris, Gallimard, 1989.

Bernardin de Saint-Pierre, Henri, *Études de la nature*, tome 2. Nouvelle édition, revue et corrigée, Paris, Deterville, 1804.

Bertrand, Gilles, (dir.), *La Culture du voyage : Pratiques et discours de la Renaissance à l'aube du XXe siècle*, Paris, L'Harmattan, 2004.

Bhabha, Homi K., *The Location of Culture*, London, Routledge, 1994.

Blanckert, Claude, (dir.), *Naissance de l'ethnologie ? Anthropologie et missions en Amérique XVI-XVIIIe siècles*, Paris, Cerf, 1985.

Blessebois, Pierre de Corneille, *Le Zombi du Grand Perou ou la comtesse de Cocagne*, 1697.

Bonhomme, Marc, *Pragmatique des figures du discours*, Paris, Champion, 2005.

Boucher, Philip, *Cannibal Encounters : Europeans and Island Caribs 1492-1763*, Baltimore, Johns Hopkins University Press, 2009.

Boucher, Philip, *France and the American Tropics to 1700: The Tropics of Discontent?*, Baltimore, Johns Hopkins University Press, 2007.

Boucher de la Richarderie, Gilles, *Bibliothèques des voyages*, t. IV, Paris, Treuttel et Würtz, 1808.

Bouyer, Christian, *Au temps des isles : Esclaves, planteurs et flibustiers*, Paris, Tallandier, 2005.

Bronner, Simon J., *Crossing the Line: Violence, Play and Drama in Naval Equator Traditions*, Amsterdam, Amsterdam University Press, 2006.

Brown, Harcourt, *Scientific Organizations in Seventeenth Century France (1620-1680)*, Baltimore, The Williams & Wilkins Company, 1934.

Campbell, Mary B., *The Witness and the Other World: Exotic European Travel Writing (400-1600)*, Ithaca, Cornell University Press, 1988.

Camus, Michel-Christian, « Le marquis de Maintenon, corsaire, négrier, planteur et gouverneur de Marie-Galante », *Bulletin de la Société d'histoire de la Guadeloupe*, no 110, 1996, p. 3-7.

Certeau, Michel de, *L'Écriture de l'histoire*, Paris, Bibliothèque des histoires, 1978.

Certeau, Michel de, *L'Invention du quotidien 1. Arts de faire*, Paris, Union générale d'éditions, 1980.

Chamoiseau, Patrick et Confiant, Raphaël, *Lettres créoles : Tracées antillaises et continentales de la littérature : Haïti, Martinique, Guadeloupe, Guyane, 1635-1957*, Paris, Hatier, 1991.

Chardon, Henri, *Scarron inconnu et les types des personnages du Roman comique*, Paris 1903.

Chateaubriand, René de, *Le Génie du christianisme*, Paris, Gallimard, 1978.

Chauleau, Liliane, *La Société à la Martinique au XVIIe siècle (1635-1713)*, Caen, Recherches sur l'histoire des Antilles, 1966.

Chinard, Gilbert, *L'Amérique et le rêve exotique dans la littérature française au XVIIe et au XVIIIe siècle*, Paris, Hachette, 1913.

Chinard, Gilbert, *L'Exotisme américain dans la littérature française au XVIe siècle*, Paris, 1911.

Chupeau, Jacques, « Les Récits de voyage aux lisières du roman », *Revue d'histoire littéraire de la France*, 3/4, 1977, p. 536-553.

Cochin, Auguste, *L'Abolition de l'esclavage : Résultats de l'abolition de l'esclavage*, Paris, Lecoffre, 1861.

Colbert, Jean-Baptiste, Lettre de Colbert au Sieur Pélissier sur la conduite qu'il doit tenir aux îles d'Amérique, ANOM, ark:/61561/ki6650ihmw.

Crosby, Alfred W., *Ecological Imperialism: The Biological Expansion of Europe, 900-1900*, Cambridge, Cambridge University Press, 1993.

Cunningham, Andrew et French, Roger, *Before Science: The Invention of the Friars' Natural Philosophy*, London & New York, Routledge, 1996.

Curtin, Philip D., « The Environment Beyond Europe and the European Theory of Empire », *Journal of World History*, vol. 1, no 2, 1990, p. 131-150.

Dampierre, Jacques, *Essai sur les sources de l'histoire des Antilles françaises, 1492-1664*, Paris, A. Picard, 1904.

Davy de Virville, Adrien, *Histoire de la botanique en France*, Paris, Société d'édition d'enseignement supérieur, 1954.

Debien, Gabriel et Le Beer, Joseph, *Propagande et recrutement pour les Iles au XVIIe siècle*, Notes d'histoire coloniale, vol. XXXIV, 1954.

De Dainville, François, *La Géographie des humanistes*, Paris, Beauchesne et ses fils éditeurs, 1940.

Delumeau, Jean, *Une histoire du paradis : Le jardin des délices*, Paris, Fayard, 1992.

Descartes, René, *Discours de la méthode*, Paris, Gallimard, 1997.

Deslandres, Dominique, *Croire et faire croire : Les Missions françaises au XVIIe siècle*, Paris, Fayard, 2003.

Deslandres, Dominique, « Indes intérieures et Indes lointaines. Le modèle français d'intégration socio-religieuse au XVIIe siècle », *La France-Amérique (XVIe-XVIIIe siècles)*, Frank Lestringant (dir.), Paris, Champion, 1998, p. 369-377.

Despoix, Philippe, *Le Monde mesuré : Dispositifs de l'exploration à l'âge des Lumières*, Genève, Droz, 2005.

Dobie, Madeleine, *Trading Places: Colonization and Slavery in Eighteenth-Century French Culture*, Ithaca & London, Cornell University Press, 2010.

Duchet, Michèle, *Anthropologie et histoire au siècle des Lumières*, Paris, Maspero, 1971.

Ehrard, Jean, *L'Idée de nature en France dans la première moitié du XVIIIe siècle*, Chambéry, Bibliothèque générale de l'école pratique des hautes études, 1963.

Fabian, Johannes, *Time and the Other: How Anthropology Makes its Object*, New York, Columbia University Press, 2014 [1983].

Festa, Lynn, *Sentimental Figures of Empire in Eighteenth-Century Britain and France*, Baltimore, Johns Hopkins University Press, 2006.

Fléchet, Anaïs, « L'exotisme comme objet d'histoire », *Hypothèses*, vol. 1, no 11, 2008, p. 15-26.

Forsdick, Charles, « Travelling Concepts: Postcolonial Approaches to Exoticism, » *Paragraph*, vol. 24, no 3, 2001, p. 12-29.

Foucault, Michel, *Les Mots et les choses : Une archéologie des sciences humaines*, Paris, Gallimard, 1966.

Fougère, Éric, *Les Voyages et l'ancrage : Représentation de l'espace insulaire à l'Âge classique et aux Lumières (1615-1797)*, Paris, L'Harmattan, 1995.

Fournier, Louis, *Le V.P. Raymond Breton de l'ordre des frères prêcheurs, profès du couvent de Beaune, missionnaire aux Antilles : 1609-1679*, Bulletin d'histoire et d'archéologie religieuse du diocèse de Dijon, Dijon, juillet-août, 1895.

Fournier, Pierre, *Les Voyageurs naturalistes du clergé français avant la révolution*, Paris, Le Chevalier, 1932.

Gannier, Odile, *Les Derniers Indiens des Caraïbes*, Matoury, Ibis Rouge Éditions, 2003.

Gannier, Odile, « Le tupi et le galibi sans peine : Glossaires, manuels et catéchismes à l'usage des voyageurs et missionnaires (XVIe-XVIIe siècles) », *Échos des textes, échos des voix : Étude sur le dialogue, en hommage à Béatrice Périgot*, Odile Gannier et Véronique Montagne (dir.), Paris, Classiques Garnier, 2013, p. 439-466.

Garraway, Doris, *The Libertine Colony: Creolization in the Early French Caribbean*, Durham NC, Duke University Press, 2005.

Genette, Gérard, *Palimpsestes : La littérature au second degré*, Paris, Seuil, 1982.

Gerbi, Antonello, *Nature in the New World: From Christopher Columbus to Gonzalo Fernández de Oviedo*, Pittsburgh, University of Pittsburgh Press, 1985.

Glissant, Édouard, *Le Discours antillais*, Paris, Gallimard, 1998 [1981].

Glissant, Édouard, *Pays rêvé, pays réel*, Paris, Gallimard, 2000.

Glissant, Édouard, *Poétique de la Relation*, Paris, Gallimard, 1991.

Gomez-Géraud, Marie-Christine, *Écrire le voyage au XVIe siècle en France*, Paris, Presses universitaires de France, 2000.

Gomez-Géraud, Marie-Christine, « Le corps à l'épreuve du voyage : Chronique d'une mission en Huronie », *Viatica*, mis en ligne le 25/03/2014, URL: http://revues-msh.uca.fr/viatica/index.php?id=363.

Goyau, Georges, *Missions et missionnaires*, Paris, Librairie Bloud & Gay, 1931.

Greenblatt, Stephen, *Marvelous Possessions: The Wonders of the New World*, Oxford, Clarendon, 1991.

Grove, Robert H., *Green Imperialism: Colonial Expansion, Tropical Island Edens and the Origins of Environmentalism, 1600-1860*, Cambridge, Cambridge University Press, 1996.

Gruzinski, Serge, *La Pensée métisse*, Paris, Fayard, 1999.

Guyot, Alain, *Analogie et récit de voyage : Voir, mesurer, interpréter le monde*, Paris, Classiques Garnier, 2012.

Hadot, Pierre, *Le Voile d'Isis : Essai sur l'histoire de l'idée de nature*, Paris, Gallimard, 2004.

Hamon, Philippe, *Du descriptif*, Paris, Hachette, 1993.

Hartog, François, *Le Miroir d'Hérodote : Essai sur la représentation de l'autre*, Paris, Gallimard, 1980.

Hazelhurst, F. Hamilton, « Jules Hardouin Mansart and André Le Nostre at Dampierre », *Tradition and Innovation in French Garden Art: Chapters of a New History*, John Dixon Hunt et Michael Conan (dir.), University of Pennsylvania Press, 2002, p. 44-67.

Henningsen, Henning, *Crossing the Equator*, Thèse de doctorat soutenue à l'Université de Copenhague, 1961.

Henry, Marcel-Antoine, Entrée « Mission », dans *Encyclopaedia universalis France*, Paris, 1985.

Hofman, Corinne L. et Duijvenbode, Anne van (dir.), *Communities in Contact: Essays in Archaeology, Ethnohistory and Ethnography of the Amerindian Circum-Caribbean*, Leiden, Sidestone Press, 2011.

Hoog, Simone, Entrée « Jardins », *Dictionnaire du Grand Siècle*, François Bluche (dir.), Paris, Fayard, 1990.

Hulme, Peter, *Colonial Encounters: Europe and the Native Caribbean 1492-1797*, London, Methuen, 1986.

Hulme, Peter et Whitehead, Neil (dir.), *Wild Majesty: Encounters with Caribs from Columbus to the Present Day*, Oxford, Calderon Press, 1992.

Hyde, Elisabeth, *Cultivated Power: Flowers, Culture and Politics in the Reign of Louis XIV*, Philadelphie, University of Pennsylvania Press, 2005.

Jahan, Sébastien, *Les Renaissances du corps en Occident* (1450-1650), Paris, Belin, 2004.

Journal des Sçavants, 1666.

Julien, Charles-André, *Les Français en Amérique au XVII*e *siècle*, Paris, SEDES, 1957.

Kullberg, Christina, « "Like Moses on the Nile": Competing Temporalities in Jean-Baptiste Du Tertre's *Histoire générale des Antilles habitées par les François* (1654/1667) », *Time and Temporalities in European Travel Writing*, Paula Henrikson et Christina Kullberg (dir.), London, Routledge, à paraître.

Laborie, Jean-Claude, « Récits de tortures et de souffrances : l'exemple de *Peregrinação* de Fernão Mendes Pinto (1614) », *Viatica*, mis en ligne le 25/03/2014, URL: http://revues-msh.uca.fr/viatica/index.php?id=356.

Laborie, Jean-Claude, « *Ethnographie et fiction : la Relation du Père Lejeune* », *Relations savantes : Voyages et discours scientifiques*, Sophie Linon-Chipon et Daniela Vaj (dir.), Paris, Presses de l'université Paris-Sorbonne, 2006, p. 25-34.

La Bruyère, Jean de, *Œuvres complètes*, Paris, Gallimard, 1951.

Leca, Ange-Pierre, *Scarron : Le malade de la reine*, Paris, Éditions Kimé, 1999.

Le Huenen, Roland, « Le récit de voyage : l'entrée en littérature », *Études littéraires*, vol. 20, no 1, 1987, p. 45-61.

Le Long, Jacques, *Bibliothèque historique de la France*, Paris, G. Martin, 1719.

Lestringant, Frank, *Le Cannibale : Grandeur et décadence*, Paris, Perrin, 1994.

Lestringant, Frank, « Des récits, des cartes, quelle relation ? », *Écrire des récits de voyage (XVe-XVIIIe siècles) : Esquisse d'une poétique en gestation*, Marie-Christine Pioffet (dir.), Québec, Presses de l'Université Laval, 2008, p. 299-324.

Lestringant, Frank, « L'exotisme en France à la Renaissance : de Rabelais à Léry », *Littérature et exotisme XVIe-XVIIIe siècles*, Dominique de Courcelles (dir.), Paris, École des chartes, 1997, p. 5-16.

Lestringant, Frank, « La famille des "tempêtes en mer". Essai de généalogie (Rabelais, Thevet et quelques autres) », *Études de lettres*, no 2 (avril-juin), 1984, p. 45-62.

Lestringant, Frank, « Faut-il en finir avec l'exotisme ? Réflexions d'après-coup », *Hypothèses*, vol. 11, no 1, 2008, p. 67-74.

Lestringant, Frank, « Fictions de l'espace brésilien à la Renaissance : l'exemple de Guanabara », *Arts et légendes d'espace : Figures du voyage et rhétoriques du monde*, Christian Jacob et Frank Lestringant (dir.), Paris, Presses de l'école normale supérieure, 1981.

Lestringant, Frank, « La Flèche du Patagon ou la preuve des lointains : sur un chapitre d'André Thevet », *Voyager à la renaissance*, Jean Céard et Jean-Claude Margolin (dir.), Paris, Éditions Maisonneuve et Larose, 1987, p. 467-496.

Lestringant, Frank (dir.), *La France-Amérique (VIe au XVIIIe siècles). Actes du XXXVe colloque international d'études humanistes*, Paris, Champion, 1998.

Lestringant, Frank (dir.), *Îles et insulaires (XVIe-XVIIe siècles)*, Paris, Presses de l'université Paris-Sorbonne, 2017.

Lestringant, Frank, « Les îles creuses de l'archipel (*L'Insulaire* d'André Thevet) », *L'Île territoire mythique*, François Moureau (dir.), Paris, Aux Amateurs de livres, 1989, pp. 19-26.

Lestringant, Frank, *Le Livre des îles : Atlas et récits insulaires de la Genèse à Jules Verne*, Genève, Droz, 2002.

Lestringant, Frank, *Le Théâtre de la Floride : Autour de la* Brève narration des événements qui arrivèrent aux Français en Floride, province d'Amérique, *de Jacques Le Moyne de Morgues (1591)*, Paris, Presses de l'université Paris-Sorbonne, 2017.

Lewis, Gordon, *Main Currents in Caribbean Thought: The Historical Evolution of Caribbean Society 1492-1900*, Baltimore, Johns Hopkins University Press, 1983.

Licoppe, Christian, *La Formation de la pratique scientifique : Le discours de l'expérience en France et en Angleterre (1630-1820)*, Paris, Découverte, 1996.

Linon-Chipon, Sophie, « Le passage de la ligne ou le Carnaval de la mer : Luillier (1705), Leguat (1707) », *Dix-huitième siècle*, no 22, 1990, p. 185-194.

Linon-Chipon, Sophie, « L'exotique dans les techniques d'écriture de deux récits de voyages authentiques dans les Indes orientales : *Relation d'un voyage des Indes orientales*, Delon (1685) et *Les Voyages aux isles Dauphine et Mascareine*, Dubois (1674) », *L'Exotisme*, Alain Buisine, Norbert Dodille et Claude Duchet (dir.), Paris, Didier-Érudition, 1988, p. 89-99.

Maclean, Marie, « Pretexts and Paratexts: The Art of the Peripheral », *New Literary History*, vol. 22, 1991, p. 273-280.

Maigne, Vincenette, « Exotisme : Évolution en diachronie du mot et de son champ sémantique », *Exotisme et création. Actes du Colloque International (Lyon 1983)*, Roland Antonioli (dir.), Lyon, Hermès éditeur, 1985, p. 7-16.

Maillard, Ninon, *Droit, réforme et organisation nationale d'un ordre religieux en France : Le cas de l'Ordre des Frères Prêcheurs (1629-1660)*, Thèse de doctorat, soutenue à Toulouse, 2005.

Marouby, Christian, *Utopie et primitivisme : Anthropologie à l'âge classique*, Paris, Seuil, 1990.

Martin, Henri-Jean, *Livre, pouvoirs et société à Paris au XVII*e *siècle (1598-1701)*, Genève, Droz, 1969.

Martin, Henri-Jean, *La Naissance du livre moderne : Les métamorphoses du livre français*, Paris, Cercle de la Librairie, 2000.

Mason, Peter, *Infelicities : Representations of the Exotic*, Baltimore, Johns Hopkins University Press, 1998.

Mason, Peter, « On Producing the (American) Exotic », *Anthropos*, vol. 91, 1996, p. 139-151.

McClellan, James E., et Regourd, François, *The Colonial Machine: French Science and Overseas Expansion in the Old Regime*, Turnhout, Brepols, 2011.

Merle, Louis, *L'Étrange beau-père de Louis XIV : Constant d'Aubigné. Père de Madame de Maintenon*, Paris, Beauchesne, 1971.

Miller, Christopher L., *The French Atlantic Triangle: Literature and Culture of the Slave Trade*, Durham NC, Duke University Press, 2008.

Mollat du Jourdin, Michel, « L'altérité, découverte des découvertes », *Voyager à la Renaissance*, Jean Céard et Jean-Claude Margolin (dir.), Paris, Éditions Maisonneuve et Larose, p. 305-318.

Morlin, Isabelle, « La Tentation romanesque dans les récits de voyage de la fin du XVIIe siècle : l'exemple de l'abbé Carré (*Voyage des Indes orientales, mêlé de plusieurs histoires curieuses*) », *Écrire des récits de voyage (XV*e*-XVIII*e *siècles) : Esquisse d'une poétique en gestation*, Marie-Christine Pioffet (dir.), Québec, Presses de l'Université Laval, 2008, p. 235-245.

Motsch, Andreas, *Lafitau et l'émergence du discours ethnographique*, Paris, Presses de l'université Paris-Sorbonne, 2001.

Motsch, Andreas, « La Relation de voyage : Itinéraire d'une pratique », @nalyses, www.revue-analyses.org, vol. 9 no 1, hiver, 2014.

Moura, Jean-Marc, *L'Europe littéraire et l'ailleurs*, Paris, Presses universitaires de France, 1998.

Moureau, François, *Le Théâtre des voyages : Une scénographie de l'Âge classique*, Paris, Presses de l'université Paris-Sorbonne, 2005.

Moureau, François, « Le Voyage dans la recherche française. Aspects théoriques et directions d'études », *Sehen und beschreiben : europäische Reisen im 18. und 19 Jh.*, Heide, 1991, p. 1-6.

Mukerji, Chandra, *Territorial Ambitions and the Gardens of Versailles*, Cambridge, Cambridge University Press, 1997.

Nixon, Rob, *Slow Violence and the Environmentalism of the Poor*, Cambridge MA, Harvard University Press, 2011.

Ogilvie, Brian, *The Science of Describing: Natural History in Renaissance Europe*, Chicago, University of Chicago Press, 2006.

Ouellet, Réal, « Le paratexte liminaire de la relation : le voyage en Amérique », *Cahiers de l'Association internationale des Études françaises*, vol. 42, no 1, 1990, p. 177-192.

Ouellet, Réal, *La Relation de voyage en Amérique (XVI-XVIIIe siècles) : Au carrefour des genres*, Québec, Presses de l'Université Laval/éditions de CIERL, 2010.

Ouellet, Réal, « Le statut du réel dans la relation de voyage », *Littératures classiques*, no 11, janv. 1989, p. 259-272.

Padgen, Anthony, *European Encounters with the New World: From Renaissance to Romanticism*, New Haven, Yale University Press, 1993.

Pasquali, Adrian, *Le Tour des horizons : Critique et récits de voyage*, Paris, Klincksieck, 2000.

Patterson, Orlando, *Slavery and Social Death: A Comparative Study*, Cambridge Mass., Harvard University Press, 1982.

Pavel, Thomas, *L'Art de l'éloignement : Essai sur l'imagination classique*, Paris, Gallimard, 1996.

Peabody, Sue, *"There are no Slaves in France": The Political Culture of Race and Slavery in the Ancien Régime*, Oxford, Oxford University Press, 1996.

Peabody, Sue, « "A Nation Born to Slavery": Missionaries and Racial Discourse in Seventeenth-Century French Antilles », *Journal of Social History*, vol. 15 (1), 2004, p. 113-126.

Pellerin, Nicole, « Vêtement de peau(x) et de plumes : la nudité des Indiens et la diversité du monde au XVIe siècle », *Voyages et voyageurs au XVIe siècle*, Paris 1987, p. 509-530.

Pioffet, Marie-Christine, *La Tentation de l'épopée dans les relations des jésuites*, Sillery, Septentrion, 1997.

Pioffet, Marie-Christine (dir.), *Écrire des récits de voyage (XVe-XVIIIe siècles) : Esquisse d'une poétique en gestation*, Québec, Presses de l'Université Laval, 2008.

Pizzorusso, Giovanni, *Roma nei Caraibi l'organizzazione delle missioni cattoliche nelle Antille e in Guyana (1635-1675)*, Rome, École française de Rome, 1995.

Pizzorusso, Giovanni, « Propaganda fide e le missioni cattoliche sulla frontiera politica, etnica e religiosa delle Antille nel XVII secolo », *Mélanges de l'École française de Rome Italie et Méditerranée*, vol. 109, no 2, 1997, p. 581-599.

Pratt, Mary Louise, *Imperial Eyes: Travel Writing and Transculturation*, London, Routledge, 1992.

Préaud, Maxime, Entrée « Leclerc, Sébastien », *Dictionnaire du Grand Siècle*, François Bluche (dir.), Paris, Fayard, 1990.

Préaud, Maxime, « L'Académie des sciences et des beaux-arts : le testament graphique de Sébastien Leclerc », *RACAR : Revue d'art canadienne*, vol. 10, no 1, 1983, p. 73-81.

Prest, John M., *The Garden of Eden: The Botanic Garden and the Re-Creation of Paradise*, New Haven, Yale University Press, 1981.

Racault, Jean-Michel, « Instances médiatrices et production de l'altérité dans le récit exotique aux 17e et 18e siècles », *L'Exotisme*, Alain Buisine, Norbert Dodille et Claude Duchet (dir.), Paris, Didier-Érudition, 1988, p. 33-43.

Régent, Frédéric, *Les Maîtres de la Guadeloupe : Propriétaires d'esclaves 1635-1848*, Paris, Tallandier, 2019.

Regourd, François, « Coloniser les blancs de la carte. Quelques réflexions sur le vide cartographique dans le contexte français de l'Ancien Régime (Guyanes et Antilles françaises, XVIIe-XVIIIe siècles) », *Combler les blancs de la carte : Modalités et enjeux de la construction des savoirs géographiques (XVIIe-XXe siècles)*, Isabelle Laboulais-Lesage (dir.), Presses universitaires de Strasbourg, Strasbourg, 2004, p. 221-242.

Regourd, François, « Capitale savante, capitale coloniale : sciences et savoirs coloniaux à Paris aux XVIIe et XVIIIe siècles », *Revue d'histoire moderne et contemporaine*, vol. 2, no 55-2, 2008, p. 121-151.

Regourd, François, « Maîtriser la nature : un enjeu colonial. Botanique et agronomie en Guyane et aux Antilles (XVIIe-XVIIIe siècles) », *Revue française d'histoire d'outre-mer*, 322-323, 1999, p. 39-63.

Renaudot, Théophraste, *Les Exploits et logement des Français dans l'île de la Guadeloupe, Gazette* le 30 mai 1638, dans Ouellet, Réal (dir.), *La Colonisation des Antilles. Textes français du XVIIe siècle I-II*, Paris, Hermann, 2014.

Rennard, Joseph, *Histoire religieuse des Antilles françaises des origines à 1914 d'après des documents inédits*, Paris, 1954.

Requemora-Gros, Sylvie, *Voguer vers la modernité : Le voyage à travers les genres au XVIIe siècle*, Paris, Presses de l'université Paris-Sorbonne, 2012.

Requemora-Gros, Sylvie, « Voyager ou l'art de voguer à travers les genres », *Écrire des récits de voyage (XVe-XVIIIe siècles) : Esquisse d'une poétique en gestation*, Marie-Christine Pioffet (dir.), Québec, Presses de l'Université Laval, 2008, p. 219-234.

Riveline, Eva, *Tempêtes en mer : Permanence et évolution d'un topos littéraire (XVIe-XVIIIe siècles)*, Paris, Classiques Garnier, 2015.

Roulet, Eric, *La Compagnie des Îles de l'Amérique 1635-1651*, Rennes, Presses universitaires de Rennes, 2017.

Roux, Benoît, « Le prêtre et le callínago : les missions françaises auprès des Amérindiens des petites Antilles au XVIIe siècle », *Le Contrôle de la vie religieuse en Amérique*, Bernard Grüneberg (dir.), Paris, L'Harmattan, 2008, p. 78-101.

Roux, Benoît, « Le Pasteur Charles de Rochefort et l'*Histoire naturelle et morale des îles Antilles de l'Amérique* », *Les Indiens des Petites Antilles : Des Premiers peuplements aux débuts de la colonisation européenne*, Bernard Grunberg (dir.), Paris, L'Harmattan, 2011, p. 175-216.

Rubiés, Joan Pau, « Ethnography and Cultural Translation in the Early Modern Mission », *Studies in Church History*, vol. 53, juin 2017, p. 272-310.

Rubiés, Joan Pau, « Were Early Modern Europeans Racist? » *Ideas of "Race" in the History of the Humanities*, Amos Morris-Riech and Dirk Rupnov (dir.), New York, Palgrave Macmillan, 2017, 33-87.

Scarron, Paul, *Poésies diverses*, Paris, Didier, 1960.

Schöch, Christof, *La Description double dans le roman français des Lumières* (1760-1800), Paris, Classiques Garnier, 2012.

Smith, Helen, et Wilson, Louise (dir.), *Renaissance Paratexts*, Cambridge, Cambridge University Press, 2011.

Sorel, Charles, *La Bibliothèque françoise*, Paris, Compagnie des librairies du Palais, 1667.

Stagl, Justin, *A History of Curiosity: The Theory of Travel 1550-1800*, Chur, Harwood Academic Publishers, 1995.

Stroup, Alice, *A Company of Scientists: Botany, Patronage, and Community at the Seventeenth-century Parisian Royal Academy of Sciences*, Berkeley, University of California Press, 1990.

Thomas, Keith, *Man and the Natural World: Changing Attitudes in England 1500-1800*, London, Allen Lane, 1983.

Tocanne, Bernard, *L'Idée de nature en France dans la seconde moitié du XVIIe siècle : Contribution à l'histoire de la pensée classique*, Paris, Klincksieck, 1978.

Todorov, Tzvetan, *La Conquête de l'Amérique : La question de l'autre*, Paris, Seuil, 1982.

Todorov, Tzvetan, *Nous et les Autres : La réflexion française sur la diversité humaine*, Paris, Seuil, 1989.

Van Delft, Louis, *Littérature et anthropologie : Nature humaine et caractère à l'âge classique*, Paris, Presses universitaires de France, 1993.

Walcott, Derek, *What the Twilight Says*, London, Faber, 1998.

Webb, Ruth, *Ekphrasis, Imagination and Persuasion in Ancient Rhetorical Theory and Practice*, London, Routledge, 2016.

Wikström, Toby, *Law, Conquest, and Slavery on the French Stage, 1598-1685*, Ph.D. Dissertation, Columbia University, 2010.

Wolfzettel, Friedrich, *Le Discours du voyageur : Pour une histoire littéraire du récit de voyage en France du Moyen âge au XVIIIe siècle*, Paris, Presses universitaires de France, 1996.

Woodbridge, Kenneth, *Princely Gardens: The Origins and Development of the French Formal Style*, Lancs, Thames and Hudson, 1986.

Dictionnaires

Bluche, François (dir.), *Dictionnaire du Grand Siècle*, Paris, Fayard, 1990.
Dictionnaire de l'Académie française (1694).
http://portail.atilf.fr/dictionnaires/ACADEMIE/PREMIERE/premiere.fr.html.
Encyclopædia universalis France, Paris, 1985.
Furetière, Antoine, *Dictionnaire universel contenant generalement tous les mots françois, tant vieux que modernes, & les termes de toutes les sciences et des arts*, La Haye, Leers, 1690.
Nicot, Jean, *Thresor de la langue françoyse, tant ancienne que moderne*, https://artfl-project.uchicago.edu/content/dictionnaires-dautrefois.

Index